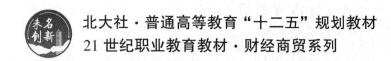

北大社·普通高等教育"十二五"规划教材
21世纪职业教育教材·财经商贸系列

消费心理学（第二版）

主　编　焦利军　邱　萍
副主编　冯荣欣　周　怡
参　编　陈　君　安　博
　　　　李　霞

北京大学出版社
PEKING UNIVERSITY PRESS

内容简介

本书以消费心理学理论为基础，以企业生产与营销为视角，将影响消费者心理与行为的主要因素概括为心理因素、社会因素、商品因素和营销因素等，系统阐述了当代消费心理学的主要研究成果及其可操作的方法。内容涉及消费心理学概念，消费心理学研究原则和方法，消费者的心理过程，消费者个性心理特征，消费者行为的心理因素，消费者购买过程的心理活动，社会群体与消费心理，社会环境与消费心理，商品价格与消费心理，商品品牌、包装与消费心理，产品创新与消费心理以及市场营销与消费心理等方面。每章后面还配有复习思考题和案例分析，以便学习者进一步掌握和巩固所学知识。本书所选案例多数来源于国内外市场的消费者心理研究成果，介绍的研究方法具有较强的使用性。

本书适合作为经济、企业管理、营销、公关广告专业的高职高专教材，也可供企业管理、经营策划、市场调研从业人员阅读参考。

图书在版编目（CIP）数据

消费心理学（第二版）/焦利军，邱萍主编. —2 版. —北京：北京大学出版社，2013.1
（全国高职高专规划教材·财经系列）
ISBN 978-7-301-21743-6

Ⅰ.①消… Ⅱ.①焦…②邱… Ⅲ.①消费心理学–高等职业教育–教材
Ⅳ. F713.55

中国版本图书馆 CIP 数据核字（2012）第 294723 号

书　　　　名：	消费心理学（第二版）
著作责任者：	焦利军　邱　萍　主编
策划编辑：	李　玥
责任编辑：	李　玥
标准书号：	ISBN 978-7-301-21743-6/F·3438
出版发行：	北京大学出版社
地　　　　址：	北京市海淀区成府路 205 号　100871
网　　　　址：	http://www.pup.cn　新浪官方微博：@北京大学出版社
电子信箱：	zpup@pup.cn
电　　　　话：	邮购部 010-62752015　发行部 010-62750672　编辑部 010-62704142
印　刷　者：	三河市博文印刷有限公司
经　销　者：	新华书店

787 毫米×1092 毫米　16 开本　13.75 印张　306 千字
2006 年 8 月第 1 版
2013 年 1 月第 2 版　2023 年 9 月第 7 次印刷　总第 14 次印刷

定　　价：26.00 元

未经许可，不得以任何方式复制或抄袭本书之部分或全部内容。
版权所有，侵权必究
举报电话：010-62752024　电子信箱：fd@pup.pku.edu.cn

第二版前言

本书是在我们编写的《消费心理学》（北京大学出版社，2006）的基础上进一步修订而成的。自2008年世界经济危机之后，世界各国对消费者行为的研究不断深化与普及，我国高职高专院校经济管理教育得到了更加迅速的发展，同时由于本书的第一版出版时间较久，所以我们对本书的内容进行了一些修订。

这次修订过程中，在基本保留第一版的主要原理和基本框架体系的基础上，根据近几年消费心理学理论和实践的最新发展，在第二版教材的内容安排上，更新了原书中已经过时的数据和资料，将原书的部分案例进行更换，对部分章节结构作了适当调整，增加了一些新的内容。

鉴于时间和水平有限，难免存在诸多不足之处，敬请同行批评指正，以便今后不断完善。

编　者
2012年11月14日

前　言

在市场经济条件下，产品价值的最终实现离不开消费者，同时企业的价值创造过程也需要消费者积极参与。在我国，随着市场经济迅速发展，消费者的消费行为已逐渐成为影响市场运行的支配性力量和决定性因素。消费者行为是由消费者的心理过程和个性心理等心理现象及外部环境相互作用所决定的。因此，要真正理解消费者行为并做出有效的营销决策，就必须研究引起消费者行为的消费者心理特征，并需要系统地考察消费心理对营销活动的作用。

本书在参考国内外有关教材及相关领域最新研究成果的基础上，结合我们多年教学经验，试图在内容、体系等方面进行新的尝试。为了突出高等职业教育注重实践性、应用性、技能性的特点，本书在编写过程中，从高等职业技术教育教学的要求出发，本着适度、够用的原则，强调职业技能的掌握与训练；体例编写上，注重理论联系实际，注重编排的新颖性。各章配有复习思考题和案例，以帮助学习者加强对基本内容的理解及有关理论、方法的掌握和运用。

本书特点主要体现在以下几个方面。

一、定位于高职高专层次，目标明确。注重对学生基本理论与基本技能的培养，不过分地强调理论的深度，而是注重理论知识与生活实践的结合，使学生能够运用所学知识处理市场营销活动中的各种问题，符合高等职业技术学院应用型人才的培养目标。

二、注重实用性和新颖性。本书一方面体现知识新，在编写过程中各位编者阅读查找了大量资料，选取最新的消费心理学知识和研究成果；另一方面是案例实用性强。本书主要引用国内外经典案例进行分析。

三、在内容上强调理论与营销实践的紧密结合。本书运用有关原理分析消费者在市场营销活动中的心理活动特点与行为表现，有针对性地提出了各种有效的心理策略，以求对企业开展营销活动有直接的指导意义和实用价值。

本书主编是焦利军、邱萍，副主编是冯荣欣、周怡。各章的编写人员分别是：焦利军（第一章、第五章），邱萍（第二章、第三章），冯荣欣（第六章、第八章），周怡（第十章、第十一章），陈君（第七章），安博（第四章、第九章），李霞（第十二章）。全书由焦利军进行统稿。

本书在编写过程中，我们参考和借鉴了前人的研究成果，借以充实本书的内容，并得到北京大学出版社各方面的大力支持与帮助，在此表示诚挚的谢意。因编者能力有限，难免有疏漏之处，请广大读者批评指正。

编　者
2006 年 2 月

目 录

第一章 消费心理学导论 ... 1
第一节 消费心理学的研究对象和任务 ... 1
一、消费心理的含义 ... 1
二、消费心理学的研究对象和内容 ... 3
三、消费心理学的研究任务 ... 4
第二节 消费心理学的形成与发展 ... 5
一、消费心理学的发展阶段 ... 5
二、我国消费心理学的发展阶段 ... 6
第三节 消费者的消费行为特征 ... 6
一、消费行为的时代性 ... 7
二、消费行为的季节性 ... 7
三、消费行为的周期性回返 ... 7
四、消费行为的相关性 ... 7
五、消费行为的替代性 ... 8
六、消费行为的可诱导性 ... 8
第四节 消费心理学的研究方法 ... 8
一、消费心理学的研究原则 ... 8
二、消费心理学的研究方法 ... 10
本章小结 ... 13

第二章 消费者的心理活动过程 ... 15
第一节 消费者心理活动的认识过程 ... 15
一、消费者对商品认识的形成阶段 ... 15
二、消费者对商品认识的发展阶段 ... 20
第二节 消费者心理活动的情感过程 ... 25
一、消费者的情绪、情感的概念 ... 25
二、消费者的情绪和情感的分类 ... 26
三、情绪和情感对消费行为的影响 ... 29
第三节 消费者心理活动的意志过程 ... 30
一、消费者意志活动过程的基本特征 ... 30
二、消费者意志行动的过程分析 ... 31
三、消费者的意志品质 ... 32
本章小结 ... 33

第三章　消费者个性与消费行为 · 35

第一节　个性的概念及特征 · 35
一、个性的概念和结构 · 35
二、消费者个性的特点 · 36
三、个性在消费中的作用 · 37

第二节　个性对消费行为的影响 · 37
一、消费者的气质与消费行为 · 37
二、消费者的能力与消费行为 · 39
三、消费者的性格与购买行为 · 41

第三节　自我概念与生活方式 · 44
一、自我概念的含义与构成 · 44
二、生活方式与测量 · 44
三、生活方式研究在营销中的应用 · 46

本章小结 · 47

第四章　消费需要与购买动机 · 49

第一节　消费者的需要 · 50
一、需要的含义和产生 · 50
二、消费者需要的定义及其特征 · 50
三、消费者需要的分类 · 52

第二节　消费者的动机 · 54
一、动机的概念及特征 · 54
二、动机的功能 · 55
三、消费者的购买动机的主要类型 · 55

第三节　需要动机理论 · 58
一、马克思主义的需要理论 · 58
二、马斯洛的需要层次理论 · 59
三、麦克利兰的三种需要理论 · 60
四、默里的需要理论 · 61
五、双因素理论 · 62

第四节　消费者需要变化的趋势 · 63
一、感性消费趋势 · 63
二、绿色消费趋势 · 66
三、消费结构高级化趋势 · 66
四、休闲消费趋势 · 67

本章小结 · 67

第五章　消费者的态度 · 70

第一节　消费者态度的概念和特征 · 70
一、态度的概念与构成 · 70
二、消费者态度的特征 · 71

  第二节 消费者态度的形成 ·· 72
   一、态度的形成过程与影响因素 ·· 72
   二、消费者态度的理论介绍 ·· 73
  第三节 消费者态度与行为的关系 ··· 76
   一、消费者态度对购买行为的影响 ·· 76
   二、购买行为与态度不一致的影响因素 ··· 77
  第四节 消费者态度的改变 ·· 78
   一、改变消费者态度的说服模式 ·· 78
   二、消费者态度的改变 ·· 79
  本章小结 ·· 81

第六章 消费者群体与消费心理 ··· 83
  第一节 消费者群体概述 ·· 83
   一、群体的概念及特征 ·· 83
   二、群体的分类 ·· 84
   三、群体规范对消费者心理的影响 ·· 85
  第二节 不同年龄与消费者行为 ··· 86
   一、少儿消费群体的心理行为特点 ·· 86
   二、青年消费群体的心理行为特点 ·· 87
   三、中年消费群体的心理行为特点 ·· 89
   四、老年消费群体的心理行为特点 ·· 90
  第三节 不同性别与消费者行为 ··· 91
   一、女性消费群体 ·· 91
   二、男性消费群体 ·· 92
  本章小结 ·· 93

第七章 消费态势与消费心理 ··· 97
  第一节 消费习俗与消费行为 ··· 97
   一、消费习俗的概念与特点 ·· 97
   二、消费习俗的分类 ·· 98
   三、消费习俗对消费者的消费行为的影响 ·· 99
  第二节 消费流行与消费行为 ·· 100
   一、消费流行的概念 ·· 100
   二、消费流行形成的原因及其传播规律 ··· 100
   三、消费时尚的流行方式 ·· 102
   四、消费流行在消费行为中的作用 ·· 103
  第三节 畸形消费与消费行为 ·· 103
   一、畸形消费概述及表现 ·· 103
   二、畸形消费原理的运用 ·· 105
  第四节 暗示、模仿与从众行为 ··· 106
   一、暗示 ·· 106

二、模仿与购买行为 ……………………………………………………… 107
　　三、从众行为 …………………………………………………………… 108
　本章小结 …………………………………………………………………… 109

第八章　影响消费者行为的因素 ……………………………………………… 111
　第一节　家庭与消费者行为 ……………………………………………… 111
　　一、家庭类型结构与消费者心理 ………………………………………… 111
　　二、家庭成员的角色与家庭购买决策 …………………………………… 112
　　三、家庭生命周期对消费者心理的影响 ………………………………… 113
　第二节　社会阶层与消费者行为 ………………………………………… 115
　　一、社会阶层概述 ……………………………………………………… 115
　　二、社会阶层在营销策略中的应用 ……………………………………… 117
　第三节　参照群体与消费行为 …………………………………………… 118
　　一、参照群体及其对消费行为的影响 …………………………………… 118
　　二、参照群体影响的营销应用策略 ……………………………………… 119
　第四节　文化因素与消费行为 …………………………………………… 120
　　一、文化概述 …………………………………………………………… 120
　　二、文化对消费者心理的影响 …………………………………………… 121
　　三、亚文化对消费者心理的影响 ………………………………………… 123
　第五节　经济因素与消费行为 …………………………………………… 124
　　一、收入因素 …………………………………………………………… 124
　　二、消费结构 …………………………………………………………… 125
　　三、家庭收入 …………………………………………………………… 125
　本章小结 …………………………………………………………………… 126

第九章　消费者的购买决策与行为分析 ……………………………………… 129
　第一节　消费者的购买决策 ……………………………………………… 129
　　一、消费者购买决策的定义和内容 ……………………………………… 129
　　二、消费者购买决策的类型 …………………………………………… 131
　　三、消费者的决策过程 ………………………………………………… 131
　　四、影响消费者购买决策过程的因素 …………………………………… 133
　　五、决策过程中的偏差 ………………………………………………… 134
　第二节　消费者购买行为模式 …………………………………………… 135
　　一、国外购买行为模式介绍 …………………………………………… 135
　　二、刺激-反应模式 …………………………………………………… 137
　第三节　消费者购买行为类型 …………………………………………… 137
　　一、按消费者购买目标的选定程度区分 ………………………………… 137
　　二、按消费者购买态度与要求区分 ……………………………………… 138
　　三、按消费者在购买现场的情感反应区分 ……………………………… 139
　　四、按购买者在购买时介入的程度和产品厂牌差异的程度区分 ………… 139
　　五、消费者购买行为三种类型 …………………………………………… 141

  第四节　消费者购买行为理论 …………………………………… 142
   一、认知理论 …………………………………………………… 142
   二、减少风险理论 ……………………………………………… 142
   三、习惯养成理论 ……………………………………………… 143
   四、象征性社会行为理论 ……………………………………… 143
  本章小结 …………………………………………………………… 144

第十章　商品因素与消费心理 …………………………………… 147
  第一节　新产品设计与消费心理 ………………………………… 147
   一、新产品的概念 ……………………………………………… 147
   二、新产品的类型 ……………………………………………… 148
   三、消费者对新产品的心理要求 ……………………………… 149
   四、新产品购买者的类型及心理分析 ………………………… 151
   五、新产品推广的心理策略 …………………………………… 152
  第二节　商品名称、商标与消费心理 …………………………… 153
   一、商品名称与消费者心理 …………………………………… 153
   二、商标与消费心理 …………………………………………… 155
  第三节　商品包装与消费心理 …………………………………… 157
   一、包装的作用及心理功能 …………………………………… 158
   二、商品包装设计的心理要求 ………………………………… 159
   三、商品包装的心理策略 ……………………………………… 160
  第四节　商品价格与消费心理 …………………………………… 163
   一、商品价格的心理功能 ……………………………………… 164
   二、消费者价格心理与价格判断 ……………………………… 165
   三、价格制定的心理策略 ……………………………………… 166
  本章小结 …………………………………………………………… 168

第十一章　营销沟通与消费心理 ………………………………… 171
  第一节　商业广告与消费心理 …………………………………… 171
   一、商业广告的种类和特点 …………………………………… 171
   二、商业广告的心理机制和心理过程 ………………………… 172
   三、商业广告策划与设计心理 ………………………………… 175
   四、商业广告传播的心理技巧 ………………………………… 176
  第二节　商店的购物环境与消费心理 …………………………… 178
   一、商店类型、选址与消费者购买心理 ……………………… 178
   二、商店招牌与消费者购买心理 ……………………………… 180
   三、商店内部设计与消费者购买心理 ………………………… 182
  第三节　营销人员沟通技巧与消费心理 ………………………… 185
   一、营销人员的基本心理素质 ………………………………… 185
   二、营销人员与消费者的沟通 ………………………………… 187
  本章小结 …………………………………………………………… 190

第十二章　消费者的满意度与消费心理 …… 192
　第一节　满意与不满意的形成 …… 192
　　一、消费者满意度 …… 192
　　二、消费者不满情绪的表达方式 …… 193
　　三、影响消费者满意度的因素 …… 194
　第二节　顾客满意度的评估与分析 …… 197
　　一、顾客满意度的效用分析 …… 197
　　二、顾客满意度的心理分析 …… 199
　　三、实现顾客满意服务战略的有效策略 …… 200
　第三节　品牌忠诚的管理 …… 201
　　一、顾客的品牌忠诚 …… 201
　　二、形成品牌忠诚的原因 …… 202
　　三、顾客品牌忠诚的培养 …… 203
　本章小结 …… 204

参考文献 …… 206

第一章 消费心理学导论

- ▶ 了解消费心理学的发展过程；
- ▶ 理解消费心理学的概念及研究对象；
- ▶ 掌握消费心理学的研究原则和方法；
- ▶ 熟练掌握及运用消费者的行为特征，为企业营销服务。

第一节 消费心理学的研究对象和任务

在商品经济条件下，消费者的消费行为是与购买一定的商品相联系的，而消费者是一个个具有不同心理过程和个性特征的个体，他们的购买行为总是在一定心理活动的支配和调节下进行的，一个营销活动离不开消费者的心理活动。消费心理学是心理学的一个偏向社会方面的分支，是研究在消费过程中消费者的心理活动的产生、发展及其规律的科学。

一、消费心理的含义

心理是在实践活动中人脑对客观现实的主观反映。

（一）心理的本质

1. 心理是人脑的机能

很早以前，人们把心理现象和灵魂现象联系起来，把心理视为灵魂。而心理现象发生的物质基础，也往往被认为是与心脏有关的。随着现代科学技术的发展，尤其是医学和解剖学的发展，人们认识到，人的大脑皮层不仅具有与动物共有的第一信号系统，而且具有人类所独有的第二信号系统。人的心理活动是由这两种信号的协调活动构成的。人的心理和人脑的活动不可分割，人的大脑如果受到损害，心理活动必然受到破坏。因此，心理是人脑的机能，人脑是心理的器官。

2. 心理是客观现实的主观反映

虽然说人脑是心理的器官，但并不意味人脑本身能自然地产生心理。它只是人的心理产生的物质基础,它只提供了心理产生的可能性。也就是说,人脑只有在客观现实的作用下,才能产生心理。大量事实证明,人的心理活动,无论从简单形式的感觉、知觉,还是复杂的思维、情感等,都可以从客观现实中找到源泉。一个人如果不接触客观现实,孤陋寡闻,他的心理活动便成了无源之水、无本之木了。因此,客观现实在人脑中的反映就产生了人的心理活动。社会实践对人的心理有巨大的制约作用。

所以说,人的心理的实质是人脑对客观现实的主观反映,人脑是心理的器官,而客观现实则是源泉。

(二) 人的心理现象

心理学是研究人的心理现象的产生、发展、变化规律的科学。它从人的心理过程和个性心理方面来研究人的心理现象,如图1-1所示。

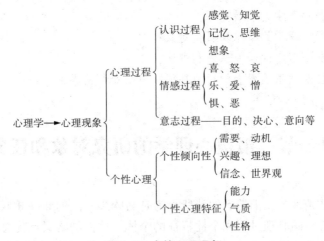

图1-1 人的心理现象

人的心理现象极其错综复杂,内容丰富多彩,但又并非是虚无缥缈和神秘莫测的。研究人的心理现象可以从心理过程和个性心理特征两方面研究。

(1) 心理过程。它是人们在社会生活实践过程中一系列思维活动的总和,是社会实践在人的头脑中的反映。它包括认识、情感、意志三个过程。

(2) 个性心理特征。它是人的气质、性格、能力等心理活动中稳定特点的总和与表现。在一定的社会条件下,人的个性倾向和个性心理特征的总和,统称为个性心理。个性倾向性是指对人的心理活动和行为具有激发作用的动力因素,包括需要、兴趣、动机等因素。

心理现象中心理过程和个性心理这两方面之间并不是孤立的,而是有着密切联系的。没有心理过程,个性心理也就无从形成;而个性倾向和个性心理特征又制约着心理过程,并在心理过程中表现出来。所以说,心理过程和个性心理是同一现象的两个不同方面。要研究心理现象就必须将心理过程和个性心理两个方面结合起来加以研究,才能真正掌握人的心理,揭示心理活动的规律。

(三) 消费心理

消费心理是指消费者在个人消费活动中发生的各种心理现象及外在表现。消费者购买行为中的心理现象,是消费者群体中作为一个人的心理现象,必然会被消费者个性心理特征所左右。而在社会范围内，消费者千万次的购买、使用和消耗行为的总和就构成了消费者心理活动的社会总体消费行为。在一定时期内，社会总体消费行为又影响并制约着消费者个体的心理变化趋向。

消费心理是消费者在社会总体消费环境的影响下，调节、控制自身消费行为的心理现象。消费者在购买行为中产生的感觉、知觉、记忆、注意、想象、情感、意志等心理活动过程，表现出人的心理活动的一般规律。而消费者作为一个人，不论其具体购买行为是怎样的，他总会保持那些稳定的、本质的、独特的心理品质，即消费者个性。对消费者心理过程的研究可以发现消费者有一致性的心理现象；对消费者个性心理特征的分析研究，可以发现消费者有差异性的心理现象；而将消费者两方面的心理现象结合起来研究，就会揭示出消费者消费心理的一般规律。

二、消费心理学的研究对象和内容

消费心理学作为一门独立的学科，有着不同于其他学科的研究对象。消费心理学以消费者的心理现象作为研究对象。具体来讲，包括以下内容。

（一）影响消费者购买行为的内在条件

1. 消费者的心理活动过程

心理活动过程包括人的认识过程、情感过程和意志过程，消费者的消费心理活动也有其产生、发展和实现的过程。消费心理学通过研究消费者对商品或服务的认识过程、情感过程和意志过程的产生、发展和表现形式的规律性以及三个过程之间的联系，发现消费者行为中包含的心理共性。

2. 消费者的个性心理特征

不同的个性心理，使得不同的消费者在消费需求、消费习惯、购买动机、购买方式等方面表现出明显的差异性。消费心理学通过研究消费者的个性心理特征，可以了解不同的消费行为产生的内在原因，掌握消费者购买行为和心理活动的规律，预测消费趋势。

3. 消费者购买过程中的心理活动

人的行为由动机决定，而动机又是由需要引起的。消费者的需要、购买动机和购买行为之间存在着决定与被决定的关系。

4. 影响消费者行为的心理因素

不同消费者之间存在着消费心理和行为的差异。消费心理和行为方式的改变，要受到学习、记忆、注意和态度等心理倾向的影响。

（二）影响消费者心理及行为的外部条件

消费者的心理活动及消费行为，不仅由消费者自身的特点所决定，而且还会受到所处环境与条件的影响，环境与条件越接近，人们消费行为的共性就越多。影响消费者心理及行为的外部条件主要有以下几方面内容。

1. 社会环境对消费心理的影响

一定的社会环境形成相应的社会消费文化，而消费文化又制约着人们的消费行为。消费心理学研究社会环境对消费心理的影响，其作用在于使经营者把握与消费者进行心理沟通的渠道。

2. 消费者群体对消费心理的影响

群体的意识特征和行为准则对消费者个体的价值观念、消费方式和消费习惯，有着重要的影响和制约作用。消费心理学研究消费群体与消费心理的关系，有助于经营者针对目标市场采取相应的营销策略。

3. 消费态势对消费心理的影响

消费态势是指社会群体心理倾向的某些典型性状态和形势。消费心理学研究消费态势与消费心理的关系，是为了进一步分析社会环境因素作用于消费群体所产生的典型的消费心理现象。

4. 商品因素对消费心理的影响

影响消费心理的商品因素主要包括产品创新、商品品牌、商品包装、商品价格等，属于经营者营销策略的内容。消费心理学研究商品因素对消费心理的影响，其目的在于帮助经营者更清楚地认识自己的营销策略与消费心理的关系。

5. 购物环境对消费心理的影响

这包括购物环境应当怎样设计才能树立起良好的企业形象，使消费者对其销售的产品产生一定的信任与偏爱，引起购买欲望，进而影响其购买行为。

6. 营销沟通对消费心理的影响

销售人员在销售过程中如何积极主动地探寻消费者心理，与消费者进行良好的沟通，并掌握一定的销售技巧，满足不同消费者心理活动的需要，最终实现产品的销售。

三、消费心理学的研究任务

消费心理学的研究任务有以下三个方面。

（一）揭示和描述消费者行为的表现

即通过科学的方法发现和证实消费者存在哪些行为，这个任务也就是观察对象，描述事实。比如，消费者平时喜欢到哪家商店买东西，他（她）买了哪个品牌的商品，买了多少，价钱如何，要求提供哪些服务等，都是一些客观存在的事实。

（二）揭示消费者行为的规律性

即说明消费者某种消费行为产生的原因。把已观察到的已知事实组织起来，联系起来，提出一定的假说去说明这些事实发生的原因及其相互关系。比如，消费者购买阿迪达斯运动鞋这一商品，是为了满足自身体育锻炼的需要，还是因为穿阿迪达斯这个品牌的鞋而感到无比荣耀以满足自身的虚荣心，他是受了同伴的影响还是阿迪达斯广告的"诱惑"等。

（三）预测和引导消费者行为

企业营销活动的任务不仅是满足消费者的现实需求，更重要的是发现他们的潜在要求，并将其转化为现实需求。在这个过程中，企业还必须能够引导消费者需求，即通过科学的预测，了解消费者行为的规律，对消费者进行必要的教育、引导、启发。

第二节　消费心理学的形成与发展

一、消费心理学的发展阶段

消费心理学作为一门系统研究消费者心理的应用性学科，是在资本主义工业革命后，市场经济充分发展，商品供过于求的矛盾日益尖锐，企业竞争日益加剧的过程中形成和发展起来的。消费心理学最初是市场营销学和心理学的一个分支，作为一门独立的学科出现，只是最近几十年的事情。它的形成和发展大体可以分为以下三个时期。

（一）萌芽时期

这一时期是从19世纪末到20世纪30年代，研究消费者行为与心理的理论开始出现并得到初步发展。"工业革命"以后，西方国家的生产力大幅度提高，商品生产的速度超过了市场需求，企业竞争加剧。经营者们开始重视商品推销与刺激需求。为适应这种需要，学者们着手研究商品的需求与销售问题。最早从事这项研究的是美国社会学家韦伯仑。他在1899年出版的《有闲阶级论》中提出了广义的消费概念，认为过度的消费是人们在炫耀心理支配下激发的。这些研究引起了心理学家和社会学家的兴趣。1901年，美国著名社会学家W. D. 斯科特首次提出，要运用心理学原理指导广告宣传。同时期，美国明尼苏达大学心理学家H. 盖尔出版了《广告心理学》，系统论述了商品广告中如何运用心理学原理以引起消费者的注意与兴趣。这一时期的各项研究都从各个侧面涉及消费心理与行为问题，为消费心理学的产生奠定了基础，但是研究的重点是促进企业的产品销售，而不是满足消费需求；在实践中的应用较少，尚未引起社会和企业界的广泛重视。

（二）应用时期

这一时期是从20世纪30年代到60年代，消费者行为研究得到迅速发展并广泛地应用于企业市场营销中。1929—1933年的世界性经济危机使得商品市场完全转变为供过于求的市场。在第二次世界大战以后，西方国家庞大的军事工业迅速转向民用产品的生产，市场商品供应急剧增多，产品更新换代加快，消费者需求也不断变化，购买行为更加难以捉摸，企业之间的竞争更加激烈。企业的经营观念从生产观念转向销售观念，重视广告和推销，重视分析预测消费需求，为消费心理学理论的发展提供了良好的社会条件。例如，1951年，美国心理学家马斯洛提出了需要层次理论；1953年，美国心理学家布朗开始研究消费者对商标的倾向性；1957年，社会心理学家鲍恩开始研究参照群体对消费者购买行为的影响。1960年，美国正式成立了"消费者心理学会"。与此同时，消费心理学的学科体系也基本形成了。可以这样说，消费心理学从此进入了发展和应用时期，它对市场营销活动的参与、影响和服务的作用也日益明显。

（三）变革时期

变革时期是从 20 世纪 70 年代到现在。这种变革主要反映在两个方面。一是综合运用了相关学科的最新研究成果。计算机、经济学、经济数学、行为学、社会学、运筹学、市场营销学、管理学等学科的研究成果广泛地运用于消费行为的研究中。二是研究领域不断扩大和深化。有关消费者心理与行为研究的论著迅猛增加，出现了一些很受关注的研究主题，如关于顾客满意、顾客价值、顾客关系及品牌资产等，并产生了深远的影响。消费心理学随着社会经济的发展而不断深化，与市场营销的关系也日益密切。它已成为人们研究和学习的一个热门学科，受到社会各方面的广泛重视。

二、我国消费心理学的发展阶段

20 世纪 20 年代，我国学习和引进了消费心理学这门学科。在此时期，国内学者开始翻译介绍国外的消费者行为和心理研究的成果，撰写编著了自己的消费者行为和心理研究的论著。吴英国翻译出版了斯科特的《广告心理学》，孙科撰写了《广告心理学概论》，潘菽撰写了《心理学概论》。

1949 年中华人民共和国成立以后到改革开放以前，由于大部分工商企业为国家所控制，商品供应基本上处于紧缺状态，消费者的消费行为受到限制，我国的消费心理学研究基本处于空白状态。

1979 年以来，经济体制改革的不断深入和社会主义市场经济体制的建立，使我国的社会消费出现了很大的转变。我国经济迅速发展，商品供应丰富，企业竞争加剧，经营者迫切需要通过研究消费者心理与行为而增加商品销售、提高企业竞争力。现实需要和思想解放的浪潮推动着学者们重新学习和引进了国外的消费者行为的研究成果。1986 年，我国部分省、市先后建立了消费者协会；1987 年，中国消费者协会成立；1993 年 10 月，《中华人民共和国消费者权益保护法》颁布。学术界发表和出版了大量的消费心理学方面的文章、专著、译著和教材。但是由于我国的消费心理学研究起步较晚，在研究水平和研究手段方面与西方发达国家相比还是有较大差距，需要国内的学者们做出更多的努力。

第三节　消费者的消费行为特征

由于民族、文化传统、地理环境和时空方面的差异，不同的人有着不同的消费行为和消费习惯。消费行为是指人们为满足自身需要而决定、购买和使用、消耗商品和劳务的行为。在纷繁复杂的消费行为中，人们的消费行为是否存在一些共同的特征呢？我们认为，人们的消费行为是有某些共同特征的。这些共同特征主要表现在以下方面。

一、消费行为的时代性

人们的消费行为产生于自然和社会的需要，而不同的历史时代，人们的需要无论就其内容还是满足方式来说，都存在着明显的差异。人们的需要是随着时代的发展而变化的。这种变化实际上是人类社会文明进步的表现。例如，以北京市民的冬装为例，在20世纪50—60年代，大家都习惯于穿布面棉衣；到了70年代中期，人们开始以能穿上"的确良"面的棉衣为荣；70年代末80年代初，尼龙绸面料的羽绒登山服成了流行冬装，年轻人纷纷争相购买；到了80年代中后期，各种活面、多用途的新潮冬衣开始占领市场，成了人们新的追求目标。导致这种状况出现的原因，除了消费者主观因素的作用，更主要的是科技发达和社会生产力发展水平的提高所致。

二、消费行为的季节性

季节性分为三种情况。一是季节性气候变化引起的季节性消费。这种消费行为的季节性变化十分明显地反映在市场销售的变化上。人们的穿着打扮，从头到脚所需要的物品无一不是工业产品，而这些工业产品的供应则又无疑有着明显的季节性。如冬天穿棉衣，夏天穿单衣；热天买冰箱，冷天买电热毯。二是季节性生产引起的季节性消费，如春夏秋是蔬菜集中生产的季节，也是蔬菜集中消费的季节。因此消费者要食用这些蔬菜，只能听从季节的安排，否则，必须借助于特种栽培技术才能如愿。三是风俗习惯和传统节日引起的季节性消费。人们为了欢度佳节，往往导致一股短暂的消费热浪，如端午节吃粽子，中秋节吃月饼等。

三、消费行为的周期性回返

人类消费的需求、兴趣、爱好和习惯，在历史发展的历程上，常常表现出一种回返特征，而且这种回返带有某种周期性。在消费市场上，一段时间里为人们所偏爱的某种商品，往往供不应求，十分紧俏。但是，只要消费"热"一过，这种曾风靡一时的俏货，就会成为明日黄花而无人问津。然而，过一段时间后，那些早已被人们遗忘的东西，有可能重新在市场上出现和流行。人们只要对消费行为作较长时间的考察，就不难发现，这种现象无论在国内还是国外都是普遍存在的。例如，在我国女时装市场上流行的旗袍，就曾经在中华人民共和国成立前后都流行过。

消费行为的每一次回返都是有一定条件的，而且每次回返都带有某些新的社会内容或物质内容。消费行为的周期性回返实质上是一种螺旋式的上升运动。

四、消费行为的相关性

人的消费需求不是孤立的。无论是自然需求还是社会需求，也无论是物质需求还是精神需求，往往都是互相联系、互相依存的。正是这种需求之间的关联和依存，决定了消费行为的相关性。

消费需求的相关性存在正、负两种不同的形式。消费需求的正相关是指人们对一种消费品需求量的增加或需求水平的提高，会导致对与之相关的其他一系列消费

品的需求量上升或需要水平的提高。如彩电、冰箱、组合音响、录音机等家用电器销售量的增加，将导致用电量的激增；西服热的兴起使领带和皮鞋成为热门货。消费需求的负相关是指一种消费需求的增长会导致另一种（或若干种）消费需求的下降。例如，人们对鱼、虾等水产品的需求增加，会导致对猪、牛、羊等肉类产品的需求量下降。消费需求之所以呈负相关，显然是由于一种消费需求的增长对另一种（或若干种）消费需求的增长起抑制作用的结果。

五、消费行为的替代性

消费品种类繁多，不同品牌甚至不同品种之间往往可以互相替代。如"碧浪"牌洗衣粉和"雕牌"洗衣粉可以相互替代，毛衣与皮衣虽然属于不同种类，但也可以互相替代。由于消费品的替代性和购买力相对有限，消费者对满足哪些需要以及选择哪些品牌来满足需要必然慎重地决策且经常变换，导致购买力在不同产品、品牌和企业之间流动。

六、消费行为的可诱导性

消费者在大多数的情况下对商品有选择的自由，企业可以在法律和社会规范的框架内对消费者予以劝导并施加影响。应当指出的是，企业影响消费者行为是以其产品或活动能够满足消费者某种现实或潜在的需要，能够给消费者带来某种利益为前提的。消费者有时对自己的需要并不能清楚地意识到。此时，企业可以通过提供合适的产品来激发消费者的需要，也可以通过有效的广告宣传、营业推广等促销手段来刺激消费者，使之产生购买欲望，甚至影响他们的消费需求，改变他们的消费习惯，更新他们的消费观念，树立全新的消费文化。

综上所述，我们认为消费者的消费行为存在着一些共同的特征。这些特征，一方面取决于人们自然和社会的需要，另一方面则受制于社会生产力的发展水平。

第四节 消费心理学的研究方法

由于消费心理学与许多学科有着密切的联系，它既具有社会科学性质，又具有自然科学的性质，因此其研究方法也是多种多样的。

一、消费心理学的研究原则

依据辩证唯物主义的思想，研究消费心理学必须遵循以下基本原则。

（一）客观性原则

恩格斯说："唯物主义的自然观不过是对自然界本身面目的朴素了解，不附加以任何外来的成分。"这就是说，一切科学的研究都必须实事求是，尊重客观事实，按照事物的本来面目去反映事物，来不得半点的主观想象，这就是认识事物的客观性原则。我们进行消费者心理学研究也必须遵循这一原则。

该原则要求我们在研究消费者心理活动时，必须紧密结合消费活动的实际，根据可以感知、观察并能得到验证的客观事实，分析消费者在市场消费活动中心理活动产生、发展和变化的规律，拒绝各种各样的主观随意性和猜测。例如，我们要掌握消费者购买过程中心理活动的情况，就要通过购物现场的观察，在接待消费者的过程中通过视、听、想，而不是凭空想象。如果再以同样的环境和接待方法对许多顾客做同样的试验，得到的心理反应基本相似，那就说明我们的研究结果基本符合实际。

（二）联系性原则

研究消费者的心理现象，既要考虑引起某一种心理现象的原因、条件，同时还要考虑与之相联系的相关因素的影响。不能孤立地研究，必须是全面地、联系地进行分析。这就是联系性原则。

人生活在极其复杂的自然环境和社会环境中，人的每一心理现象的产生都要受到自然和社会等诸多因素的影响，而且这种影响在不同时间、地点的反映又有所不同。例如，消费者在购买现场的心理活动，要受购物现场的环境，商品的造型、色彩、包装、价格、质量、广告宣传、服务方式和服务质量以及消费者本身的心境等许多因素的影响，而且这些因素在不同时间里对同一消费者的影响也会有所差别。我们只有将各种影响因素用联系的观点，同时遵守客观性的原则加以分析，才能比较准确地把握消费者的心理状态。

（三）发展性原则

客观世界是发展变化的。作为客观世界的主观反映的人的心理，必然要随着客观世界的变化而变化。在消费过程中，随着客观条件（如时间、空间、哲学、政治、文化、科技等因素）的发展变化，消费者的心理也在不断地发生变化。因此，研究消费者的心理，必须站在发展的立场上看问题，不要以为在某种条件下所获得的研究结果能够"放之四海皆准"。

我们对商品活动中的人的心理研究，应当遵循发展性原则。根据事物演变的可能性，去设想、预测心理变化的趋势；也要运用已被过去实践证实过的心理变化规律，去推测心理变化的可能性，用以指导我们将来的工作。

（四）个性研究中的分析-综合原则

个性是指具有一定倾向性的比较稳定的心理特征的总和。每个消费者都有其不同的个性，并且会在购买行为中表现出来。个性在消费心理的研究中占有越来越突出的地位。消费者在无数次的购买活动中，无论实际的购买对象怎样，每个消费者总是保持他个人独有的心理特质。如青年消费者购买带有浓厚的情绪色彩，冲动性购买行为较多；中年消费者购物中独立意识、判断意识较强；老年消费者购物更稳重、动作慢、询问多等等。我们通过分析、研究可以认识个别消费者在不同的生活、活动条件下的心理活动，通过综合的研究则有助于我们弄清大量个别心理表现的互相联系，从而找出表明消费者特征的那些稳定的东西，有的放矢地进行市场营销服务。

二、消费心理学的研究方法

目前,国内外心理学家和市场学家常用来研究消费者心理活动规律的基本方法有观察法、访谈法、问卷法、投射测验法、实验法、调查法和量表法等。本书主要介绍的是目前国内研究机构、市场调查机构和营销部门普遍采用的五种方法。

(一) 观察法

观察法是指调查者在自然条件下有目的、有计划地观察消费者的语言、行为、表情等,分析其内在的原因,进而发现消费心理现象的规律的研究方法。消费者在购买活动中各种各样的行为表现,都是受其心理活动支配的,通过对消费者在购买活动中的语言、表情、动作等形态进行观察分析,可以了解支配他们行为的心理。

观察法是科学研究中最一般、最方便使用的研究方法,也是心理学的一种最基本的研究方法。在现在科学技术发展的条件下,调查者可以通过自己的视听器官与先进的技术和仪器设备(如视听器材,包括摄像机、录音机、照相机等)的结合,对消费者的心理表现进行观察,增强观察的效果。

观察法有自然观察法和实验观察法两种形式。前者是在完全自然的、被观察并不知情的条件下进行的观察;后者则是在人为控制的条件下进行的,被观察者可能知情,也可能不知情。不管哪种方法,运用观察法并不需要采取询问的方式去了解消费者的所想、所爱、所为,而是要在消费者购买行为发生的现场,例如在商场里、广告橱窗或柜台旁等,听消费者说什么、做什么,由此获得资料,分析研究他们的心理。

观察法大多是在消费者并不知晓的环境下进行的观察,由于消费者没有心理负担,因此心理表露的比较自然,通过观察所获得的资料也比较真实、可靠。此外,观察法在操作上比较简便,花费也比较少,所以无论是大型企业或是小型店铺都可以采用。

观察法的缺点也比较明显。首先,调查者在进行观察时只能消极被动地等待所要观察的事情发生;其次,调查者对观察对象的了解只能是从其外部动作去考察,难以了解他们的内心活动,即只知道消费者的行为,但并不知道他们为什么要有此作为;此外,为了使观察得来的资料真实、可靠,要求观察对象的数量大、涉及面广,因而为取得大量的资料所需投入的人力和时间必然较多。这些都是观察法的局限性。因此,观察法往往要与其他方法配合使用。

(二) 访谈法

访谈法是调查者通过与受访者的交谈,以口头信息传递和沟通的方式来了解消费者的动机、态度、个性和价值观念等内容的一种研究方法。按交谈过程结构模式的差异划分,访谈法可以分为结构式访谈和无结构式访谈两种形式;按调查者与访谈对象的接触方式划分,访谈法可以分为个人访问和小组座谈两种形式。

1. 结构式访谈

结构式访谈是调查者根据预定目标事先拟订谈话提纲,访谈时按已拟订的提纲向受访者提出问题,受访者逐一予以回答的一种研究方法。运用这种访谈方法的好处是:访谈条理清楚;调查者能控制访谈的过程,因此所得资料比较系统,比较节省时间。但是结构式访谈也可能产生一定的问题,例如,容易使受访者感到处于被动的地位,感到拘束,产生顾虑,因而缺乏主动思考;也容易使访谈双方缺乏感情沟通和交流,因而影响所得资料的深刻程度。

2. 无结构式访谈

无结构式访谈是调查者与受访者双方以自由交谈的形式进行的调查活动。调查者虽然也有一定的访谈目标,但谈话过程没有固定的程序,不局限范围,不限定时间。由于气氛轻松,受访者不存在戒心,不受拘束,便于交流,受访者能在不知不觉中吐露真实情感。但是,采用这种访谈方法要求调查者有较高的访谈技巧和丰富的访谈经验,否则就难以控制谈话过程,不仅耗费时间较长,而且可能影响访谈目标的实现。

3. 个人访问

个人访问是由调查者对单个受访者进行的访问,可以采取结构式访谈,即询问一些已经设定好的问题,也可以采取无结构式访谈的形式。

个人访问的优点如下。

(1) 调查者可以在面对面访问的同时对受访者进行观察。

(2) 调查者在访问过程中可以根据受访者的态度和访谈效果调整访谈内容或访谈进程,如对适合受访者可以增加询问的问题,对不符合抽样设计要求的访谈对象可以提前结束访谈,对受访者不愿意正面回答的问题可以采取迂回提问的方式等。

(3) 调查者可以通过与受访者的情感交流鼓励对方充分发表意见,从而增加信息获取量。

(4) 调查者可以针对访谈中出现的双方难以沟通的问题进行必要调整,避免所答非所问,提高访谈效果,有时,受访者的回答还可能启发调查者提出新的问题。

个人访问也有一些缺点,如费用高、访问数量有限、调查者个人素质对访谈的效果有较大制约作用等。

4. 小组座谈

小组座谈是由调查者以召开座谈会的方式向一组消费者进行访谈。小组的人员构成可以是随机形成的,也可以是根据预定指标选择的。小组人员的数量可以视具体情况而定,一般以到会人员都有机会发表意见为限度。对于受访者的意见,调查者应该当堂记录,日后进行分析整理。调查者应该主动控制座谈会的气氛和进程,使受访者在不偏离主题的情况下畅所欲言。

小组座谈的优点是:节约时间、减少消耗;气氛活跃、相互启发。

小组座谈的主要缺点是:如果调查者缺乏控制座谈会进程的能力,会议容易偏离预定主题;参加座谈会的消费者互相影响,妨碍持不同观点的少数派发表真实见解;整理座谈资料的难度较大等。

(三) 问卷法

问卷法就是以请被调查的消费者书面回答问题的方式进行调查,也可以变通为根据预先编制的调查表请消费者口头回答、由调查者记录的方式。问卷法与结构式访谈有相似之处,只是更重视发挥书面调查表的作用。这种方法适用于了解消费者

的消费动机、消费态度和消费观念等。问卷法是消费心理和行为研究的最常用的方法之一。

调查表的基本形式有两种：一种是封闭式的；另一种是开放式的。

封闭式的调查表是让被调查者从所列出的答案中进行选择，类似学生测验中的是非题、选择题的形式。

开放式的调查表是让被调查者根据调查表所列出问题任意填写答案，不做限制，问卷上只有测试的问题，类似考试题中的填空题、简答题和发挥题。

调查表既可通过当场直接发放、让消费者填写后收回，也可将问卷通过邮寄、广告征询等方式送达消费者，待被调查者填写后寄回。后一种形式回收率较前者低，因此可能影响调查结果的精确度和调查工作的进度。

（四）投射测验法

投射测验又称深层法，是一种通过无结构性的测验，引出被试者的反应，从中考察被试者所投射的人格特征的心理测验方法。具体说，就是给被试者意义不清、模糊而不准确的刺激，让他进行想象、加以解释，使他的动机、情绪、焦虑、冲突、价值观和愿望在不知不觉中投射出来，而后从他的解释中推断其人格特征。

投射试验一般都具有转移被试者的注意力和解除其心理防卫的优点，因而在消费心理学的研究中常被用作探寻消费者深层动机的有效手段。

（五）实验法

实验法是一种在严格控制条件下有目的地对应试者给予一定的刺激，从而引发应试者的某种反应，进而加以研究，找出有关心理活动规律的调查方法。实验法依据实验场所的不同又分为实验室实验和现场实验两种。

实验室实验是在专门实验室内进行的，可以借助于各种仪器设备以取得精确的数据。这种方法具有控制条件严密、操作程序固定、可以反复进行实验的特点，但是同时也有较大的人为控制因素，与实际消费活动有一定的差距，所得结果与实际生活存在着一定的距离。

现场实验是在实际消费活动中进行的。现场实验一般要将对情景条件的适当控制与正常的市场活动有机地结合起来进行，因而具有较强的现实意义。但是，由于市场活动现场的各种条件比较复杂，很多控制变量很难予以排除或者在一定时间内保持恒定，因此往往需要有一个周密的实验计划和坚持长时间的观察研究才能获得成功。所以，进行现场实验需要投入大量的人力和物力。

以上介绍的几种方法只是我国消费心理学领域中常用的研究方法。这几种方法具有一定的应用价值，同时又有一定的局限性。不管采用哪一种研究方法，对所得的资料的可靠程度都应该进一步加以分析和验证，才能从中发现消费心理或消费行为的活动规律。所以，在进行消费心理研究时不一定只采用某一种方法，而是可以考虑同时兼用几种方法，取长补短、相互印证，使研究结果更加可靠。随着市场经济的发展和科学技术的不断进步，消费心理学的研究方法还将不断得到完善与创新。

本 章 小 结

本章主要讲述了消费心理学的基本内容和体系，是学习以后各章的基础和指南。心理学是研究人的心理过程和个性心理发生发展及变化规律的科学。心理的实质是脑的机能，是人脑对客观现实的反映。消费心理学是心理学的分支，是商品经济发展到一定阶段的产物，具有明显的科学性和社会性。消费心理学作为一门应用性学科，它的形成经历了萌芽时期、应用时期和变革时期三个阶段。本章的主要内容是消费心理的概念和特征、消费心理学的研究对象及任务、消费心理学的研究原则与方法。

 复习思考题

1. 简述消费心理学的研究对象。
2. 消费心理学的形成与发展经历了哪几个阶段？
3. 简述消费心理的行为特点。
4. 消费心理学的研究原则和研究方法有哪些？
5. 结合实际生活，谈谈你对学习消费心理学课程的认识。

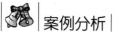 案例分析

速溶咖啡：消费者怎么看

每种产品都会折射出形象，生产厂家也可以让它投射出某种形象，对于消费者不喜欢的形象想方设法予以克服、掩盖，而对于消费者喜欢的形象则加以强化、展示，使之利于销售，这种做法称为投射定位。

但在进行投射定位时，判断人们是否喜欢某一形象，还比较容易；难的是有时候即使知道人们不喜欢某一形象，却难以究其原因，甚至连当事人也不清楚。最典型的案例就是速溶咖啡。

当速溶咖啡刚刚生产出来时，生产厂家认为它适合人们追求便利、节省时间的需求，同时由于它的生产成本远低于传统咖啡，因而价格也低，所以断定它投放市场后必定大受欢迎，会带来丰厚的盈利。于是生产厂家不惜花费巨资，利用各种宣传工具大做宣传。

然而事与愿违，速溶咖啡的销量出乎意料的少。尽管传统咖啡的广告费用少得多，它还是牢牢地占据着差不多整个市场。显然，对速溶咖啡的广告宣传是在某一点上出问题了。

内斯速溶咖啡的生产厂家请来了消费心理学家研究。消费心理学家采用了问卷调查法对消费者进行调查。问卷首先询问消费者是否使用内斯速溶咖啡，然后再问那些回答说"不"的人为什么不喜欢，结果，大部分人都回答说："我们不喜欢这

种咖啡的味道。"

这个结果使厂家深感奇怪,因为厂家知道,内斯速溶咖啡与传统咖啡在味道上并无区别。毫无疑问,被调查者讲的并不是真正的理由。由此看来,一定有某种连当事人也不十分清楚的原因影响了速溶咖啡的形象。

于是消费心理学家又采取了心理学调查的"投射"技术,设计了如下两张购物表,如表1-1和表1-2,并把它们拿给妇女看,让她们按自己的想象描述两位"主妇"的个性特征。

表 1-1

```
5 千克郎福德焙粉
2 千克沃德面包
胡萝卜
0.454 千克内斯速溶咖啡
0.618 千克汉堡牛排
10 千克狄尔桃
2.27 千克土豆
```

表 1-2

```
5 千克郎福德焙粉
2 千克沃德面包
胡萝卜
0.454 千克马克西维尔咖啡
0.618 千克汉堡牛排
10 千克狄尔桃
2.27 千克土豆
```

这两张购物表区别不大,表中绝大部分项目相同,只有一项不同,在表1-1中是速溶咖啡,在表1-2中是鲜咖啡。但接受测试的妇女们对两位"主妇"的个性特征描述就有很大差异了。她们把那个买速溶咖啡的主妇描述成一个懒惰、喜欢凑合、不怎么考虑家庭的妻子,而把那个买鲜咖啡的主妇描述成勤快能干、喜欢做事、热爱家庭的妻子。

这才是隐藏在表层理由下面,连当事人自己也没弄明白的速溶咖啡不受欢迎的真正理由!

这项调查使厂家吃惊不小。原来,他们在广告中宣传的速溶咖啡的优点——便利、省时,被人们看成是负债而非资产了,它给人们留下的印象是消极的而不是积极的,由此厂家意识到速溶咖啡需要一个受欢迎的新形象。

于是,厂商避开原来已在人们心目中形成消极形象的主题——便利、省时,转而强调速溶咖啡具有鲜咖啡的味道和芳香。他们在杂志的整页广告中,在一杯咖啡后面放上一大堆棕色的咖啡豆,在速溶咖啡包装上写道:"百分之百的纯咖啡。"不久,消极形象逐渐被克服,人们在不知不觉中开始接受了速溶咖啡真正有价值的特点——有效、即时等。速溶咖啡成了西方国家销量最大的一种咖啡。

问题:

1. 如果速溶咖啡的味道确实不如鲜咖啡,能否认为最初进行的问卷调查的结果是可信的?
2. 为什么"投射"技术能查明速溶咖啡不受欢迎的真正理由?

第二章 消费者的心理活动过程

 学习目标

- ▶ 了解感觉、知觉、情绪、情感和意志的概念;
- ▶ 理解感觉、知觉在消费活动中的作用;
- ▶ 掌握记忆、注意在市场营销中的作用;
- ▶ 熟练掌握及运用消费者的心理活动过程开展市场营销活动、搞好市场营销。

在消费活动中,消费者的行为方式多种多样,风格迥异,但都具有某些共同的心理活动。消费者在购买过程中,心理活动过程的发展变化均有其特定的规律性。分析消费者的一般心理活动过程,可以揭示出不同消费者心理现象的共性及其外部行为的共同心理基础。

消费者的心理活动过程是消费者在购买过程中发生的心理活动的全过程,是消费者的各种心理现象对客观现实的动态反映。按照心理过程中各个阶段性质和形态的不同,可以将其划分为认识过程、情感过程和意志过程。这三个过程之间既有一定的区别,又具有密切的内在联系,它们相互依赖,相互制约,从而构成消费者购买过程中完整的心理活动过程。

第一节 消费者心理活动的认识过程

心理学认为,人的认识过程是接收信息、储存信息、加工信息和理解信息的过程,也是人脑对客观事物的现象和本质的反映过程。消费者的心理活动首先是从对商品的认识过程开始的。消费者的认识活动过程是指消费者自己的感觉、知觉、记忆、想象、思维等活动对商品的品质属性以及各个方面的联系的综合反映过程,具体分为两个阶段,即认识形成阶段和认识发展阶段。

一、消费者对商品认识的形成阶段

消费者对商品认识的形成阶段,是指消费者通过自己的各种感觉器官,获得有关商品的各种信息及其个别属性资料的综合反映过程,主要包括感觉和知觉两种心理活动。

(一) 消费者的感觉

1. 感觉的概念

所谓感觉,是人脑对直接作用于感觉器官的客观事物个别属性的反映,是我们日常生活中最常见的心理现象。在商业经营活动中,感觉是消费者在购买商品和使用商品过程中,商品的外部单一属性作用于消费者不同感觉器官而产生的主观印象。如消费者面对食品,消费者用眼睛能看到它的颜色,用鼻子能嗅到它的气味,用舌头能尝到它的味道,牙齿能感受到食品的软、硬度等,从而产生了对该食品的颜色、状态、气味、味道、软硬度等方面的感觉。因此通过感觉我们只能知道事物的个别属性,而不是事物的整体属性及意义。但是它却是认识客观事物的开端,是一切消费(购买)活动心理现象的基础,是零散、片面的。

2. 感觉的类别

人的感觉是多种多样的,按其性质可分为外部感觉和内部感觉两大类。

(1) 外部感觉。外部感觉是指接受机体外部刺激,反映外部事物的属性的感觉。外部感觉按引起感觉的刺激物与敏感度分,又可分为距离感受作用和接触感受作用。距离感受作用指感受器官与刺激物不发生直接接触所产生的感觉,如视觉、听觉、嗅觉。接触感受作用是指感受器官与刺激物必须发生直接接触才能产生的感觉,如味觉、肤觉。据测定,在外部感觉中,10%左右通过听觉取得,其余通过其他器官取得。

(2) 内部感觉。内部感觉是指接受机体内部刺激,反映身体位置和运动以及内脏不同状态的感觉。主要包括位置觉、运动觉和内脏觉。位置觉(也叫平衡觉或静觉)是指反映人体和头部位置的重力方向、运动速度变化引起的感觉,如人对头部和身体的移动,上升下降、翻身、摇晃的辨别。运动觉也叫动觉,反映机械力或运动刺激的特性而引起的感觉叫动觉,如人能知道自己身体的位置和运动强度及速度,肌肉的松紧和物体的轻重。内脏觉也叫机体觉,是人的身体内脏处于不同状态下引起的不同感觉,如饥饿、口渴、饱胀等感觉。

3. 感觉的基本特征

(1) 适宜刺激。所谓适宜刺激,是指每一种感觉器官只接受其特定性质的刺激。这是因为每种感觉器官都有其特定功能,只能反映特定性质的刺激。例如,视觉要通过眼睛观看而不能用耳朵听来感受,听觉要通过耳朵听而不能用鼻子闻来感受。

(2) 感受性和感觉阈限。所谓感受性,是指感觉器官对于外界刺激强度和变化的感觉范围能力。感受性的大小是用感觉阈限的大小来衡量的。感觉阈限是指能够引起感觉并持续一定时间的刺激量。阈限是界限、门槛的意思,例如,人的耳朵可听到声音频率的范围大约是20~20 000赫兹,在此界限内就产生感觉,超过或低于这个界限就没有感觉。

每一种感觉,都是两种类型的感受性和感觉阈限,即绝对感受性和绝对感受阈限,差别感受性和差别感受阈限。心理学上把能引起感觉的最小刺激强度叫绝对感受阈限。对这种能察觉出最小刺激强度的能力叫绝对感受性。绝对感受性与绝对感觉阈限成反比关系,绝对阈限越小,即能引起感觉的刺激强度越弱,绝对感受性就越大,说明人的感觉器官越灵敏。但有时刺激强度发生了变化,人们并不一定能有所感觉。如一台 4 900 元的空调降价 20 元时，消费者并不一定能立即有所感觉，而一种蔬菜降价 0.2 元，消费者马上就能感觉到。这就是差别阈限在起作用。所谓差别阈限，是指刚刚能引起差别感觉的两个刺激量的最小量差别。如空调价格从 4 900 元降到 4 700 元时，人们就会有明显的感觉，200 元就是原来 4 900 元的差别阈限。相应的，把能够区别客观事物变化或差别的能力叫差别感受性，差别感受性与差别感受阈限也存在反比关系。

（3）适应性。所谓适应性，是指由于刺激物对感受器官的持续作用，而使感受性发生变化的现象。适应是一种普遍的感觉现象，它既可以引起感受性的提高，也可以引起感受性的降低。比如，人在吃糖以后再吃平时觉得很甜的水果会觉得是酸的。再如，从明亮处进入黑暗处，开始什么也看不清，稍过几秒钟就能看清周围的轮廓，这是暗适应。适应性引起的感受性降低刺激效应，对不断激发消费者的购买欲望是不利的。如洗手液推向市场以来，提高了人们消费的舒适感，消费者能明显感受到它的方便性，但随着消费者长期地使用，其优势就会逐渐淡化，要使消费者保持较强的感受性，企业应不断地提高产品的质量、功能、价格、服务等方式来调整该产品对消费者的刺激。

（4）关联性。所谓关联性，是指某一器官的感受性因其他器官同时也受到刺激而产生变化的现象。即人对一种刺激的感受性，不仅取决于感受器官的机能状态，同时也受到其他感觉的影响，使得各种感觉的感受性在一定条件下出现此消彼长的现象。如人的听觉在黑暗中会得到加强，在光亮中会减弱；震响的马达声能使听觉感受性降低；而人们常见一些盲人的听觉和嗅觉等就非常发达。另外，联觉现象在不同感觉的相互作用中也应引起注意，这种现象是指一种感觉引起另一种感觉的心理过程。例如，人的眼睛看到淡蓝色，皮肤就产生凉爽的感觉，见到橘黄色就产生温暖的感觉。再如当有人在黑板上写粉笔发出尖锐的声音时，我们就感到不寒而栗等。

（5）感觉的对比性。所谓对比性，是指不同的刺激物作用于同一感受器官而使感受性发生变化的现象。不同的刺激物品、同时作用于同一感受器官产生的对比现象叫做同时对比，如白色在明亮的地方颜色就稍暗些，而在黑暗的地方颜色就显得亮一些；不同刺激物先后作用于同一感受器官时产生继时对比现象，如从安静的地方走进闹市区就会觉得不适应。

4. 感觉在消费活动中的运用

（1）感觉使消费者获得对商品的第一印象。感觉是消费者认识商品的起点，是一切复杂心理活动的基础。在消费者购买活动过程中，每一步都需要感觉来提供具体的信息来源，而后进行其他的心理活动，从而获得对商品的全面认识。因此，感觉就可以使消费者获得对商品的第一印象，而第一印象的好与坏、深刻与否往往决定着消费者是否购买某种商品。如装饰门面和招牌的采用，门面和招牌就像人的眼睛，通过它们的运用来加强对该购物环境的印象。再如在购物场所利用音响设备播放一些背景音乐或商品的广告信息，可以调节消费者的情绪，给购物环境增添生机。

（2）合理运用消费者的感觉阈限。俗话说："耳听为虚，眼见为实。"对于商品的认识和评价，消费者首先相信的是自己对商品的感觉。但不同的客体刺激对人所引起的感觉是不相同的，而相同的客体刺激对不同的人引起的感觉也不相同。所以，在市场营销活动中，向消费者发出的刺激信号强度受到消费者的感觉阈限的制约，如为推销商品而降价就是如此。在这里,降价幅度对消费者而言就是个刺激信号,其必须与消费者的感觉阈限相适应。否则,降价幅度过小,刺激不够,消费者不会积极购买;而降价幅度过大,消费者又可能怀疑商品的质量,因而,必须有个准确地把握。另外,消费者的感觉阈限大小还与商品本身有关。如几千元的商品降价十几元并不会引起消费者的注意,而日常生活用品,如蔬菜、肉类、蛋类,即使上涨几角钱也会很快被消费者感觉到。

(二) 消费者的知觉

1. 知觉的概念

所谓知觉,是人脑对直接作用于感官的客观事物的整体反映。人们是依靠感觉与知觉了解周围世界的,感觉是知觉的基础,知觉是感觉的深入。从感觉到知觉的连续过程当中,感觉与知觉在性质上是不同的。感觉是以生理为基础的感觉器官接收外来信息为依据的,而知觉是在感觉的基础上形成的,是由多种感觉器官联合活动的结果,是直接作用于感觉器官的客观事物的整体属性在人脑中的反映。因此,知觉是各种感觉的综合,是对事物整体、全面地反映,包括心情、期盼以及过去的经验与学得的知识等。

2. 知觉的分类

(1) 根据知觉反映的事物特征,可分为空间知觉、时间知觉和运动知觉。空间知觉是指人脑对物体的形状、大小、远近、方位等空间特性的知觉;时间知觉是对客观现象的延续性和顺序性的反映,即对事物运动过程的先后和长短的知觉;运动知觉是对物体的空间位移和移动速度的知觉。通过运动知觉,我们可以分辨物体的静止和运动及其运动速度的快慢。

(2) 根据身体器官作用,可分为视知觉、听知觉、触知觉、嗅知觉等。

(3) 错觉。所谓错觉,是指在特定条件下产生的人们对客观事物不正确的、歪曲的知觉。它具有固定的倾向,是主观努力无法克服的。错觉的现象十分普遍,在某些情况下,人对客观事物会产生错觉的现象,如图形错觉、大小错觉、方向错觉、空间错觉、时间错觉、视听错觉等,其中最常见的是视觉方面的错觉。如在水果商店柜台的后面墙上斜立巨大的反射玻璃,消费者来到柜台前一眼看见丰盛的货物,便会增强购买欲望。产生错觉的原因极其复杂,既有客观因素,也有主观因素。错觉对市场营销活动既有积极的一面,也有消极的一面,如果巧加利用,将有助于商业企业促销活动的开展。

3. 知觉的特点

(1) 知觉的选择性。人体对外来信息有选择地进行加工的能力就是知觉的选择性。知觉的能动性主要表现在它的选择性上。在一定的时间内,人并不能感受所有客观事物的刺激,而仅仅感受能够引起注意的少数刺激。即消费者不可能在一个特定的时间里,同时综合所有冲击其感官的感觉,而只能将一部分刺激作为信息进行加工、整理而接受。而感受到什么信息,受到已有经验、兴趣等个人因素的影响。如面对多种多样的产品,消费者就会有不同的喜好和选择。

在市场上,在同一时刻,有大量的事物作用于消费者的感觉器官,消费者不可能同时反映所有这些事物,只是对其中的某些事物有清晰的反映,这就是知觉的选择性。知觉的选择性还表现在消费者能在众多的商品中把自己所需要的商品区分出来，或者在同一商品的众多特性中，优先地注意到某种特性，它使消费者在知觉商品中发挥"过滤"作用，使消费者的注意力集中指向感兴趣的或需要的商品及其某些特性。知觉的选择性可以是临时的，也可以是经常的。临时性的是由人在知觉中的一时需要、情绪、心理状态决定的；而经常的选择性是由于人在某方面长期活动（职业）造成的。

（2）知觉的整体性。这是知觉与感觉的重要区别。客观事物有多种属性，并且是由不同部分组成的。但是人所反映的客观事物的属性常常并不是相互分割、彼此孤立的，而是一个整体。当客观事物的个别属性作用于人的感官时，人能够根据知识、经验把多种事物的属性知觉归为一个整体，这就是知觉的整体性。反映在消费者的购买行为上，就是消费者总是把商品的质量、价格、款式、商标、包装等综合在一起，形成对商品的整体印象。如我们认识某一品牌的冰箱，我们把它的品牌、颜色、外观、功能、质量、价格、服务等方面的情况综合在一起，形成对该商品完整的认识。知觉的整体性对于人们快速识别客观事物具有重要意义。消费者知觉的整体性直接关系到其购买行为以及满意的程度。如果被知觉的商品符合消费者的需要，引起消费者的兴趣，消费者就会做出购买决定，产生购买欲望；反之，则不能产生购买欲望。

（3）知觉的理解性。在一般的情况下，对任何事物的知觉都是以已有的知识和过去的经验为依据来领会的，这表明知觉理解性与记忆密切相关。人类由于有语言的功能而区别于其他动物，在知觉时常常要通过语言，用词语来概括感知到的信息，因而知觉的理解性同语言、思维也有密切的关系。言语的指导能唤起过去的经验，从而理解其意义。理解性有助于解释不同的消费者对同一商品的知觉不同。人对知觉的客观事物理解愈深，则知觉愈迅速、全面。例如，有丰富购买经验的消费者在挑选商品的时候，要比一般消费者知觉更快、更细致和全面。

（4）知觉的防御性。外界所有商品刺激并不会被消费者都接受。当消费者认为某些刺激物对自己不利时，就会产生反感情绪或心理障碍，并抵制有关信息的接收。在消费活动中，身材肥胖的人往往对油腻食品、紧身衣服比较抵制。而且过量刺激超出人体器官承受能力时，也会引起心理抵触，导致知觉的防御。如企业应有效地选择广告媒体，恰当地提供适量、有效的信息内容，以防消费感觉负荷超载，引起知觉的防御性。

4. 知觉在营销活动中的应用

（1）知觉的选择性有助于消费者确定购买目标。随着科学技术不断发展，市场上的商品日趋丰富，消费者所接触的信息量不断增加，这些都加大了消费者进行购买决策的难度。而知觉的选择性可使消费者在众多的信息和商品中能快速找到符合自己既定购买目标的信息和商品，同时排除那些与既定购买不相符合的信息和商品。

（2）利用知觉的理解性与整体性提高广告宣传效果。根据知觉的理解性这一特点，企业在广告中要针对购买对象的特性，在向消费者提供信息时，其方式、方法、内容、数量必须与信息接收人的文化水准和理解能力相吻合，保证信息被迅速、准确地理解。根据知觉整体性这一特点，在广告设计中，把着眼点放在与商品有关的整体上，使消费者获得充足的信息，形成一个整体的、协调的商品形象。

（3）利用知觉的防御性可以帮助企业进行媒体选择。了解消费知觉的防御性，可促使企业有效地选择宣传媒体，对商品的各种性能、用途进行重点介绍，加大商品对消费者的刺激，使消费者迅速感知这种商品，从而起到有效的宣传作用，同时又能使消费者能够接受。

二、消费者对商品认识的发展阶段

在认识形成的阶段，消费者获得了对商品本身直观形象的了解，但是仅仅局限在商品的表面。消费者要进一步加深对商品的认识，还会利用记忆、想象、思维、注意等心理活动来完成其认识过程。

（一）消费者的记忆

1. 记忆的概念

所谓记忆，是指人脑对过去经历的事物的反映，是人脑积累经验的功能表现。如过去感知过的事物、思考过的问题、体验过的情感等，都能以经验的形式在头脑中保存下来。记忆是十分重要的，对知识经验的积累、对创造活动和迅速成材都有重要的作用。

在消费活动中，记忆同样是必不可少的。因为消费者的每一次购买活动，不仅需要新的信息、新的知识，同时还要参照以往对商品的情感体验、知识和经验。每个消费者在各自的生活中，都会不断获得和巩固新的知识，同时又会把以往的知识经验保存下来。在进行消费活动时，自觉地利用记忆中的材料对商品进行选择判断，有助于消费者全面、准确地认识商品，做出正确的购买决策。

2. 记忆的心理过程

记忆的心理过程主要由识记、保持、回忆和认知四个环节组成，它们相互联系，相互制约。

（1）识记：是指人们为了获得对外界事物的深刻印象而反复进行的感知过程，它是记忆的前提。消费者在购买活动中常常表现为反复查看商品，多方了解商品的信息，以加深对商品的印象。

（2）保持：就是保存和巩固已识记的知识和经验，使之较长时间地保留在人的脑海中的过程。如消费者把识记过程中了解到的有关商品的各种信息作为经验储存在头脑中即为保持。

（3）回忆：也称再现，是指过去感知过的事物不在眼前，但由于某种条件的产生，能把对它的反应重新呈现出来的过程。如消费者选择商品时，常常利用回忆把过去购买使用过类似的商品的体会、经验回想起来，通过比较、验证自己对商品的认识正确与否。再如我们常说的"触景生情"、"睹物思人"等都是回忆过程。

（4）认知：也称再认，是指过去感知的事物重新在眼前出现时的确认过程。如消费者在选购商品时，有时能准确辨认出同一商品在不同商店的陈列和销售情景。

人们对客观事物的记忆是从识记开始的。识记是通过各种心理过程完成的；保持是识记的进一步巩固，是记忆过程中的中心环节，记忆的基本特点在于保持；回忆和认知是衡量记忆巩固程度的重要指标，也是记忆要达到的目的。

3. 记忆的分类

（1）根据记忆的内容，可以分为形象记忆、逻辑记忆、情绪记忆和运动记忆。形象记忆是以感知过的事物形象为内容的记忆。例如，消费者对商品的形状、大小、颜色等方面的记忆就是形象记忆；消费者对某种商品的制作原理、广告宣传等方面的记忆就是逻辑记忆。例如，消费者以概念、公式、规律为内容的记忆；情感记忆是对体验过的某种情感的记忆。如以往消费者在购买活动中受到营业员的热情接待的喜悦心情的记忆就是情感记忆；运动记忆是对过去做过的动作或运动的记忆。如消费者对购买电视机的活动过程的记忆就是运动记忆。

（2）根据记忆信息储存时间的长短，可分为瞬时记忆、短时记忆和长时记忆。瞬时记忆又叫感觉记忆，瞬时记忆在感觉后立刻产生，持续时间大约在 0.25～2 秒，其特点是容量较小，保存时间短，瞬息即逝；瞬时记忆中的材料如果受到主体的注意，就会进入短时记忆阶段，短时记忆时间大约 5～20 秒，最长不超过 1 分钟；长时记忆是指保持 1 分钟以上直至多年甚至终身的记忆，它是对短时记忆的加工复述的结果。有时强烈刺激的信息和富有感情的事，也能一次形成长时记忆。其特点是容量是无限的，保存时间较长。

4. 遗忘

遗忘是指人们对于已识记过的内容在一定条件下不能恢复提取或产生错误的回忆的现象。遗忘和保持是相反的过程。遗忘分为短时记忆遗忘和长时记忆遗忘。造成短时记忆遗忘现象的原因有两种，一是信息（记忆痕迹）的自然消退，如抽象的资料和无意义的资料遗忘就快些。二是其他因素的干扰。如一定时间内记忆材料数量多难度大遗忘的速度也快。而长时记忆的信息同样也会发生遗忘，其原因同样也有自然消退和其他因素的干扰作用。人的遗忘是有规律的，德国著名心理学家艾宾浩斯经过多年的研究发现，遗忘产生过程是在识记某些材料后一段短暂的时间内发展得很快，过了这段"易忘期"后，遗忘的速度就渐渐缓慢下来，渐渐趋于平稳，并保持在某一定水平上，即便过了很长一段时间，记忆的保存量仍然保持在 21% 左右。即遗忘是"先快后慢、先多后少"的。

5. 记忆在消费活动中的运用

记忆的研究还发现，对于一个由若干独立的项目组成的系列性的记忆材料，记忆的效果与各记忆项目在整个系列中所处的位置有关，位于系列首部和尾部的材料记忆效果好些，位于系列中部的材料记忆效果较差。记忆研究中揭示的这些规律为妥善地设计、编排广告提供了理论依据。利用这些规律，可以有效地提高广告宣传的效果，以促进消费者购买行为的变化。

在消费活动中，消费者虽然看到许许多多的商品，听到形形色色的商品信息，但是消费者却不会记得很多，大多数信息将被遗忘或根本未被注意，只有那些能引起消费者特别注意并吸引他们前去观察的商品，才会遗留在消费者的记忆之中。有的商品之所以能引起消费者的注意，是因为它首先取决于消费者的需要、兴趣、态度和情感等主观因素，其次还取决于商品本身的特征。因此，对于消费者记忆规律的研究，无疑对消费活动具有重要意义。

(二) 消费者的想象

1. 想象的概念

所谓想象，是指人脑中对保留在大脑中已感知过的事物形象进行加工改造而创造事物新形象的过程。想象是人所特有的一种心理活动，是在记忆的基础上，把过去经验中已经形成的联系再进行新的组合，从而创造出并没有直接感知过的事物的新形象。由此可知，想象的产生必须具备三个条件：① 必须要有过去已经感知的经验，当然不一定是想象者个人的经验，也可以是前人或他人积累的经验；② 想象过程中必须依赖于人脑的创造性，需要对已经感知的事物进行加工；③ 想象是个新的形象，是想象者没有直接感知过的事物。

2. 想象的特征

（1）想象是一种特殊的思维，具有极明显的间接性和概括性。首先，想象是一种从未直接感知的事物的新形象，它可以根据自己从未遇到过的事物形象，或是依据别人口头或文字的描绘，通过人脑的加工改造而成的新形象，从而具有间接性。其次，因为想象是经过人脑加工改造而成的新形象，在加工改造过程中，必然进行综合、概括，同时，想象又与其他心理活动密切地联系在一起，所以具有概括性。

（2）想象实质上和其他心理过程一样，是客观现实的反映。不仅想象的原料是现实事物的反映，而且想象本身往往也是由现实的需要、意图去推动的，而个人的需要、意图则受社会生活条件的制约，是社会生活要求的反映。因此，人的想象的内容和水平也总要受到社会历史条件、生产力水平和科学技术发展水平的制约。同时，由于人们生活环境和实践活动的不同，个人的兴趣和爱好、习惯和知识经验等不同，也制约着人的想象内容和水平。

3. 想象的分类

（1）根据想象有无目的性可分为无意想象和有意想象。无意想象是没有特殊目的、不自觉的想象，是最简单、最初级的想象，如孩子看到黑板上的一个粉笔点，可以想象成黑夜的星星或夜空中的萤火虫。有意想象是指带有一定目的性和自觉性的想象，也叫随意想象。如妈妈为孩子购买玩具时，会想象孩子得到玩具后高兴的情景就是有意想象。

（2）根据想象内容的新颖性、独特性和创造性的不同，可分为再造想象和创造想象。再造想象是根据语言、文字的描述或条件的描绘（如说明书、图样等），在头脑中形成有关事物的形象。如看了小说，我们就能想象书中人物的性格特征。创造想象是不依赖现有的描述而在个人头脑中创造出来的事物的新形象。它在新产品的开发中有重要作用。如服装设计就需要创造想象。

4. 想象在消费活动中的作用

想象对于发展和深化消费者的认识有重要作用，在消费者选择、评价商品时，常常伴有想象的心理活动。消费者在购买商品时，想象力的参与和发挥更为明显。例如，消费者在购买名牌汽车时，想象出自己开着这辆车时他人对自己的羡慕、赞美，这会极大地激发他的购买欲望，从而导致购买行为。同时，在某些情况下，想象会导致消费者冲动购买，这是由于想象往往带有强烈的感情色彩，积极的想象使人在头脑中呈现美好的前景，对商品倾向于肯定的态度。

据调查显示，许多消费者购买的某种商品并不是急于使用，而是在想象心理支配下采取的购买行为。所以，想象对于推动消费者的购买行为具有一定作用。在企业营销活动中，工作人员通过宣传和展示商品，可诱发消费者美好的想象和联想，可以达到提高促销效果的目的。

（三）消费者的思维

1. 思维的概念和特征

在消费过程中，我们每天都要和各种各样的人打交道，要碰到各种不同的情况，这就要求我们要有敏捷的思维才能处理好这些问题。每个人的思维能力是有差别的，如何提高思维能力？我们有必要对它进行一些探讨。思维是人脑对客观事物本质特征的间接的、概括的反映，它反映事物的本质特征和内在的联系，是人的认识过程的最高阶段。

思维有两个重要特征。一是间接性，就是通过其他事物的媒介来反映客观事物的本质和规律。例如，清早起来看见屋顶和地上是湿的，人们便可推测昨晚下了雨。二是概括性，是通过对同一类事物的共同特性、本质特征或事物间规律联系起来认识事物。例如，人们将电视机、冰箱、洗衣机等概括起来称之为家用电器。

2. 思维的分类

根据思维过程凭借物的不同，可分为形象思维和逻辑思维。形象思维是指利用直观形象对事物进行分析、判断等加工，从而解决问题的思维。如人们看到圆月就会想到家人团圆。逻辑思维也叫抽象思维，是依据概念、判断、推理等基本形式来解决问题的思维。在消费者购买活动中，形象思维和逻辑思维往往交替使用，由于每个人受教育程度、经验和行为偏好等方面的不同，他们在思维的广度、深度、灵活性和独立性等方面存在着一定的差异。

3. 思维的基本过程

思维是人们遇到问题并试图解决问题时的一种独立的心理活动过程，它是以感觉、知觉、表象提供的材料为基础，通过分析、综合、比较、抽象、概括和判断等基本过程而完成的。

（1）分析过程。分析是把事物整体分解为各个部分或把整体的各个特性区分出来。如把空调的个别属性如外观、性能、质量、价格、商标、型号等分解出来。

（2）综合过程。综合是在个别属性分析的基础上，把事物的各个部分或不同特性、不同方面结合起来。如把分解的空调的各个方面重新构成一个整体，从整体角度上找出问题所在。

（3）比较过程。比较是把特定事物与其他事物加以对比，并确定它们之间的异同。有比较才有鉴别，对有些商品，很难通过其外观、性能、质量、价格等个别属性做出正确的判断，消费者要借助比较来鉴别商品的优劣。比较可以在同类商品之间进行，也可以凭借消费者本人的经验进行。

（4）抽象、概括和判断过程。抽象是人对客观事物分出本质特性而舍弃非本质特性的过程；概括是把抽象得来的客观事物的本质属性联合起来的过程；判断就是根据事物表面现象与实质内在的联系确定事物本质，进一步得出结论，形成理性认识的过程。

4. 思维在消费活动中的运用

消费者在购物时往往要经过紧张的思维活动。这是由于所购买的商品在满足消费者需要上还存在一些问题和差距。现在消费者在购物中大都有自己的主见，不易受外界的影响，根据自己的实际情况独立做出购买决定。思维和语言也有密切的联系，消费活动中营销人员运用语言技巧，使语言成为思维的工具，可拉近同消费者的距离，促使销售活动取得满意的结果。

（四）消费者的注意

注意是我们人类共同具有的心理现象。我们的心理活动都是因注意而进行的。如"注意看"、"注意听"、"注意想"等都是由注意引起的活动。与认识过程的其他心理机能不同的是，注意本身不是一个独立的心理过程，它是人的一种心理状态，可为心理过程提供一种背景状态。一般来说，注意随着心理活动的产生而产生，并随之发展、深入。因此，有必要对其加以说明。

1. 注意的概念和特征

所谓注意，是指人的心理活动对外界一定事物的指向和集中。指向性和集中性是注意的两个基本特征。注意的指向性是指在每一瞬间，人们的心理活动有选择地反映一定的事物，同时离开其他事物。注意的集中性是指心理活动能在特定事物上的选择和方向上保持并深入下去，同时排除一些不相干的因素。如我们看电视时，由于精力集中对周围人的谈论全然不知。

2. 注意的分类

根据注意有无目的以及是否需要意志努力，注意可分为无意注意和有意注意。

（1）无意注意。无意注意是指事先没有预定目的，也不需要任何意志努力的注意。即人们在注意某一事物时，不是由于自觉的目的，而是由于外部的刺激所引起的。产生无意注意的原因有两方面。一是客观刺激物本身的特点，包括刺激物的强度、刺激物之间的对比关系、刺激物的新颖性、刺激物的变化等。如商店的重新装修，商品的特殊包装等都会引起人们的注意。二是人的主观状态包括需要、兴趣、态度、精神状态和健康等。例如，造型独特、色泽鲜艳的商品容易引起消费者的无意注意。

（2）有意注意。有意注意是指自觉的、有预定目的的，在必要时还需要一定努力的注意。它是主动的，服从于当前一定任务要求的注意。例如，消费者在嘈杂的环境里专心选择自己想购买的商品，就属于有意注意。

有意注意和无意注意在实践活动中往往是分开的，它们既互相联系，又互相转换。例如，某消费者本来是有意寻找预定要买的某种商品，但在寻找过程中，突然被另一件同类商品的新颖款式所吸引，所以又把注意力转向这一商品上了。这就是由有意注意转化的无意注意。这是一种"特殊类型"的无意注意，叫"有意后注意"。企业应重视这种"有意后注意"的心理特性，并在经营活动中加以利用，从而产生更好的经营效果。

3. 注意的功能

（1）选择功能。即选择有意义的、符合需要的和与当前活动相一致的因素，排除其他各种干扰因素。这种选择性功能既表现为对心理与行为方式的选择，也表现为对刺激对象的选择。由于注意的选择性，人的心理活动才能正确地指向和反映客观事物。如消费者面对众多的商品，其心理活动只是集中在符合自己需要的目标上，并尽量回避与之相竞争的其他各种影响因素的干扰。

（2）保持功能。保持功能是指注意能长时间集中于一定的对象，并保持到完成该行为动作。即注意要有稳定性，要能排除各种干扰，完成认识活动直到达到目的为止的整个过程。

（3）监督和调节功能。这是注意最重要的功能。这两种功能可以双管齐下，共同作用于注意的一定对象或活动上。使得注意向有利于心理和行为活动准确和精确的方面进行，同时也有利于对错误活动进行及时的调节和矫正。

第二节　消费者心理活动的情感过程

消费者对商品的认识过程，并不等于就必然采取购买行动，因为消费者处于复杂变化的社会环境之中。在购买商品时，他们受各种需求利益的支配，引起不同的内心变化和外部反应，构成对商品的感情色彩。这种对待商品和劳务是否符合自己的需要而产生的态度体验，就是购买心理的情感过程。它与认识过程的不同在于：认识过程反映的是客观事物的本质属性；而情感过程反映的是客观事物与人的需要之间的关系，是对客观事物所产生的一定态度和体验。

一、消费者的情绪、情感的概念

（一）情绪和情感的概念

情绪和情感是人类社会中最复杂的一面，也是人类生活中最重要的一面。所谓情绪和情感，是人对外界事物是否得到满足时而产生的一种对客观事物的态度和内心体验。

上述定义，可以从三个方面来分析。

1. 情绪和情感是人类客观现实的一种反应形式

人们与客观现实中的对象和现象之间的关系是情绪和情感的源泉。因为人同各种事物的关系不完全一致，人对这些事物所持有的态度也不一样，所以人对这些事物的情绪和情感的体验也就不同。例如，我们对熟悉的人和不熟悉的人的情绪和情感是不相同的。

2. 情绪和情感受消费者需要的影响

消费活动是一种满足需要的活动，不同的社会实践与社会生活使人们形成了各种不同的需要，从而形成了不同的态度和体验。例如，环境幽雅的购物场所，热情周到的服务，质量优良的商品等，一般都符合消费者的需要，容易使人产生趋向于这些事物的态度，从而产生满意、愉快、赞叹等情绪和情感的体验。反之会产生不满意、烦恼、厌恶等情绪和情感的体验。

3. 情绪和情感并非对所有的事物都可以产生

我们接触到的事物很多，但只和我们的需要相关的事物才能引起我们的情绪和情感。

（二）情感和情绪的区别和联系

西方心理学通常把情感和情绪统称为感情（Affection）。可以说，情绪和情感是从不同角度表示感情的。由于这种心理现象极为复杂，因此把它们严格区分是很困难的，但是我们可以从不同侧面加以说明。

1. 情绪和情感所赖以产生的需要不同

情绪通常是指人的心理体验，它与人的生理需要是否获得满足相联系。例如，饮食需要的满足与否引起满意与不满意的体验。情绪是较低级的心理现象。

情感通常与人的社会需要是否得到满足相联系。情感的基础是同人与人之间的社会关系相联系的需要。例如，人有受到尊重的需要、有参与社会活动的需要、有爱与被爱的需要等，由满足这些需要而产生的荣誉感、集体感、责任感等心理体验就是情感。

2. 情绪和情感在稳定性上的差别

情绪一般由特定条件所引起，具有较大的变化性，并随着条件的变化而改变或消失。因此，情绪的表现形式比较短暂和不稳定。

而情感就不同，人一旦产生某种情感，就不容易改变，而且能够逐渐加强。所以，情感多用于表达内容，具有较大的稳定性和长期性，是较高级的、深层的心理现象。例如，人与人共同参与另外某项活动，在活动中产生友好的情感，不会因为活动结束而消失，还会长期存在并可能得到发展。

3. 情绪和情感在强度上的差别

情绪带有更多的冲动性和外显性，比如欣喜若狂、手舞足蹈、暴跳如雷等。情感则显得更为深沉，而且经常以内隐的形式存在或以微妙的方式流露出来。如深藏不露就是描述的情感现象。情绪一旦爆发，往往一时难以冷静或加以控制；情感一般不存在这样的情况，它始终在意识支配的范围内进行。

情绪和情感又是相互联系的，情绪和情感都属于感情性的心理活动范畴，是一个过程的两个方面，情感是对感情性过程的体验和感受，而情绪是这一体验和感受的活动过程。情绪是情感的外在表现，情感是情绪的本质内容。在使用过程中两者并没有严格的区别，情绪通常都是作为一般情感的同义语来使用的。

二、消费者的情绪和情感的分类

消费者的情绪和情感是指在消费活动中，消费者对特定的消费品所持有的态度与体验的表现形式。它是作为对事物的一种反应形式存在的，世界上的事物绚丽多彩，构成了人与客观事物之间的关系丰富多样，使情绪和情感也产生了极为丰富和复杂的内容。我国古代把人的情绪分为喜、怒、哀、乐、爱、恶、惧七种基本形式，现代心理学又从不同角度对情绪和情感进行了划分。

（一）根据情绪、情感的性质、强度、速度和持续时间，分为心境、激情、应激、热情

1. 心境

心境是一种比较微弱、平静而持续存在时间较长的情绪状态。就是人们常说的心情。心境具有弥散性、广延性和持续性的特点。心境在特定时间内会影响人的行为表现，使人的一切言行及全部情绪，都染上这种心境的色彩，还会影响人对周围环境做出判断。人在愉快、喜悦的心境中，看什么都顺眼，对一切都感到满意；而人在忧愁、悲伤的心境中，就会感到悲观、烦躁、萎靡不振，看什么都不顺眼。

消费者心境的好坏对其购买行为具有重要的影响。良好的心境能提高消费者的积极性，增加对商品、服务、购物环境的满意度，充分地发挥主动性与积极性，引起他们对商品以及企业的美好情感，从而激发购买欲望，实现购买行为，购买频率也会提高。反之，则会心灰意懒，兴趣索然，烦躁不安，从而抑制购买欲望，阻碍购买行为。

心境持续时间有长有短，从几个小时到几周、几个月或者更长时间，主要取决于心境的各种刺激的特点与个人的个性差异。心境的产生原因也是多种多样的。如个人生活中的重大事件、事业的成败、人际关系的好坏、身体状况，周围环境的变化等，都是引起某种心境产生的原因。在营销中，企业要加强营销环境的改善，建立轻松愉快的购物气氛，营销人员应乐观，富有感染力，从而引导和帮助消费者来进行消费。

2. 激情

激情是一种猛烈的、迅速爆发而短暂的情绪体验，也可以叫激动。例如痛苦、狂喜、暴怒、恐惧、绝望等都属于这种情绪状态。瞬息性和冲动性是其主要特点。激情是由巨大的、重要意义的强烈刺激所引起的。过度的抑制和兴奋，或者相互对立的意向和愿望的冲突也容易引起激情的状态。激情发生时伴有内部器官强烈变化和明显的表情动作。如愤怒时，紧握拳头，全身发抖；兴奋过度时，手舞足蹈，大哭大笑等。在激情状态中，人的一切心理过程和全部行动会随时产生显著变化，理解力和自制力会明显下降。

激情是人的行为活动的强有力的操纵者。激情有积极和消极之分。积极的激情与理智和坚强的意志相联系，它能激励人们克服艰难，成为正确行动的巨大推动力；消极的激情则会使人自制力和控制力下降，缺乏信心，不能克服困难。可见，营销活动中要提供优质的产品、恰当的宣传和满意的服务，使消费者产生积极的激情，愉快的进行选购，做出购买决策。

3. 应激

应激是指在出乎意料的情况下所引起的情绪状态。人们在遇到火灾、水灾、地震等突如其来的危机事件时，或者要求立刻采取选择行动时，人的身心就会处于高度紧张状态之中，此时的情绪体验，就是应激状态。

应激同激情相比，它使人意识更为狭窄。人在应激状态时，一般会出现两种不同的表现：一种是情急生智，人脑清醒、动作准确地及时排除险情；另一种是惊慌失措，陷入一片混乱之中，做出不适当的反应。有些人甚至会发生临时性的休克等

症状。在应激状态下人们会出现何种行为反应是与每个人的个性特征、知识经验以及意志品质等密切相关的。在营销活动中,应尽量避免不必要的应激状态的出现;如果出现应保持头脑冷静,保证营销工作的成功。

4. 热情

热情是一种稳定的、强有力的而深刻的情感。热情是一种感情状态,而非简单的情绪体验。它表现为某一主体被一种力量所征服,以坚定的意志努力达到目的的情感。消费者的热情总是指向某一个具体的目标,在热情的推动下购买某种产品。如音乐爱好者会省吃俭用来收集音乐方面的信息。在营销活动中,企业要利用各种手段,唤起消费者的热情,促使其产生购买欲望。

(二) 根据情感的社会性内容,可分为道德感、理智感和美感

1. 道德感

道德感是人们根据社会道德标准,评价自己和别人的言行举止时产生的情感体验。如同情、反感、眷恋、疏远、尊敬、轻视、感激、爱、憎等都属于道德感。

道德感是针对客观对象与主体所掌握的道德标准之间关系的一种心理体验。当自己的思想、行为举止符合这些标准时,就产生肯定的情感体验,感到满意、愉快;反之,则痛苦不安。当看到别人的思想、行为和举止符合这些标准时,就对他肃然起敬;反之,则对他产生鄙视和愤怒的情感。在购买活动中,消费者总是按照自己所掌握的道德标准来决定自己的消费标准,挑选商品的造型、颜色。同时,如果消费者挑选或者购买商品时,受到销售人员热情礼貌的接待,就会产生赞赏感、信任感和满足感等属于道德感的肯定的情感,并以愉快、欣喜、兴奋等情绪形态反映出来。反之,如果受到不礼貌的接待,就会产生不满、气愤的情感,从而影响其购买行为。因此,销售人员应热情接待消费者,具有高尚的职业道德感,为消费者提供良好的销售服务活动。

2. 理智感

理智感是人的求知欲望是否得到满足而产生的高级情感,也与人的认识活动、求知欲、兴趣、解决问题和对真理的探索等社会需要相联系。求知感、怀疑感、幽默感、好奇感等均属于理智感。

理智感是在认识事物的过程中产生和发展起来的,它是认识的一种动力。消费者的理智感,因其求知欲望的强弱,探求真理的毅力以及兴趣倾向的不同,而有着不同的形式与程度,也会随着消费者的认识与实践不断发展。人在认识过程中有新的发现,就会产生愉快和喜悦的情感;在不能做出判断而犹豫不决时,会产生疑惑感;在科学研究中发现未知的现象时,会产生怀疑感或惊讶感;在解决了某个问题而认为依据充分时,会产生确信感等。消费者的理智感是在其认识商品过程中所产生的。例如,某些消费者对新型的、科学性较强的商品,往往不能做出正确的评价,下不了购买的决心,就会产生犹豫感,表现出疑惑的情绪色彩。所以,理智感对消费者在购买过程中的情绪活动起着重要的推动作用。因此,当消费者有疑惑时,销售人员应恰当地解释商品的特点,给消费者当好参谋,消除消费者对商品的疑惑和犹豫,促使营销活动成功。

3. 美感

美感是人们根据美的需要，对一定客观事物进行评价所产生的心理体验。美感是由一定的对象引起的，包括自然界的事物和现象、社会生活、社会现象及各种艺术活动、艺术品等。由于人们的各自不同的心理背景以及美感能力，如社会地位、爱好、文化修养和工作经验等方面的不同，使人们的审美需要、审美标准、审美能力不同，对同一个对象的美感体验就不同。如同一个对象有的人感觉是美的，有的人则认为不美，就是受审美标准和对美的鉴赏能力的影响。当然，并不是说人们对客观事物或社会现象的美感，就不存在相似或共同的方面了。在同一群体中，往往会持有基本相同的美感标准。例如，消费者对时尚、新潮商品的追求，就充分说明了同一群体成员有着近似的美感。消费者在购买过程中产生的对某种商品或现象的美感，实际上是肯定的态度，是一种高级的社会性情感，它往往以满意、愉快等情绪色彩反映出来。消费者这种美感的程度高低，也是直接影响其情绪的强弱变化的因素。在营销活动中，企业一方面要提供时尚、新潮，符合人们消费心理、共同审美情趣的消费品；另一方面要设计出符合不同消费者的不同审美要求的消费品，以满足顾客，使消费者心理上感到和谐与愉悦，促进销售。

三、情绪和情感对消费行为的影响

（一）情绪、情感的两极性特征在消费行为中的作用

人的情绪和情感是极其复杂的，它反映了人的内心活动的多样性、复杂性，但不论何种情绪和情感都可以划分为两大类，即肯定性情绪、情感和否定性情绪、情感，这就决定了情绪、情感具有两极性。

情绪的两极性对消费行动产生了很大的影响。积极的情绪、情感，如愉快、热爱等能增强消费者的购买欲望，促进消费者的购买行为；但消极的情绪、情感，如愤怒、厌恶等，能抑制消费者的购买欲望，阻碍人的购买行为进行。在实际的购买活动中，有时会出现双重的情绪感受，既满意又不满意，既欣喜又忧虑等复杂的情绪体验，从而使消费者的购买欲望和购买行为陷于两难。例如，当选购商品时，消费者可能很喜欢商品的款式，但又忧虑其使用的安全性；喜欢它的颜色，但又不喜欢款式。不过，由于消费者的情绪受各种主、客观因素的影响与制约，两极情绪是可以相互转化或融合的。

（二）影响消费者情绪、情感的主要因素

在购买活动中，消费者情绪的产生和变化主要受下列因素影响。

1. 购买环境的影响

购买环境对消费者的情绪有一定影响。从消费者购买活动来看，购物环境的设施、照明、温度、声响以及销售人员的精神风貌等因素能引起消费者的情感变化，购买环境如果宽敞、明亮、整洁、环境幽雅、温度适宜，消费者就会感觉愉快、舒畅，产生美好的情绪体验，整个商品选购过程就会处于一种愉快的情绪之中。再加上销售人员热情周到和礼貌待人的服务，使消费者产生满意的情绪，还可能改变消费者原有的态度，由原有的犹豫不决转而决定购买，从而收到意想不到的效果。

2. 商品的影响

人的情绪、情感总是针对一定的事物而产生的。消费者的情绪，首先是由他的消费需要能否被满足而引起和产生的，而消费需要的满足是要借助于商品实现的。所以，影响消费者情绪的重要因素之一，是商品的各方面属性如质量、功能、包装等，能否满足消费者的需要和要求，是否令消费者满意和喜欢。当上述这些方面都符合消费者的要求时，消费者自然会对该商品产生好感，即积极的情绪体验。反之，则会使消费者产生不满等消极的情绪体验。因此，在购买活动中，应尽量为消费者提供能充分满足其需要的整体商品。

3. 消费者的心理准备影响

消费者的心理准备状态对于情绪、情感有直接的激发作用，反过来，经激发而兴奋起来的情绪、情感又影响消费者原来的心理准备，两者共同推动消费者的购买行为。一般来说，消费者的需求水平越高、购买动机越强烈，购买目标越明确，其情绪的兴奋程度也越高，并且购买动机转化为购买行为的可能性也越大。反之，情绪的兴奋度越低，则购买动机转化为购买行为的可能性也越小。因此，大多数企业在推广新产品之前都会做大量的广告，给消费者在购物前积淀一定的心理准备，促使消费者的情绪调动起来了，这样就可以帮助新产品的销售。

第三节　消费者心理活动的意志过程

在消费者的购买活动中，除了有一定的生理机制为基础外，还需要一定的心理机能为保证。这种心理保证就是意志的心理过程，它能使消费者为自觉地实现其既定的购买目的而采取一系列行动，排除各种干扰因素的影响，以实现购买目的。所以说，它同认识过程、情感过程一样，是心理活动不可缺少的组成部分。

一、消费者意志活动过程的基本特征

（一）意志的概念

意志是人们自觉地确定目的，并主动支配、调节其自身行为，努力克服各种困难，从而达到预定目的的心理活动。它是人们所特有的心理现象，是人的意识能动作用在消费行为中的表现。人的活动是有意识、有目的的，人在活动前已经将活动的目的存在人的大脑中了，并以这个目的为指导来进行有意识的活动。意志是内部意识向外部行动的转化。消费者在经历了认识过程和情感过程后，能否采取真正地购买活动，还要依赖与消费者的意志过程。它是消费者能否排除各种干扰因素，促成购买行动的心理保证。

（二）意志过程的基本特征

1. 目的性

人的意志与行动的目的性是密切联系着的。离开目的，就没有意志而言。意志过程有其明确的目的性。意志的目的性使消费者在行动之前，对行动的正确性和重要性有充分的认识，并能明确意识行为活动结果，使得消费者按既定的目的去组织和调整自己的行为，寻找实现购买目的的途径。一个消费者购买目的愈明确，就愈能够自觉地去支配和调节自己的心理状态和外部动作，完成购买活动也就越迅速越坚决。此外，购买目的还要受消费者的主观条件的影响。如购买电脑，是购买台式电脑，还是购买笔记本电脑都由消费者自己做出决定。

2. 调节性

意志对消费者的心理状态和外部动作具有调节作用，这些调节作用包括发动和制止两个方面。一方面，它可以发动消费者为达到购买目的所应具备的情绪和行为；另一方面，也可制止与购买目的相矛盾的情绪和行动。这两方面作用的统一，使人能克服各种各样阻碍实现预定目的的困难。

3. 行动性

行动性是指消费者在实现购买活动中遇到矛盾与困难而采取的意志行动的过程。这一特点表明消费者在经过选择后采取实际的购买行动。在购买过程中，消费者要克服重重的困难或排除各种干扰，这些困难或干扰既有内在因素造成的，又有外部条件造成的，消费者通过意志的努力，实现既定的购买目的。例如，有的消费者选择了满意的大件商品，但又遇到商店不能送货上门而困扰，这就需要消费者通过意志努力来完成购买行动。消费购买过程中，如果能得到销售人员的热情接待和帮助，则会强化消费者的购买决定。

二、消费者意志行动的过程分析

消费者的意志过程具有明确的购买目的和调节购买行为全过程的特征，这些特征总是在意志行动的具体过程中表现出来的。通常，我们把意志过程区分为三个行动阶段。

（一）采取决定阶段

这一阶段是消费意志行动的初始阶段。在这个阶段中，由于消费者需求的多样性和复杂性，以及消费产品的日益丰富，导致消费者购买目标和购买动机的多样性，这就需要人们根据主客观的条件对其进行选择。同时，在众多购买过程中，有些目标和动机可能很清晰，而有些则不明确，甚至互相矛盾。决定动机的取舍，就需要意志的努力。一般情况下，消费者购买活动的方式、方法可以有很多种，例如购买时间的确定、购买场所的选择、经济开支有多少、是分期付款还是一次付款等，这些都需要做出意志努力才能决定。

（二）执行决定阶段

这一阶段是把购买决定变为现实的购买行动的过程，是意志行动实现的关键阶段，需要消费者做出更大的意志努力。因为在执行过程中，仍然会有来自外部或内部的困难和障碍。例如购买过程中服务水平的低下；商品质量、价格等与自己原来的愿望有差距；在购买活动中发现了更能满足自己需要的商品；某一项购买决策遭到一同前往的朋友、家人的反对等，消费者就可能会考虑重新购买或终止购买。因

此，执行购买决定是真正表现意志的中心环节，它不仅要求消费者克服内部的困难，还要排除外部的障碍，为实现既定的购买目的，付出一定的意志努力。

(三) 体验执行效果阶段

完成购买行为后，消费者的意志并未结束，消费者还要对检验执行购买决定的效果。通过使用商品，体验商品的性能是否良好、是否使用方便、实际效果与其是否接近等，并在体验的基础上，评价购买行为是否明智。这些评价会影响消费者将来的购买行动。如果经过体验，购买的商品符合顾客的预期，说明他们的决策是对的，以后可能会重复购买；如果商品的实际效用与其期望相差甚远，消费者以后可能就会拒绝购买该商品了。

三、消费者的意志品质

意志品质是消费者意志的具体体现。在购买活动中，由于个性的不同，意志品质也存在差别。我们常常可以观察到消费者的购买行为带有各种显著的特征。归纳起来主要表现为以下四个方面。

(一) 自觉性

自觉性是指消费者能充分认识到自己行动的正确性以及行动的社会效果。富于自觉性的消费者在购买活动中不盲从、不鲁莽、不易受广告信息和购物环境的影响。因为他们的购买目的和行动往往是根据自己的实际需要提出的，往往经过了深思熟虑，并且做出了周密的考虑和安排，因而购买过程显得坚定和有条不紊。而缺乏自觉性的消费者在购买活动中，缺乏信心和主见，易受别人的暗示或影响，购买行为无计划性。

(二) 果断性

果断性是指消费者能够根据所面对的情况，迅速地做出分析和决策并坚决执行决策的品质。果断性是以自觉性为前提，大胆和深思熟虑为条件的。富于果断性的消费者在购买活动中，能够根据所获得的信息权衡利弊并迅速做出决定，而且决定一旦做出就不会轻易改变。而缺乏果断性的消费者在购买活动中，常表现出优柔寡断，缺乏主见，决策过程时断时续。

(三) 自制性

自制性是指消费者善于控制自己的情感，并能有意识地调节与支配自己的行动，保持充沛精力去克服困难争取胜利的行为。意志的自制性可以促使自己执行决定，制止与决定无关的行为。富于自制性的消费者在购买活动中，能够控制和支配自己的情绪和冲动，约束自己的购买行为，即使在众人的鼓动下，也会冷静地权衡是否该买；而缺乏自制性的消费者在购买活动中，往往容易感情用事，在缺乏理智思考的情况下，草率地做出购买决定。

(四) 坚韧性

坚韧性是指消费者以坚韧的毅力、顽强的精神克服困难来完成各种既定复杂的购买任务的能力，即我们常说的毅力。一般地，活动的目的越明确，活动热情和兴趣越高，毅力表现得越充分，坚韧性越强。在购买活动中，富于坚韧性的消费者，一旦制订了购买计划,采取了购买决定,就会克服重重困难千方百计地完成。而缺乏坚韧性的消费者,往往稍遇挫折就垂头丧气,半途而废。

总之,自觉性、果断性、自制性是人们意志品质良好的表现。良好的意志品质对于消费者更好地完成购买活动是十分重要的。销售人员只有更好地认识和了解消费者的意志品质,才能在营销活动中采取相应的措施适应其需要。

经过对消费者的认识过程、情感过程和意志过程的分析我们可以看到,消费者购买商品的心理活动实际上是三个过程的统一,并且相互联系、统一协调、互为作用。认识过程是情感过程和意志过程的基础,同时,情感过程、意志过程又促进消费者认识过程的发展和深化。例如,消费者对商品的认识肤浅,感受不深,在做购买决定时,就容易犹豫反复;同时,消费者在认识商品过程中,总会遇到各种困难,对商品的观察、记忆、思考等都需要意志努力,通过意志过程,就可以促进消费者的认识更广泛、更深入的发展。意志过程又依赖于情感过程,但又在一定的程度上调节情感过程的发展和变化,是认识过程、情感过程的保证。通过意志过程又可以控制和调节消费者的消极情绪,解除各种心理障碍,从而引起情绪向好的方向发展。情感过程对购买行为的实现具有决定性的作用,而且消费者对于选购商品的情感程度,决定了意志过程执行购买决定的坚决程度。例如,如果没有积极的情绪状态,消费者就难以顺利地实现预定的购买目的。

由此可见,认识、情感和意志三个心理活动的过程,既按照它的一般程序发展,又是这样互有影响、彼此渗透、相互交叉地进行。

本 章 小 结

通过本章内容的学习,我们从心理学的角度理解消费者的心理活动的认识过程、情感过程以及意志过程,理解消费心理学中感觉、知觉、情绪、情感、气质、性格、能力等的基本知识和基本特征,掌握这些心理活动的特征及其与消费者行为的关系。知道如何运用消费心理学的基本理论,拓展市场,做好市场营销工作。

 复习思考题

1. 什么是感觉?试举例说明感觉的适应性。
2. 什么是知觉?知觉的特点有哪些?
3. 记忆的心理过程是什么?
4. 什么是有意注意?什么是无意注意?二者的区别是什么?
5. 情感和情绪的区别与联系是什么?
6. 分析情感对消费行为的影响。
7. 什么是意志?如何提高自己的意志力?

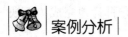

案例1： 品牌与消费心理

小王刚大学毕业工作不久，由于平时很忙，晚上下班后回到家里总觉得空荡荡的。小王很喜欢看电视，就决定买一台电视。他四处打听有关电视的行情，并跑了好几家商场，掌握了大量的有关电视的信息，并对各种信息进行了分析、比较、综合和归纳。最后决定买四川"长虹"电视机厂生产的"长虹"牌电视机。他买"长虹"电视机的原因是因为小王本身是四川人，大学毕业后远离家乡和亲人，常怀着无限的思念，对家乡的人和物有一种特殊的感情。买"长虹"牌电视机就是对这种思念和感情的一种补偿。而且，"长虹"电视机是全国电视行业中的名牌之一，物美价廉。小王打定主意后立即行动起来，他先去了离家较近的几家商店了解销售服务情况，并选中了一家能提供送货服务的大型零售商店，高高兴兴地买回了一台29英寸（1英寸=2.54厘米）的"长虹"彩色电视机。

问题：
1. 小王购买"长虹"牌电视机的主要原因是什么？
2. 分析小王的购买心理。

案例2： 商品定价与消费心理

在西方的超级市场或其他商店买东西，如果注意一下价格，就会发现"9"的数字特别多。当你买一件东西，定价明明是199元结算却是200元了，但是又总感到好像只花了一百多元，像便宜了许多似的。这就是消费者心理问题。为了迎合消费者心理，有的超级市场经常推销一些所谓的"明星产品"，与其他商店的同类商品相比，确实要便宜得多。于是公司对这几种商品大做特做广告，消费者看到广告以后，当然愿意买便宜货。由于超级市场规模大，商品多，对消费者来说，在那里买了便宜货后，其他日常需要的吃、穿、用东西也就顺手一起买回来了。这样，公司在几种商品上可能是薄利甚至是无利可图，但是在其他千百种商品中却扩大了销售额，赚到了更多的钱，而对消费者来说，却以为买到了便宜货，要经常光顾呢。

有的超级市场，一年还要举行两次"大减价"，甚至贴出"对折优惠"等标语。在国外，要"买便宜货"就要等到这两个时机，那时确实要比平时便宜30%～50%。每逢大减价开始的头两天，顾客往往蜂拥而至，因为这些商品卖完算数，不再补充了。特别是服装，如果再积压上大半年，款式过时了，就卖不上价了。现在削价处理，能吸引一大批顾客，同时还能吸引顾客购买一般商品，又何乐而不为呢？

问题：
1. 分析超级市场销售商品利用了消费者的什么购买心理？
2. 消费者心理对商品销售有什么重要影响？

第三章 消费者个性与消费行为

学习目标

- ▶ 了解个性的概念和结构及生活方式调查的种类；
- ▶ 理解个性在消费活动中的应用及消费者自我观念对消费心理的影响；
- ▶ 掌握个性对消费行为的影响；
- ▶ 熟练掌握消费者个性在消费活动中的表现，做好营销工作。

人的心理现象丰富多样，千差万别，极其复杂，它主要包括心理过程和个性心理两个方面。消费者在购买活动中产生的认识、情感和意志过程等心理过程，是人类心理现象的共性。在现实的购买活动中，消费者的心理现象除了这些共性外，还由于每个消费者的社会地位、实践活动及心理差异等使购买行为具有明显的个体差异性。这种构成消费者千差万别、各具特色的购买行为的主要因素就是消费者的个性心理特征。

第一节 个性的概念及特征

一、个性的概念和结构

（一）个性的概念

个性是指个人在先天素质的基础上，在社会条件的影响下，由于个人的活动而形成稳定的心理特征的总和。人的个性是在生理素质基础上，并在一定社会条件下通过参与实践活动形成和发展起来的。个性是先天因素和后天因素共同作用的结果。生理素质具有人的感觉器官、运动器官、神经系统等方面的特点。一切心理活动、个性特征产生的物质基础，是形成个性差异的重要原因之一。后天因素具有人所处的社会环境、生活经历、社会影响等方面的社会属性，它对人的个性心理的形成、发展和转变具有决定性的作用。

（二）个性的结构

个性的定义有两个基本的组成部分：个性倾向性和个性心理特征。

1. 个性倾向性

个性倾向性包括个体的需要、动机、兴趣、信念和世界观等,反映人对社会环境的态度和行为的积极特征和倾向性。它在很大程度上决定着人对客观现实的态度或倾向,决定人对认识对象和活动对象的趋向和选择,当然也决定人在整个消费过程中的各种倾向性,决定着人对不同消费观念、方式、对象等方面的看法和选择。个性倾向性是人进行活动时各种倾向性的基本原因,也是个性中最积极、最活跃的因素。

2. 个性心理特征

个性心理特征包括气质、性格、能力等方面,反映人的心理特点的独特性和个别性,它是人的多种心理特点的一种独特的结合。它是个性结构中的另一个重要的组成部分。个性心理特征中的气质标志着人的心理活动在强度、速度、稳定性、灵活性等动态性质方面独特的个体差异性。性格更是千差万别,显示着人在对现实的态度和行为方式上的个人特征。而能力则标志着人在完成某种活动时的潜在可能性,特别是人的特殊能力。能力、气质和性格三方面的个性心理特征在一个人身上的结合方式是因人而异的,这就形成了千差万别的个性。个性结构中的各个部分不是散乱地堆积或机械地组和在一起的,而是彼此间紧密联系,组成一个有机的整体个性结构。

二、消费者个性的特点

个性,顾名思义是个体具有的特点,而且是相对稳定的。每一个人都具有区别于他人的特点。总体来说消费者个性具有以下几个方面的特点。

(一)个性的稳定性

个性的稳定性是指消费者经常表现出来的比较稳定的心理倾向和心理特征。人们常说,江山易改本性难移,即是指个性的稳定性。表现出来为心理特点稳定不变的倾向。当然,个性也会随着特定情况的出现而发生或大或小的变化,稳定性也就成为相对的了。如我们说某人乐观,总是说他对待事物的一般态度比较抱有信心;说某人内向少言,但也不排除某一特定条件下(譬如说遇到知己)表现得谈笑风生。

(二)个性的整体性

个性的整体性是指消费者主体的各种个性倾向、个性心理特征以及心理活动过程都是相互协调、相互联系、相互制约的,构成一个统一的整体结构。

(三)个性的独特性

个性的独特性指不同消费者主体所体现出的个性心理特征都具有独自的个性倾向,体现出各自独特的精神风貌。独特性是个性最突出的特征之一。即使是生活在同一家庭中的兄弟姐妹,家庭环境虽然相同,但个性品质也会有差异,每个人由于不同的社会生活经历与实践活动,就会形成不同的个性。

(四)个性的倾向性

个性的倾向性指消费者在社会实践活动中对客观事物的一定看法、态度和情感倾向。譬如,物质需要的强烈与淡薄,是知足常乐还是永不满足;有人对钱财贪得无厌，有人重义轻利。个性的倾向性对一个人个性的完善与改善有重要的影响。

（五）个性的可塑性

个性的可塑性是指个性心理特征随着消费者的生活经历而发生不同程度的变化，从而可能在不同阶段显现不同的个性特征。也就是相对静止与变化发展的对立统一。人们的个性特征毫无疑问要受年龄、客观环境和主观努力的影响。

三、个性在消费中的作用

社会的发展，是以充分发展人的个性为目标的。需求层次论中，追求独特的自我价值的实现，居于需求的最高层。发达国家消费发展的历史，我国近几年消费发展的过程都说明，追求在消费中体现独特的个性，是消费者越来越强烈的需要。

第二节　个性对消费行为的影响

个性是指一个人具有的本质的、倾向性的、比较稳定的心理特征的总和。个性包括消费者的兴趣、爱好、理想、气质、性格、能力等方面，每一个方面都与消费者的消费行为密切相关。企业在激烈的竞争中，必须首先认识消费者的个性特点，制定具有针对性的策略。下面我们从消费者的气质、能力、性格几个方面来分析消费者个性对消费行为的影响。

一、消费者的气质与消费行为

（一）消费者的气质

1. 气质的定义和特点

气质是消费者较稳定、典型的个性心理特征。它主要是心理活动和外部动作中速度、强度、稳定性、灵活性等方面的心理特征的综合体现。通常人们理解为情感产生的快慢、强弱，以及活动的灵敏或迟钝等。

气质主要是由先天因素决定的，它使个体行为常常表现为独特性。气质具有三个方面的特点。第一，心理过程的动力性。它标志着人在进行心理活动时，或是在行为方式上，表现于强度、速度、稳定性、灵活性等动态性质方面的心理特征。第二，心理过程的指向性。如有些人倾向于外部事物，从外界了解新的事物；有些人则倾向于内部，经常体验自己的情绪特点。第三，相对稳定性和可塑性的统一。所谓相对稳定性，不仅由于气质是稳定的心理特征的表现，有遗传因素，而且因为气质在各种条件下的表现有其一致性。所谓气质的可塑性，一方面是指神经活动生理上的可塑性，另一方面是指气质可因年龄、环境、教育等因素的变化而变化。

2. 气质类型

气质是一个很古老的概念。早在古代，中外的许多学者就观察到，不同的人有不同的气质表现，并从气质的角度把人做过分类。高级神经活动类型是由巴甫洛夫提出的关于气质的理论。该理论认为，人的高级神经活动的兴奋过程和抑制过程在强度、平衡性、灵活性等方面的不同组合，构成其气质的生理基础，表现在人的行动方式上就是气质。巴氏划分出的高级神经活动类型有以下四种。

（1）兴奋型。兴奋型属于强而不平衡的类型，个体兴奋过程占优势。这种类型的人兴奋过程的强度大于抑制过程的强度，又由于兴奋过程与抑制过程的不平衡，所以在很强的刺激作用下，这种类型的人易产生精神分裂。人们把这种易兴奋而难于控制的类型又称为"不可遏制型"。

（2）活泼型。活泼型属于神经活动的兴奋和抑制过程强、平衡而灵活的类型。这种类型的个体容易形成条件反射，行动迅速活泼，一旦缺乏刺激就很快入睡或无精打采。

（3）安静型。安静型属于强、平衡而不灵活的类型。这种类型的个体反应迟钝，容易形成条件反射，但难于改造，是一种行动迟缓而有惰性的类型，又称为稳定型。

（4）弱型。弱型这种类型的个体兴奋和抑制两种神经过程都是弱的，而且抑制过程显得更弱，反应较弱，兴奋速度较慢，接受不了强刺激，是一种十分胆小而容易发病的类型。

另外古希腊著名医生希波克拉特把气质分为胆汁质、多血质、黏液质和抑郁质四种基本类型，而且这些称谓一直被沿用到现今。希氏认为，人体内有血液、黏液、黄胆汁和黑胆汁，如果四者协调，人就健康；如果不协调，人就会生病。根据四种液体在人体内哪一种占优势，人的气质可分为多血质、胆汁质、黏液质和抑郁质四种类型。

（5）胆汁质。这种气质类型的人表现为精力旺盛、不易疲劳、热情、直率，但易于冲动、自制力差、性情急躁、办事粗心等等。这些特性的结合构成胆汁质的气质类型。

（6）多血质。这种气质类型的人表现为动作、言语敏捷迅速、活泼好动、待人热情亲切、灵活性强、喜欢交往、兴趣广泛但显得有些粗心浮躁，注意力和情感都易转移或发生变化。

（7）黏液质。这种气质类型的人表现为情绪较稳定，安静、行动稳定迟缓、说话缓慢且言语不多、处事冷静而踏实、自制力强但也易于固执拘谨。

（8）抑郁质。这种气质类型的人表现为对事物和人际关系观察细致、敏感；孤僻、多疑、行动缓慢，不活泼；学习和工作易感疲劳，且疲劳后不易恢复；工作常表现出多虑、不果断和缺乏信心。

具有上述四种气质类型的典型特征的人叫典型型，近似其中某一类型者叫一般型，具有两种或两种以上类型者叫中间型或混合型。气质中属于典型型的人很少，而属于一般型和两种类型混合者大量存在。在判断某个人的气质时，不要单一地把他划归为典型型中的某一类，而是要从观察他的气质表现出发，分析他可能属于哪种气质类型。

（二）气质对消费行为的影响

气质对消费行为的影响是多方面的。消费者气质特征的不同，使他们的消费行为表现出其特有的活动方式，从而形成各具特色的购买行为。

1. 多血质型（活泼性）

多血质型气质的人情绪外露，反应灵活，行动敏捷，兴趣广泛，接受外界信息快，因而对商品和服务的感受性好，而且容易与营业员或其他顾客交换意见；购买商品时，决心下得快，但兴趣与目标往往也容易发生改变或转移。针对这类人的特点，营业员应热情周到，尽量主动为顾客提供各种服务、信息，为其当好参谋，这样能取得顾客的信任与好感，促进购买行为的完成。

2. 胆汁质型（兴奋性）

胆汁质型气质的人精力充沛，热情果断，情感强烈，自信心较强，但抑制能力差，喜欢新颖奇特，具有刺激性的流行商品。反映在购买中，这类人情绪体验强烈而持久，心境变化剧烈，脾气急躁，情绪容易激动。他们对营业员及商品的评价语言直截了当，行动干脆，喜欢提问题、提意见。这类消费者在购买中的显著特征是冲动性，如被商品某一特点所吸引，可能会立即做出购买行为，事后又后悔。接待这一类顾客，销售员要头脑冷静，充满自信，动作快速准确，语言简洁明了，态度和蔼亲切，使顾客感到销售员是急他所急，想他所想，全身心为他服务。

3. 黏液型（安静性）

黏液型气质的人由于其稳定的情绪特征，行动稳重、缓慢，语言简练，善于控制自己，他们购买多数是独自慢慢进行挑选，对商品和服务的好坏不轻易下结论，一般不征求他人的意见，也不易受外界环境因素影响，甚至不喜欢营业员过分热情。对这类顾客，营业员应有的放矢，要待其挑选一会儿后再接触，以免影响顾客观察商品的情绪，尽可能让顾客自己挑选。

4. 抑郁型（弱型）

抑郁型气质的顾客在购买商品时，情绪变化缓慢，观察商品细致而认真，体验深刻，往往能发现商品的细微之处。他们语言谨慎，行动小心，不愿与人沟通，决策过程也较缓慢，容易反复，既不相信自己的判断，又怀疑商品的质量，易受外界因素影响。营业员的服务态度、其他人对商品的评价、广告等都可能引起其心理上的波动，从而完成或中止购买行为。针对这类顾客，销售人员要耐心细致，体贴周到、小心谨慎。营业员还要熟知商品的性能、特点，耐心回答顾客的各种问题，适当疏导，消除顾客的疑虑，千万不能表现不耐烦、不冷静，甚至语言不礼貌。

营业员在为顾客服务的过程中如果善于积累经验，对顾客的气质反应类型有很强的观察和判断力，就能有针对性地进行服务。

二、消费者的能力与消费行为

（一）能力的定义

能力是指个体为完成某种活动所必须具备的并直接影响活动效率的个性心理特征，是个性心理特征的综合表现。

能力可理解为一个人可能取得的行为效果（工作成绩）的大小。能力是一种潜在的东西，能力并不是常常都能得到充分体现的。能力发挥到多大程度还取决于条件，取决于受激励（刺激）程度的大小。管理学有一个公式，工作成绩＝能力×激励,强调了能力发挥的条件。

能力是与某项具体的活动联系在一起的,只有通过活动才能发现能力,了解能力,能力也在活动中得到增强和完善,而且直接影响活动的效率。通过一个人从事的某项活动才能了解他所具备的能力,并且从活动的效率和效果中看出其能力的大小。

能力通常分为一般能力和特殊能力两种。前者包括观察力、记忆力、注意力、思维和抽象力等,这五种能力合称智力,它们相互制约,相互影响。后者包括视听能力、运算能力、鉴别能力和组织能力等。

能力是完成某种活动所必需的个性心理特征,知识、技能也是完成各种活动所需的,二者有密切的关系。众所周知,在掌握相同知识、技能的前提下,能力不同的人可能获得的成果不同;相同能力的人,因为知识、技能水平不同,能完成的活动也不同。另外,能力的发展是在掌握和运用知识、技能的过程中完成的,获得知识、技能又是以一定的心理能力为基础的。

(二) 能力的决定因素

影响能力形成、发展的因素很多,但都可以归纳为先天的和后天的两个方面。先天的因素指素质,后天的因素包括环境、教育、经历等等。

1. 素质是人的能力形成和发展的前提

素质是个体天生的某些解剖和生理的特征,它包括个体感觉器官、运动器官以及脑的结构形态和生理特点,是能力形成的自然基础。很显然,失明者无法发展绘画能力,失聪者无法发展音乐才能。但素质本身并不是能力,它只是为能力的发展提供了可能。一个有非凡听觉素质的儿童,如果不经过精心的培养训练,也不可能成为音乐大师。

2. 环境和经验的影响

环境是客观现实,包括自然环境和社会环境。人的成长过程中,能力的发展不是匀速的。不少专家的研究表明,儿童的能力一方面受素质的影响,另一方面也有后天环境和教育的影响,尤其是早期教育的影响。婴儿出生后只能在正常的环境影响教育下才能发展人类具有先天优势的神经系统的素质。家庭环境对人的能力形成与发展起着重要作用,人们常说"父母是孩子的启蒙老师"就是这个道理。

3. 教育和实践活动是能力形成的条件

能力不仅依赖于个人不同的自然素质,还与教育和社会实践活动密切相关。素质只是提供一种可能,教育和实践使可能性转化为现实性,这是能力发展的关键。良好的教育、勤奋的学习、丰富的实践经验在能力的形成和发展中起着重要作用。

4. 营养状况的影响

营养状况不仅对体力有重要影响,更重要的是影响人神经系统的发育。人的神经系统的生长(神经细胞的增多和增大)要受营养的影响,尤其是3岁前的营养对儿童的发育至关重要。有研究表明,人出生一年以后神经细胞的数量就不再增加。

(三) 消费者的能力对消费行为的影响

购买活动是一项范围广泛、内容复杂的社会实践活动。消费者能力反映在购买行为上,主要有下面几种能力。

1. 对商品的辨别力

辨别力是指消费者识别、分辨和认识商品的能力。它是消费者形成对商品第一印象的前提条件。由于消费者在生理、心理和生活环境的不同以及在商品知识和购买经验的不同，使消费者在对商品的辨别能力上存在着差异，同一件商品，有的消费者能凭着经验和知识很快感知商品信息，而有的消费者往往需要较长时间才能了解商品。

2. 对商品的评价能力

评价力是指消费者根据一定的标准分析判断商品性能、质量，从而确定商品价值大小的能力。消费者评价能力的高低直接影响其购买行为。评价能力高的消费者在购买商品时，能积极主动地收集相关信息，了解商品的性能，因此能做出正确的购买决定。分析能力低的消费者往往对自己缺乏信心，不能准确地做出评价和判断，往往滞后购买。

3. 购买决策能力

购买决策力是消费者在购买行为中最主要的能力，是指消费者运用注意、识别、挑选、评价后对商品进行综合分析，并及时果断地做出购买决定。决策能力决定了消费者的购买行为能否最后实现。购买决策能力的高低受消费者自信心、抱负水平等因素的影响，自信心强、处理问题迅速果断的消费者购买决策能力强，反之，则表现出优柔寡断、犹豫不决。

三、消费者的性格与购买行为

性格是消费者主要的个性心理特征。性格是各种心理特征的核心。气质反映消费者心理活动的强度、速度、平衡性、灵活性特征，能力反映其活动效率，而性格则决定消费者活动的内容和方向。

（一）性格的定义及特征

1. 定义

性格是一个人对现实的稳定态度以及与之相适应的行为方式中经常表现出来的稳定倾向。一个人对现实的态度表现在他的行为方式之中。恩格斯对性格有如下论述：人物的性格不仅表现在他做什么，而且表现在他怎么做。即性格反映了人对事物（刺激）一般的反应倾向。选择职业或消费品，有人左思右想，有人直截了当；有人多考虑自己，有人多考虑家人。

性格不是与生俱来的，而是在个人生理素质的基础上，在长期的家庭、学校和社会生活环境中形成和发展起来的，是人的个性中最重要、最显著的心理特征。性格是人稳定的个性心理特征，这种稳定性贯穿在个体的全部行为活动中，在各种相似或相异的条件下都会体现出来。但是这种稳定性不是不能改变的，而是有它的可变性和可塑性的。

2. 特征

（1）社会特征。即人对现实的个性倾向及态度上的特征。有的人习惯自处，有的人善于交际；有的人谦和，有的人傲慢；有的人认真，有的人敷衍；有的人骄傲，有的人谦虚；有的人节俭，有的人花钱大手大脚等。

个体对外界各种事物（刺激）以及对自己的态度不是孤立的，而是相互联系的。如对别人的态度和评价与对个体自己的评价相关，对集体的态度与对社会的态度密切相关，等等。

（2）理智特征。即指人在感知、记忆、思维等方面在认识过程中所表现出来的个人稳定的品质和特征。比如，在感知方面，有的人主动观察事物，有的人被动接受外界刺激；在思维方面，有的人详细具体地研究事物，有的人抽象概括地把握事物；在想象方面，有的人注重现实，有的人富于幻想。

（3）情绪特征。即指人的情绪对事物的影响以及人的情绪倾向特征。比如，有的人冲动，有的人冷静；有的人稳定持久，有的人起伏短暂；有的人乐观开朗，有的人悲观抑郁。

（4）意志特点。即指人对自身行为的调节方式和控制特征在意志行动中的表现。比如，有的人独立性强，有的人依赖他人；有的人坚韧不拔，有的人受挫就动摇；有的人自制力强，有的人自我约束力弱。

性格是上述各种性格特征彼此关联、相互制约的一个有机整体。

3. 性格与气质的关系

性格和气质是两种不同的个性心理特征，在各种条件影响下形成的，它们既相互区别，又相互联系。

首先两者之间是相互联系、相互影响的。两者之间相互影响主要有以下几种情况。

（1）不同气质类型的人都可以培养积极的性格特征。如一个胆汁质型的医生，在工作中时时告诫自己不可急躁冲动，保持沉着冷静的态度完成工作。这样就克制了气质的某些消极方面，朝着积极方面发展。

（2）气质影响性格的动力功能，主要是指动作反应的快慢和情绪活动的强度等。如多血质人对人豪爽、热情等。

（3）气质影响性格的形成和发展速度。例如，自制力的培养，对抑郁质的人比较容易和自然，而对胆汁质（兴奋型）的人却相对困难，需要较大的努力和克制。

（4）性格比气质更能突出反映个体的心理面貌。

气质与性格的区别主要有以下几个方面。

（1）气质主要是先天形成的，很大程度上受人的生理特点的制约，变化缓慢，具有较强的稳定性；而性格是后天的，是在人与周围环境的相互作用中逐步发展而形成的，主要受外界条件的制约，容易改变。

（2）气质表现的范围较窄，它局限于心理活动的速度、强度、稳定性和倾向性等几个方面；而性格表现的范围十分广泛，它包括了人的全部心理活动的稳定特征。

（3）气质无所谓好坏，而性格特征有好坏之分，带有明显的褒贬色彩，如大公无私、自私自利等。

（4）气质的可塑性极小，变化慢，培养的效果不显著；而性格可塑性大，较容易培养和改变。

（二）性格对消费行为的影响

性格特征是多方面的，因而可以从不同性格特征的角度分析消费者的购买活动。

在消费活动中，较常见的区分方法（标准）有下面几种。

1. 理智型、情绪型和意志型

这是按三种心理机能在性格结构中所占的优势地位来确定性格类型的。

理智型性格的消费者抵御外界信息干扰的能力较强，处理事物比较冷静、沉稳、客观，逻辑思维能力较强，有独立思考的能力。在选购商品和劳务时，他们喜欢根据自己的实际需要和购买经验做出决定，不易冲动，有较强的自我控制能力。在购物前，往往经过慎重的权衡和考虑才做出购买决定。

情绪型性格的消费者的控制能力较差，其购买行为往往受其情绪支配，常常由情绪导致冲动性购买，但是其情绪又容易反复。他们的心理过程和行为还与气质类型有很大关系。如多血质、胆汁质型的消费者相对更容易表现出情绪性购买行为。广告的诱发力，销售现场的环境、布局、推销、游说都可能激发情绪型性格的消费者的购买行为。而黏液质和抑郁质的消费者则容易控制自己的情绪。

意志型性格的消费者的购买行为受其意志支配，其购买目的明确、深刻，常常不仅考虑自己的需要，而且注意社会的要求。与情绪型性格的消费者相反，意志型性格的消费者能较好地约束自己，克服冲动的购买行为，控制自己的情绪，甚至能驱使自己做违背自己好恶的行为。意志型性格的消费者的消费决定往往坚决果断，一经做出决定，他会克服各种干扰和困难，完成既定的购买活动。

2. 外向型和内向型

从个体心理活动倾向于外部和内部的角度，可以将消费者的性格分为外向型和内向型。

外向型消费者的性格在购买商品时，易于对各种事物表示兴趣，热情较高。他们既喜欢提问题，征询意见，与人交流，又能较快地做出决定，实施购买行为。此外，他们一般比较开朗乐观，容易通过购买活动获得某种心理上的满足。

内向型消费者同外向型消费者正好相反，他们在购买过程中沉静、稳重、谨慎，喜欢自己观察体验，自己分析判断，不轻易提出问题，发表意见，也不轻易相信他人意见，不善于与他人交往，做出决定比较缓慢，但有自己独立的见解和主张。

3. 顺从型和独立型

这是按消费者个人的独立性程度来划分的。顺从型消费者在购买商品时有耐心，比较细致，但没有个人主见，拿不定主意，容易接受他人意见，决策过程不连续，持续时间较长，而且对意外情况应变能力差。

独立型消费者善于独立思考，比较任性，自信心很强，他们做出判断较坚定，行动具有独立性，能积极提出问题、解决问题，能从容不迫地应付和适应突然情况，但难免带有一定的主观性、片面性。在购买活动中常处于主动地位。

性格形成的原因和影响性格改变的外界条件十分复杂，而且现实生活中消费者的性格不一定按原样表现出来。另外，有些消费者的性格特征介于某些典型类型之间。因此，对消费者的性格特征要具体分析。

第三节　自我概念与生活方式

一、自我概念的含义与构成

自我概念又称自我形象，是指个人对自己的能力、气质、性格等个性特征的感知、态度和自我评价，即个体如何看待自身。自我概念以潜在的、稳定的形式参与到行为过程中，对人们的行为产生极为深刻的影响。一般认为，消费者将选择那些与自我概念相一致的产品与服务，避免选择与自我概念相抵触的产品和服务。正是在这个意义上，研究消费者的自我概念对企业营销活动具有重要作用。自我概念是个体自我体验和外部环境综合作用的结果，是个人在社会化过程中，对自己的行为进行反观自照而形成的。

因此，实际生活中每一个消费者都可能有多重的自我，从而形成了多种不同的自我概念：

（1）实际的自我概念，指消费者实际上如何看待自己；

（2）理想的自我概念，指消费者希望如何看待自己；

（3）社会的自我概念，指消费者认为他人如何看待自己；

（4）理想的社会自我概念，指消费者希望他人如何看待自己；

（5）期待的自我概念，指消费者期望在将来某一特定时间如何看待自己，它介于实际的自我概念与理想的自我概念之间。

由于期待的自我概念为消费者提供了改变"自我"的现实机会，它在产品设计和促销中可能比实际的自我概念和理想的自我概念更具有营销指导价值。在不同的条件下，消费者可能选择不同的自我概念来指导他的态度和行为。例如，就某些日用消费品来说，消费者的购买行为可能由实际的自我概念来指导；对于某些社会可见性较强的产品来说，他们则可能以社会的自我概念来指导其行为。

二、生活方式与测量

简言之，生活方式就是一个人（或一个家庭）如何生活。它是指在文化、价值观、人口统计特征、个性特征、社会阶层和参照群体等诸多因素的综合作用和影响下，一个人表现出来的各种行为、兴趣和看法。

生活方式的研究为我们提供了一种了解消费者日常需要的途径，营销人员可以通过产品定位来满足人们对自己喜爱的生活方式的追求。消费者的生活方式对他们选择何种产品及品牌有决定性的影响作用，按生活方式将消费者划分为不同的群体是进行市场细分的一种很好的方法。总之，生活方式的研究对把握消费者与其整体生活环境的内在联系，以及制定相应的营销策略具有重要意义。

要划分生活方式，必须有对生活方式进行测度的标准和方法，美国比较流行的两种方法是 AIO（行为、兴趣、看法）清单调查法和 VALS（价值观与生活方式）

调查法。

(一) AIO 清单调查法

这是最初的一种测度生活方式的工具。它将活动、兴趣和看法罗列在一份清单上，清单的形式是 300 条陈述性语句，受调查者可以表达对这些陈述同意或不同意的程度。通过对调查结果的统计分析将消费者划分到不同的生活方式群体中。后来，研究人员发现 AIO 清单过于狭窄，又增加了态度、价值观、人口统计特征、媒体使用情况等测量内容。AIO 清单的主要构成如表 3-1 所示。

表 3-1 AIO 清单的主要构成

活　　动	兴　　趣	意　　见	统　计　数　据
工作	家庭	他们自己	年龄
爱好	家务	社会问题	教育
社会活动	工作	政治	收入
度假	社区事务	商业	职业
娱乐	流行	经济	家庭规模
购物	休闲	教育	居住
社区活动	食物	产品	地理
体育活动	媒体	未来	城市大小
俱乐部会员	成就	文化	生命周期阶段

资料来源：Adapted from William D. Wells and Douglas J. Tigert, "Activities, Interests and Opinions", Journal of Advertising Research（August 1971），pp. 27-35。

有学者按 AIO 清单的一般性程度将其分为综合的 AIO 清单和特定产品的 AIO 清单两种。综合的 AIO 清单可以用于所有产品类别，使用在广义的市场细分中。而特定产品的 AIO 清单则专门针对某一种产品，它一般都由生产商设计，以便对自己的顾客进行分类，从而做出科学的营销决策。

(二) VALS 调查法

VALS 调查法是最著名、使用最广泛的生活方式测度系统。它的做法是先对消费者进行调查，通过调查确定消费者有哪些活动、利益和观点，然后在此基础上对生活方式进行分类。这是 SRI 国际公司（SRI International）率先采用的一种调查法。这种调查法被近 200 家公司采用。

后来，人们对 VALS 调查法的分组进行了修改，形成了 VALS2 调查法。VALS2 调查法根据人们的心理特征、教育程度、收入状况、自信程度、购买欲望等因素将消费者分为八组。

(1) 实现型。他们热衷于自身成长，追求发展和探索，喜欢以各种方式实现自我，形象对他们很重要。他们喜欢接受新产品和新技术，怀疑广告，阅读很广泛，看电视较少。

(2) 完成型。他们成熟、安逸、善于思考，讲求实际，对形象和尊严要求不

高。他们喜欢教育性和公共事务性的节目,经常阅读。

（3）信奉型。他们信守传统的家庭、社会道德观念,行事循规蹈矩。他们喜欢国产货和声誉好的品牌,阅读兴趣广泛,爱看电视。

（4）成就型。他们事业有成,对工作和家庭非常投入,喜欢自己主宰生活。形象对他们很重要,喜欢购买能显示成就的产品。

（5）奋斗型。他们注重个人形象,收入较少,钱主要用于服装和个人护理。他们更喜欢看电视,看书较少。

（6）体验型。他们喜欢跟随时尚,其收入的很大部分都用于社会活动上。这类消费者的购买行为属于冲动型,比较关注广告,爱听摇滚乐。

（7）制造型。他们非常务实,有建设性技能,崇尚自给自足。他们不去关注豪华奢侈品,只购买基本的生活用品,通过自己修理汽车、建造房屋等体验生活。

（8）挣扎型。他们生活在社会的底端,教育程度低,缺乏技能,没有广泛的社会联系。他们使用购物赠券,相信广告,经常看电视,阅读小报。

三、生活方式研究在营销中的应用

在现代市场营销中,生活方式是被广泛运用的一个概念。它为营销者理解消费者行为提供了一个有效途径,越来越多的人支持企业基于消费者的生活方式开展市场营销活动。他们承认,消费者根据他们自己喜欢做的事,他们对闲暇时间的安排以及他们如何花费可支配的收入来把自己归入到某一特定的群体中。消费者的这种倾向为营销创造了机会,因为营销人员在认识到消费者已选择的生活方式对决定其购买的产品类型和特殊品牌上的潜力后制定营销策略,更有可能吸引具有该种生活方式的消费者群体。

企业基于消费者的生活方式进行的营销活动,我们可称之为"生活方式营销"。因此,开展"生活方式营销",就必须将产品定位于某一特定的生活方式,使产品与目标消费者理想的生活方式相适应,从而更好地满足消费者的需要和欲望。例如,斯巴鲁（Subaru）汽车最初进入美国市场时只是一个毫不起眼的牌子,它奋力与其他进口车竞争,当斯巴鲁成为美国滑雪队的专用车之后,这一名字便与那些滑雪爱好者们的生活方式联系了起来,从而在美国积雪地区的进口车市场中占有了很大的市场份额。

生活方式营销的目标在于促使人们在追求他们的生活方式时,不要忘了特定的产品或服务,并使这些产品或服务成为他们生活方式的一部分。只有当产品与特定的人、社会背景融为一体时,它才能创造出一种特有的生活方式或消费方式。如果产品脱离特定的人群、特定的社会背景,那么它不管是出现在高尔夫球场、鸡尾酒会上,还是舞会上,都不会有什么分别。正因为如此,我们往往可以通过描绘人们使用产品的情景或画面,根据他们对不同产品的选择来定义他们的生活方式。

本章小结

通过本章的学习，我们应该了解和掌握个性的概念和特点，熟悉个性心理对消费行为的影响，从而使我们洞悉消费者的不同个性心理，做好营销工作。了解自我观念与消费行为的影响。了解生活方式调查对消费者心理和消费活动的影响。学会分析这些心理特征与消费行为的关系。

 复习思考题

1. 什么是个性？个性的特征有哪些？
2. 分析个性对消费行为的影响。
3. 气质类型有哪些？不同气质类型的消费者在消费活动中有什么表现？
4. 什么是性格？性格与气质的关系是什么？
5. 能力对消费活动有哪些影响？
6. 什么是生活方式？生活方式与个性、自我概念有何联系？
7. 什么是生活方式营销？以某种产品为例，讨论如何进行生活方式营销。

 案例分析

案例1： 购买珠宝的心理

珠宝消费历来有三种形态：打扮、保值和表现个人品位。一贯看重生活享受的中国台湾地区人士钟情于珠宝，不仅在于其美丽动人，更主要的是出于保值考虑。一般市民购买珠宝离不开理财心态，上层人士则热衷于以珠宝来炫耀。上流社会的俊男淑女在重要场合绝不佩戴曾使用过的珠宝。他们走进珠宝店，往往习惯于这样询问："有没有最新、最大、最贵的？"这种以珠宝炫耀财富、地位与身份的风气，使中国台湾地区人士在珠宝拥有量上堪可傲视全球。而有些地区的人们着重于以珠宝来表现个性，甚至把珠宝当成艺术品。这种消费心理促使这些地区的珠宝设计向生活化、个性化、多元化方向发展，设计上或质朴典雅，或活泼俏丽，或新潮时尚，或简单大方，迎合了不同消费者的需要。

问题：
1. 分析中国台湾地区人士购买珠宝的消费心理？
2. 个性不同对消费的影响表现在哪些方面？

案例2： 阿涅利的个性

一年获利25亿美元的意大利菲亚特集团公司，在世界汽车大企业中位置显赫。

而细心的人会发现，菲亚特集团早已不满足于在小汽车生产方面称霸，它参与飞机制造、轮船发动机、火车等20个能源、交通工具项目的投资，从地中海沿岸到维苏威火山下，到处可见菲亚特的工厂，令人想到海陆双栖舰艇式的架构，菲亚特堪称海陆"运输工具之王"。作为董事长的阿涅利，那偻犟的卷发就像他那不断追赶时间的精神，让人感到精力充沛，信心十足。阿涅利有次赴美洲谈判合作办厂，腿扭伤了，但他没有改变计划，依然坚持完成原定谈判计划。在事业的发展道路上，阿涅利的"牛脾气"是出了名的。哪里成本低，哪里效益高，就要往哪里钻。在阿涅利的眼中，菲亚特商业网点的建立与否，就是按照这条原则去处理的，而不是考虑地理人缘关系。在几十年的竞争生涯里，阿涅利从不满足自己成功的每个棋子，他总是带着遗憾的眼光，谋求下一步的投资热点。生意场上，敢于大赢的想法，不是每个从商者都能做到的。阿涅利的"牛脾气"则是面对激烈竞争、变幻多变的市场，只要看准了契机，抓住了机会，就要一追到底，哪怕是逆流而上，绝不能半途而废。有一年，某种新型号的汽车，在阿根廷市场的需求量很大，但是其中一种部件要在欧洲生产，成本就会高很多。眼看这项拓展计划会泡汤，阿涅利带了下属赴南美洲做市场调查，认为汽车装配"国际化"完全可行，他利用南美劳力廉价等优势，在南美开办了5家汽车配件生产厂，使菲亚特的新型汽车在南美国家找到了依托阵地，并且降低了生产成本，让同行惊叹不已。

问题：
1. 阿涅利的个性对他的生意有什么影响？
2. 分析阿涅利的个性心理。

第四章 消费需要与购买动机

学习目标

- ▶ 了解消费需要和购买动机的分类；
- ▶ 理解消费需要和购买动机的定义及特征；
- ▶ 掌握消费者需要变化的趋势；
- ▶ 熟练掌握及运用需要动机的各种理论。

　　需要和购买动机在影响消费者行为的各种心理因素中有着十分重要的位置，与行为有着密切的关系，我们知道人们的任何购买行为或消费活动有一定的目的性，这一目的性的实质是为了满足人们的某种需要或欲求。当某一种需要未得到满足时，人们内心会产生紧张感，这种紧张感激发人们争取实现目标的动力，也就形成了动机；在动机的驱使下，人们采取行动以实现目标；目标达到，需要得到满足，内心的紧张感消除，购买行为或消费活动结束。

　　由图4-1我们可以看出，就某一次购买行为或消费活动过程来说，直接引起、驱动和支配行为的心理要素是需要和购买动机。购买动机是在需要的基础上产生的，需要是消费者行为的最初原动力，购买动机是消费者行为的直接驱动力。正因为需要、购买动机、消费者行为之间内在的密切联系，任何消费行为都是在需要和购买动机的直接驱动下进行的，因而有必要深入研究消费者的需要与购买动机的内容、特性和变化趋势，以便把握消费者心理与行为的内在规律。正因为这样，消费者的需要和购买动机一直是消费心理学研究的重要方面，这对于我们学习消费心理学有着非常重要的意义。

图4-1　需要、购买动机和行为的关系

第一节 消费者的需要

一、需要的含义和产生

(一) 需要的含义

心理学意义上的需要,是指个体由于缺乏某种生理因素或心理因素而产生内心紧张,从而形成与周围环境之间的某种不平衡状态。其实质是个体为延续和发展生命,并以一定方式适应环境所必需的客观事物的需求反映。这种反映通常以欲望、渴求、意愿的形式表现出来,它是人的本能,是人产生行为的最初原动力。

(二) 需要的产生

通常认为,需要是有机体由于缺乏某些生理因素或心理因素而产生的与周围环境的某种不平衡状态。这一认识可以用心理学中的均衡论来解释。均衡论认为,在正常条件下,人是处于平衡或均衡状态中的,这种平衡体现在生理平衡和心理平衡上,一旦生理或心理的某个方面或某些方面出现缺乏,便会导致原有均衡状态的破坏,变得不均衡。这时人的生理或心理便会出现一种不舒适的紧张状态,只有减少或消除这种不舒适的紧张状态,才能恢复正常的均衡。

1. 生理平衡

人的体内需要某些基本物质才能维持生存,如食物、水、空气和一定的热量,这些基本物质的吸入量由体内复杂的生理系统来调节。这种生理系统按照体内平衡原则维持着人的生理平衡状态。一般来说,除了遗传本能外,人的下丘脑充当了自动调节器的角色。

2. 心理平衡

人的心理失调主要取决于有机体外部的刺激,这种刺激既有物质方面的,也有精神方面的。人类除了生理的需要以外,还有心理方面的需求,如审美、社交、求知等。如果到了心理界定的时间,尚不能得到所希望的东西。人们就会有某种"若有所失"之感,甚至会产生某种不安或急躁的情绪,从而引起心理的失调。

心理的失调与平衡同外界刺激量的大小有关,但人有着与动物不同的自控功能。这种自控就是抑制,抑制具有一定的限度,只能维持暂时的平衡。当刺激超出极限限度时,心理就会出现不平衡状态。

从生理与心理不平衡状态的结果来看,需要总是作为某种行为的原动力出现的。通常认为,需要是人类某种行为的最初原动力。

二、消费者需要的定义及其特征

(一) 消费者需要的定义

消费者的需要是指消费者生理上和心理上的匮乏状态,即感到缺少些什么,从而想获得它们的状态。个体在其生存和发展过程中会有各种各样的需要,如饿的时候有进食的需要，渴的时候有喝水的需要，在与他人交往中有获得友爱、被人尊重的需要，等等。任何需要都是有对象的，消费者的需要包含在人类一般需要之中，消费者的需要总是针对能满足自身生理或心理缺乏状态的物质商品而言的。

在商品社会中，消费者需要具体体现为对商品和劳务的需要。

经济学中的消费者的需要指的是在一定时间内有支付能力的市场需求。就消费者个体来说，消费需要反映了消费者某种生理或心理体验的缺乏状态，并直接表现为消费者对获取以商品或劳务形式存在的消费对象的要求和欲望。

消费者需要是和人的活动紧密联系在一起的。人们购买产品，接受服务，都是为了满足一定的需要。一种需要满足后，又会产生新的需要。因此，人的需要绝不会有被完全满足和终结的时候。正是需要的无限发展性，决定了人类活动的长久性和永恒性。

需要虽然是人类活动的原动力，但它并不总是处于唤醒状态。只有当消费者的匮乏感达到了某种迫切程度，需要才会被激发，并促动消费者有所行动。比如，我国绝大多数消费者可能都有住上更宽敞住宅的需要，但由于受经济条件和其他客观因素制约，这种需要大都只是潜伏在消费者的心底，没有被唤醒，或没有被充分意识到。此时，这种潜在的需要或非主导的需要对消费者行为的影响力自然就比较微弱。

需要一经唤醒，可以促使消费者为消除匮乏感和不平衡状态采取行动，但它并不具有对具体行为的定向作用。在需要和行为之间还存在着动机、驱动力、诱因等中间变量。比如，当饿的时候，消费者会为寻找食物而活动，但面对面包、馒头、饼干、面条等众多选择物，到底以何种食品充饥，则并不完全由需要本身所决定。换句话说，需要只是对应于大类备选产品，它并不为人们为什么购买某种特定产品、服务或某种特定牌号的产品、服务提供充分解答。

（二）消费者需要的基本特征

1. 消费者的需要结构的多样性和差异性

多样性和差异性是消费者的需要的最基本的特性。多样性表现为：对同一类商品的多种需要；对不同商品的多种需要；显现的需要和潜在的需要同时存在于同一消费者身上。消费者的需要的差异性则是由于需要的产生取决于消费者自身的主观状况和所处的消费环境两方面的因素。而不同消费者在年龄、性别、民族传统、宗教信仰、生活方式、收入水平、个性特征以及所处地域的自然和社会环境等方面的条件千差万别，由此形成多种多样、各个相异的消费者需要。

2. 消费者的需要的目的性和可诱导性

对于消费者来说，需要的目的性在很多情况下处于无意识或潜意识状态，这就要对处于潜意识状态的需要加以诱导和激发。

3. 消费者的需要的层次性和发展性

消费需要水平虽然随着经济和科技的发展而不断提高，但基本上呈现出一个波浪式前进和螺旋式上升的运动过程。

4. 消费者的需要的伸缩性和周期性

伸缩性又称需求弹性，指消费者对某种商品的需要会因某些因素（如支付能力、价格储蓄利率等）的影响而发生一定限度的变化。当客观条件限制需要的满足时，需要可以抑制、转化、降级，可以停留在某种水平上，也可以在较低数量上同时满足几种需要，还可以放弃其他需要而获得某一种需要的满足。

人们对许多消费品的需要，都具有周期性重复出现的特点，只不过循环的周期长短不同而已。

三、消费者需要的分类

个体消费者其需要是十分丰富的，这些需要可以从多个角度予以分类。

（一）从消费需要与市场购买行为的关系分类

从消费需要与市场购买行为的关系的角度来看，消费者的需要具有以下几种基本存在形态。

（1）现实需要，是指消费者已经具备对某种商品的实际需要，且具有足够的货币支付能力，同时市场上也具备充足的商品，因而消费者的需要随时可以转化为现时的购买行动。

（2）潜在需要，是指目前尚未显现或明确指出，但在未来可能形成的需要。潜在需要通常由于某种消费条件不具备所致，如市场上缺乏能满足需要的产品，消费者的货币支付能力不足，缺乏充分的商品信息，消费意识不明确，需求强度弱等。然而，上述条件一旦具备，潜在需要即可转化为现实需要。

（3）退却需要，是指消费者对某种商品的需求逐步减少，并趋向进一步衰退之中。导致需要衰退的原因通常是时尚变化，消费者兴趣转移；新产品上市，对老产品形成替代；消费者对经济行使、价格变动、投资收益的心理预期等。

（4）不规则需要，又称不均衡或波动性需要，是指消费者对某类商品的需要在数量和时间上呈不均衡波动状态，如对许多季节性商品、节日礼品以及旅游、交通运输的需求，就具有明显的不规则性。

（5）充分需要，又称饱和需要，是指消费者对某种商品的需求总量及时间与市场上商品供应量基本一致，供求之间大体趋于平衡。这是一种理想状态。但是，由于消费者受多种因素影响，任意一个因素变化如新产品问世、消费时尚改变等，都会引起需求的相应变动。因此，供求平衡的状况只能是暂时的、相对的，任何充分需要都不可能永远存在下去。

（6）过度需要，又称超饱和需要，是指消费者的需要超过了市场商品供应量，呈现出供不应求的状况。这类需要通常又由外部刺激和社会心理因素引起，如多数人的抢购行为和对未来经济形势不乐观的心理预期等。

（7）否定需要，是指消费者对某类商品持否定、拒绝的态度，因而抑制其需要。之所以如此，可能是由于商品本身不适合其需要，也可能是由于缺乏对商品性能的正确认识，或者因旧的消费观念束缚、错误信息误导所致。

（8）无益需要，是指消费者对某些危害社会利益或有损于自身利益的商品或劳务的需要，如对香烟、烈酒、毒品、赌具、色情书刊或服务的需要，无论是对消费者个人还是对社会都是有害无益的。

（9）无需要，又称零需要，是指消费者对某类商品缺乏兴趣或漠不关心，无所需求。无需要通常是由于商品不具备消费者所需要的效用，或消费者对商品的效用缺乏认识，未与自身利益联系起来。

从上述关于需要形态的分析中可以得到启示，即并不是任何需要都能够直接激发动机，进而形成消费行为的。在现实生活中，有些需要如潜在需要、零需要、否定需要、退却需要等，必须给予明确的诱因和强烈的刺激，如加以诱导、引发，才能达到驱使行为的足够强度。此外，并不是任何需要都能导致正确、有益的消费行为。有些需要如过度需要、无益需要等，就不宜进一步诱发和满足，而必须加以抑制或削弱。因此，不加区分的倡导满足消费者的一切需要，显然是不适当的。正确的方法应当是区分消费者需要的不同形态，根据具体形态的特点，从可能性和必要性两方面确定满足需要的方式和程度。

（二）根据需要的起源分类

从需要的起源的角度来看，需要可分为以下两种。

（1）生理性需要。生理性需要是指个体为维持生命和延续后代而产生的需要，如进食、饮水、睡眠、运动、排泄、性生活等。生理性需要是人类最原始、最基本的需要，它是人和动物所共有的，而且往往带有明显的周期性。比如，受生物钟的控制，人需要有规律地、周而复始地睡眠，需要日复一日地进食、排泄；否则，人就不能正常地生活，甚至不能生存。应当指出，人的生理需要和动物的生理需要有本质区别。人的生理需要，从需要对象到满足需要所运用的手段，无不烙有人类文明的印记。正如马克思所说："饥饿总是饥饿，但是使用刀叉吃熟肉来解除的饥饿不同于用手、指甲和牙齿啃生肉来解除的饥饿。"人类在满足其生理需要的时候，并不像动物那样完全受本能驱使，而要受到社会条件和社会规范的制约。不仅如此，人类还能够运用生产工具和手段创造出面包、黄油、稻谷等需要对象，而动物则只能被动地依靠大自然的恩赐获取其需要物。

（2）社会性需要。这是指人类在社会生活中形成的，为维护社会的存在和发展而产生的需要，如求知、求美、友谊、荣誉、社交等需要。社会性需要是人类特有的，它往往打上时代、阶级、文化的印记。人是社会性的动物，只有被群体和社会所接纳，才会产生安全感和归属感。社会性需要得不到满足，虽不直接危及人的生存，但会使人产生不舒服、不愉快的体验和情绪，从而影响人的身心健康。一些物质上很富有的人，因得不到友谊、爱，得不到别人的认同而产生孤独感、压抑感，恰恰从一个侧面反映出社会性需要的满足在人的发展过程中的重要性。

（三）根据需要的对象分类

就需要的对象的角色而言，需要可分为以下几种。

（1）物质需要。这是指对与衣、食、住、行有关的物品的需要。在生产力水平较低的社会条件下，人们购买物质产品，在很大程度上是为了满足其生理性需要。但随着社会的发展和进步，人们越来越多地运用物质产品体现自己的个性、成就和地位，因此，物质需要不能简单地对应于前面所介绍的生理性需要，它实际上已日益渗透着社会性需要的内容。

（2）精神需要。这主要是指认知、审美、交往、道德、创造等方面的需要。这类需要主要不是由生理上的匮乏感引起的，而是由心理上的匮乏感所引起的。

第二节 消费者的动机

一、动机的概念及特征

(一) 动机的概念

动机（Motivation）这一概念是由伍德沃斯（R. Wood-worth）于 1918 年率先引入心理学的。他把动机视为决定行为的内在动力。一般认为，动机是"引起个体活动，维持已引起的活动，并促使活动朝向某一目标进行的内在作用"。

人们从事任何活动都由一定的动机所引起。引起动机有内外两类条件，内在条件是需要，外在条件是诱因。需要经唤醒会产生驱动力，驱动有机体去追求需要的满足。例如，血液中水分的缺乏会使人（或动物）产生对水的需要，从而引起唤醒或紧张的驱动力状态，促使有机体从事喝水这一行为满足。由此可见，需要可以直接引起动机，从而导致人朝特定的目标行动。

既然如此，为什么不用"需要"直接解释人的行为后的动因，而是在"需要"概念之外引入动机这一概念呢？首先，需要只有处于唤醒状态，才会驱使个体采取行动，而需要的唤醒既可能源于内部刺激，亦可能源于外部刺激，换句话说，仅仅有需要还不一定能导致个体的行动。其次，需要只为行为指明大致的或总的方向，而不规定具体的行动路线。满足同一需要的方式或途径很多，消费者为什么选择这一方式而不选择另外的方式，对此，需要并不能提供充分的解释。引进动机概念，正是试图从能量与具体方向两个方面对行为提供更充分的解释。再次，在有些情况下，需要只引起人体自动调节机制发挥作用，而不一定引起某种行为动机。典型的例子是人的体温，虽然人类的体温只能在很有限的范围内变动，但它却能自动调节，以适应高于体温（如洗热水澡）与低于体温（如冬泳）的环境。当然，人体均衡机制的调节幅度也是有限的，当均衡状态被大大地打破且超出了正常的调节幅度时，人体内会自动产生需要恢复均衡的力量，动机也就由此而生。最后，即使缺乏内在的需要，单凭外在的刺激，有时也能引起动机和产生行为。饥而求食固属一般现象，然则无饥饿之感时若遇美味佳肴，也可能会使人顿生一饱口福之动机。

(二) 动机的特征

从动机与行为的关系上分析，动机具有下列特征。

1. 启动性

动机具有发动行为的功能，它能使有机体由静止状态转向活动状态。例如，因饥饿引起摄食活动，为获得优良成绩而勤奋学习，为受到他人赞扬而尽力做好工作。摄食活动、勤奋学习、尽力做好工作的行动分别由饥饿、获得优良成绩、受到他人赞扬的动机所驱动。

2. 方向性

动机不仅引起行动，也使行为朝向特定的目标或对象。例如，人们在饥饿时趋向食物而不是游戏机；具有追求成就和成功结果的人们总是在活动中积极主动地向困难挑战，决不知难而退。人们在相同的活动中，由于动机不同会产生行为的差异。例如，两个学生都喜欢吃甜食，其中的一人由于要减肥，因而拒绝吃糖果和冰激凌。

3. 强度

动机在发动行为和引导行为方向的同时，也能确定行为的强度。人们在活动中具有不同的动机强度，这是很明显的。例如，两位学生都要参加考试，甲生急忙地走进教室，坐下之后立即打开笔记本，快速地翻阅，直到教师开始发考卷时才合上本子；乙生则不慌不忙地在教室的座位上坐下后，也像大家一样打开笔记本，但视线却来回扫视着周围同学和教师的动静，几乎没有看本子上的内容。由此可见，甲生的考试行为反应明显地比乙生要强烈。

二、动机的功能

动机在人类行为中起着十分重要的作用，动机在刺激和反应之间提供了清楚而重要的内部环节。人类动机是个体活动的动力和方向，它既给人的活动以动力又对人的活动的方向进行控制。动机被认为具有活动性的选择性。人类的动机好像汽车的发动机和方向盘。动力和方向被认为是动机概念的核心。具体地说，人类动机对活动具有引发、指引和激励的功能。

（一）引发功能

动机对活动具有引发功能。人类的各种各样的活动总是由一定的动机所引起的，没有动机也就没有活动。动机是活动的原动力，它对活动起着始动作用。

（二）指引功能

动机像指南针一样指引着活动的方向，它使活动具有一定的方向，朝着预定的目标前进。

（三）激励功能

动机对活动具有维持和加强作用，强化活动以达到目的。不同性质和强度的动机，对活动的激励作用是不同的。高尚的动机比低级的动机更具有激励作用，动机强比动机弱具有更大的激励作用。

三、消费者的购买动机的主要类型

购买动机是使消费者做出购买某种商品决策的内在驱动力，是引起购买行为的前提。有什么样的动机就有什么样的行为。消费者在购买商品时，事先在心理上都经过考虑，即使每天所需要的简单必需品也不例外。制造商、销售商、广告商及售货员，必须首先对广大的消费者群购买物品的种种动机有深刻的了解，然后他们的产品才能在竞争市场上顺利的销售。

（一）心理性购买动机的类型

心理性购买动机可以分为以下三种类型。

1. 情感动机

情感动机是由人们的道德感、友谊感等情感需要所引发的动机。例如，为了友谊的需要而购买礼品,用于馈赠亲朋好友等。情感的动机可归纳为以下8项。

(1) 骄傲或野心。此为最普通最强烈的购买动机,商品为满足个人的野心或骄傲而售出,如名牌手表、钻石、貂皮大衣售给有地位的名媛、夫人,名牌汽车、别墅售给成功人士等。竞争或争胜:购买货品起码要向他人看齐,甚至要设法超过他人,才能满足内心的需要。尝新的欲望:以尝新为光荣之事,穿着最新式的衣服,穿着最新式的皮鞋,以吸引他人的注意。

(2) 舒适的欲望。在购买力所及的范围内,为求个人或家庭的舒适尽量在衣、食、住、行上讲究,购买最好、最舒适的商品。

(3) 娱乐的欲望。购买最新式的乐器、收音机、电视机、音响、电脑等,充分享受人生的乐趣。

(4) 感官的满足。吃山珍海味、看电影电视,为满足口腹欲望、味觉、视觉等购买。

(5) 种族的保存。如为求爱、取悦伴侣、结婚、照顾儿童而购买美丽的服装、香水、饰物、银瓷器、新家具等。

(6) 生命的延续。如购买防弹汽车、保险、滋补品等,以确保生命的安全,延长自己的寿命。

(7) 占有意识。完全以占有为目的,是否对该项商品加以利用并不在乎。如购买别墅,目的在于占有此屋的所有权;专制时代的君王占有天下的的珍宝,是否使用并不在乎,只要占有,即感满足。

(8) 特殊爱好。有时购买某种物品,全受特殊爱好影响。有人常说:我买这样东西因为我喜欢它。

2. 理智动机

理智动机就是消费者对某种商品有了清醒的了解和认知,在对这个商品比较熟悉的基础上进行的理性抉择和做出的购买行为。拥有理智动机的往往是那些具有比较丰富的生活阅历、有一定的文化修养、比较成熟的中年人。他们在生活实践中养成了爱思考的习惯,并把这种习惯转化到商品的购买当中。

理智动机可以概括为以下几点。

(1) 容易使用。如工具构造的精巧易于使用、罐头便于开启、香烟易于拆封等。

(2) 增加效率。使用此种工具或设备如起重机、堆高机、打印机等。可以增加工作效率。

(3) 使用可靠性。产品安全可靠,如购买自来水管,不漏水;购买花布、纸张,保证不褪色。

(4) 良好服务。如购买电冰箱、电视机、电脑发生故障时,厂家保证负责修理。

(5) 耐久性。如购买某一品牌汽车、钢琴,是因其耐久性能佳,不易损坏。

(6) 便利。若干肉类、蔬菜及罐头,其包装分量刚够一餐之用,打开后即可佐餐,拼凑起来非常方便。

(7) 经济。即商品价格也许不太低廉,但因其耐用,长期核算仍很经济。

3. 信任动机

信任动机就是基于对某个品牌或者某个企业的信任所产生的重复性的购买动机。

具体而言，在现实经济生活中，这三种动机还呈现出一些不同的表现形式，如求实、求新、求同、求美、求名、求便等等。不同的购买动机带来不同的购买行为，企业应该根据消费者的动机来了解他的购买行为，按照他的购买行为来进行营销决策。

（二）消费者具体购买动机

1. 求实动机

它是指消费者以追求商品或服务的使用价值为主导倾向的购买动机。在这种动机支配下，消费者在选购商品时，特别重视商品的质量、功效，要求一分钱一分货，相对而言，对商品的象征意义，所显示的"个性"，商品的造型与款式等不是特别强调。比如，在选择布料的过程中，当几种布料价格接近时，消费者宁愿选择布幅较宽、质地厚实的布料，而对色彩、是否流行等给予的关注相对较少。

2. 求新动机

它是指消费者以追求商品、服务的时尚、新颖、奇特为主导倾向的购买动机。在这种动机支配下，消费者选择产品时，特别注重商品的款式、色泽、流行性、独特性与新颖性，相对而言，产品的耐用性、价格等成为次要的考虑因素。一般而言，在收入水平比较高的人群以及青年群体中，求新的购买动机比较常见。改革开放初期，我国上海等地生产的雨伞虽然做工精细、经久耐用，但在国际市场上，却竞争不过我国台湾地区、新加坡等地生产的雨伞，原因是后者生产的雨伞虽然内在质量很一般，但款式新颖，造型别致，色彩纷呈，能迎合欧美消费者在雨伞选择上以求新为主的购买动机。

3. 求美动机

它是指消费者以追求商品欣赏价值和艺术价值为主要倾向的购买动机。在这种动机支配下，消费者选购商品时特别重视商品的颜色、造型、外观、包装等因素，讲究商品的造型美、装潢美和艺术美。求美动机的核心是讲求赏心悦目，注重商品的美化作用和美化效果，它在受教育程度较高的群体以及从事文化、教育等工作的人群中是比较常见的。据一项对近400名各类消费者的调查发现，在购买活动中首先考虑商品美观、漂亮和具有艺术性的人占被调查总人数的41.2%，居第一位。而在这中间，大学生和从事教育工作、机关工作及文化艺术工作的人占80%以上。

4. 求名动机

它是指消费者追求名牌、高档商品，借以显示或提高自己的身份、地位而形成的购买动机。当前，在一些高收入层及大中学生中，求名购买动机比较明显。求名动机形成的原因实际上是相当复杂的。购买名牌商品，除了有显示身份、地位、富有和表现自我等作用以外，还隐含着减少购买风险，简化决策程序和节省购买时间等多方面考虑因素。

5. 求廉动机

它是指消费者以追求商品、服务的价格低廉为主导倾向的购买动机。在求廉动机的驱使下，消费者选择商品以价格为第一考虑因素。他们宁肯多花体力和精力，多方面了解、比较产品价格差异，选择价格便宜的产品。相对而言，持求廉动机的消费者对商品质量、花色、款式、包装、品牌等不是十分挑剔，而对降价、折让等促销活动怀有较大兴趣。

6. 求便动机

它是指消费者以追求商品购买和使用过程中的省时、便利为主导倾向的购买动机。在求便动机支配下，消费者对时间、效率特别重视，对商品本身则不甚挑剔。他们特别关心能否快速方便地买到商品，讨厌过长的候购时间和过低的销售效率，对购买的商品要求携带方便，便于使用和维修。一般而言，成就感比较高，时间机会成本比较大，时间观念比较强的人，更倾向于持有求便的购买动机。

7. 模仿或从众动机

它是指消费者在购买商品时自觉不自觉地模仿他人的购买行为而形成的购买动机。模仿是一种很普遍的社会现象，其形成的原因多种多样。有出于仰慕、钦羡和获得认同而产生的模仿；有由于惧怕风险、保守而产生的模仿；有缺乏主见，随大流或随波逐流而产生的模仿。不管缘于何种原因，持模仿动机的消费者，其购买行为受他人影响比较大。一般而言，普通消费者的模仿对象多是社会名流或其所崇拜、仰慕的偶像。电视广告中经常出现某些歌星、影星、体育明星使用某种产品的画面或镜头，目的之一就是要刺激受众的模仿动机，促进产品销售。

8. 好癖动机

它是指消费者以满足个人特殊兴趣、爱好为主导倾向的购买动机。其核心是为了满足某种嗜好、情趣。具有这种动机的消费者，大多出于生活习惯或个人癖好而购买某些类型的商品。比如，有些人喜爱养花、养鸟、摄影、集邮，有些人爱好收集古玩、古董、古书、古画，还有人好喝酒、饮茶。在好癖动机支配下，消费者选择商品往往比较理智，比较挑剔，不轻易盲从。

这里要指出的是，以上消费者具体购买动机绝不是彼此孤立的，而是相互交错、相互制约的。在有些情况下，一种动机居支配地位，其他动机起辅助作用；在另外一些情况下，可能是另外的动机起主导作用，或者是几种动机共同起作用。因此，在调查、了解和研究的过程中，对消费者购买动机切忌作静态和简单的分析。

第三节 需要动机理论

一、马克思主义的需要理论

马克思主义历来十分重视对人民的需要研究，马克思与恩格斯在两人合著的《德意志意识形态》一文中曾指出：我们应该确定一切人类生存的第一个前提，也就是一切历史的第一个前提就是人们为了能够创造历史，必须能够生活。但是为了生活首先就需要衣、住以及其他东西。因此，第一个历史活动就是生产满足这些需要的资料，即生产物质生活本身。

马克思主义把人类的消费需要分成三大层次。

（1）生存需要。人们要能在地球村中生存并使生命得以延续，除了自然界提供的生态条件如空气、温度、阳光、水等条件之外还必须获得各种基本物质条件。因此，人们的生活需要是用来维持劳动力再生产而必须得到满足的最低限量的需要。这些需要依赖人类自己去生产、制造。

（2）发展需要。人类为了改造客观世界，需要不断发展自身的智力、体力、能力、创造力等，以及促进社会进步发展的本领。因此形成了对这些方面的物质与精神产品的需要。人类的这些需要的满足，又增强了人类推动社会进步的力量。

（3）享受需要。人们总是希望不断改善生活环境，提高生活质量，这是一个永恒的话题。每个人都希望自己生活得更美好、更舒适、更愉快、更健康、更幸福。但是人们的享受必须以前两个需求得实现为前提与基础。不能实现生存与发展的需要，享受需要终成泡影。人们追求正常、合理、正当、来源合法的享受需要是无可非议的，但是那些不正常、不合理、不正当、来源不合法的享受需要以及不劳而获的享乐主义，则是应该反对的。

此外，马克思主义还认为，人的需要有两大属性。第一是个体性与整体性。即"自然主体"的个人需要及"表现为社会需要的个人需要"。我们既要满足不同个体的个人需要，又要满足人类社会的共同需要。第二是需要的无限性和不满足性。需要的无限性是指人们的某种需要得到满足后，新的需要就激活，周而复始，永无止境。而不满足性是由于社会生产力的发展水平有所限制，人们的需要总是呈现不能充分满足所有社会成员需要的状态，社会中每一个人的所有需要常常不可能都得到满足。因此不断提高生产力的发展水平，增加市场对消费者的满足程度也将是一个长期的过程。

二、马斯洛的需要层次理论

美国人本主义心理学家马斯洛将人类需要按由低级到高级的顺序分成五个层次或五种基本类型，如图4-2所示。

图4-2 马斯洛的需要层次理论

生理上的需要是人们最原始、最基本的需要，如吃饭、穿衣、住宅、医疗等等。若不满足，则有生命危险。这就是说，它是最强烈的不可避免的最底层需要，也是推动人们行动的强大动力。显然，这种生理需要具有自我和种族保护的意义，以饥渴为主，是人类个体为了生存而必不可少的需要。当一个人存在多种需要时，例如同时缺乏食物、安全和爱情，总是缺乏食物的饥饿需要占有最大的优势，这说明当

一个人为生理需要所控制时，那么其他一切需要都被推到幕后。

安全的需要要求劳动安全、职业安全、生活稳定、希望免于灾难、希望未来有保障等，具体表现在：① 物质上的，如操作安全、劳动保护和保健待遇等；② 经济上的，如失业、意外事故、养老等；③ 心理上的，如希望解除严酷监督的威胁、希望免受不公正待遇，工作有应付能力和信心。安全的需要比生理上的需要较高一级，当生理需要得到满足以后就要保障这种需要。每一个在现实中生活的人，都会产生安全感的欲望、自由的欲望、防御的实力的欲望。

社交的需要也叫归属与爱的需要，是指个人渴望得到家庭、团体、朋友、同事的关怀爱护理解，是对友情、信任、温暖、爱情的需要。社交的需要比生理和安全的需要更细微、更难捉摸。它包括：① 社交欲，如希望和同事保持友谊与忠诚的伙伴关系，希望得到互爱等；② 归属感，如希望有所归属，成为团体的一员，在个人有困难时能互相帮助，希望有熟识的友人能倾吐心里话、说说意见，甚至发发牢骚。而爱不单是指两性间的爱，而是广义的，体现在互相信任、深深理解和相互给予上，包括给予爱和接受爱。社交的需要与个人性格、经历、生活区域、民族、生活习惯、宗教信仰等都有关系，这种需要是难以察悟，无法度量的。

尊重的需要可分为自尊、他尊和权力欲三类，包括自我尊重、自我评价以及尊重别人。与自尊有关的，如自尊心、自信心、对独立、知识、成就、能力的需要等。尊重的需要也可以如此划分：① 渴望实力、成就、适应性和面向世界的自信心以及渴望独立与自由；② 渴望名誉与声望。声望来自别人的尊重、注意或欣赏。满足自我尊重的需要导致自信、价值与能力体验、力量及适应性增强等多方面的感觉，而阻挠这些需要将产生自卑感、虚弱感和无能感。基于这种需要，愿意把工作做得更好，希望受到别人重视，借以自我炫耀，指望有成长的机会、有出头的可能。显然，尊重的需要很少能够得到完全的满足，但基本上的满足就可产生推动力。这种需要一旦成为推动力，就将会令人具有持久的干劲。

自我实现的需要是最高等级的需要。满足这种需要就要求完成与自己能力相称的工作，最充分地发挥自己的潜在能力，成为所期望的人物。这是一种创造的需要。有自我实现需要的人，似乎在竭尽所能，使自己趋于完美。自我实现意味着充分地、活跃地、忘我地、集中全力全神贯注地体验生活。成就感与成长欲不同，成就感追求一定的理想，往往废寝忘食地工作，把工作当做是一种创作活动，希望为人们解决重大课题，从而完全实现自己的抱负。

三、麦克利兰的三种需要理论

麦克利兰提出了三种需要理论，他认为个体在工作情境中有三种重要的动机或需要。

（1）成就需要（Need for Achievement）：争取成功希望做得最好的需要。

（2）权力需要（Need for Power）：影响或控制他人且不受他人控制的需要。

（3）亲和需要（Need for Affiliation）：建立友好亲密的人际关系的需要。

麦克利兰认为，具有强烈的成就需要的人渴望将事情做得更为完美，提高工作效率，获得更大的成功，他们追求的是在争取成功的过程中克服困难、解决难题、努力奋斗的乐趣，以及成功之后的个人的成就感，他们并不看重成功所带来的物质奖励。个体的成就需要与他们所处的经济、文化、社会、政府的发展程度有关，社会风气也制约着人们的成就需要。麦克利兰发现高成就需要者的特点是：他们寻求那种能发挥其独立处理问题能力的工作环境；他们希望得到有关工作绩效的及时明确的反馈信息，从而了解自己是否有所进步；他们喜欢设立具有适度挑战性的目标，不喜欢凭运气获得的成功，不喜欢接受那些在他们看来特别容易或特别困难的工作任务。高成就需要者事业心强，有进取心，敢冒一定的风险，比较实际，大多是进取的现实主义者。

高成就需要者对于自己感到成败机会各半的工作，表现得最为出色。他们不喜欢成功的可能性非常低的工作，这种工作碰运气的成分非常大，那种带有偶然性的成功机会无法满足他们的成就需要；同样，他们也不喜欢成功的可能性很高的工作，因为这种轻而易举就取得的成功对于他们的自身能力不具有挑战性。他们喜欢设定通过自身的努力才能达到的奋斗目标。对他们而言，当成败可能性均等时，才是一种能从自身的奋斗中体验成功的喜悦与满足的最佳机会。

权力需要是指影响和控制别人的一种愿望或驱动力。不同人对权力的渴望程度也有所不同。权力需要较高的人喜欢支配、影响他人，喜欢对别人"发号施令"，注重争取地位和影响力。他们喜欢具有竞争性和能体现较高地位的场合或情境，他们也会追求出色的成绩，但他们这样做并不像高成就需要的人那样是为了个人的成就感，而是为了获得地位和权力或与自己已具有的权力和地位相称。权力需要是管理成功的基本要素之一。

亲和需要就是寻求被他人喜爱和接纳的一种愿望。高亲和动机的人更倾向于与他人进行交往，至少是为他人着想，这种交往会给他带来愉悦。高亲和需要者渴望友谊，喜欢合作而不是竞争的工作环境，希望彼此之间的沟通与理解，他们对环境中的人际关系更为敏感。有时，亲和需要也表现为对失去某些亲密关系的恐惧和对人际冲突的回避。亲和需要是保持社会交往和人际关系和谐的重要条件。

麦克利兰的动机理论在企业管理中很有应用价值。首先，在人员的选拔和安置上，通过测量和评价一个人动机体系的特征对于如何分派工作和安排职位有重要的意义。其次，由于具有不同需要的人需要不同的激励方式，了解员工的需要与动机有利于合理建立激励机制。再次，麦克利兰认为动机是可以训练和激发的，因此可以训练和提高员工的成就动机，以提高生产率。

四、默里的需要理论

除了马斯洛的需要层次理论以外，西方的需要理论中，默里（H. A. Murry）的理论也是颇有影响的。默里把需要分为第一需要（生理性需要）和第二需要（心理性需要）两类。第一需要包括12种，如对水、食物、排泄、性、避免伤害等需要；第二需要包括28种，其中包括两大类：一类是与学习任务有关的需要，诸如条理、构造、守恒、获得等需要以及影响学生的操作水平的一些需要，如优于他人、成就、避免失败等需要；另一类则是与人际关系有关的需要，包括使人们分裂的那些需要，如统治、排外、防卫、侵犯、自治等需要，以及使人们结合起来的需要，如归属、尊重培育、援助等需要，如表4-1所示。

表 4-1 默里的 20 项基本需要

需　　要	简　要　定　义
屈尊需要	被动的屈服于外部力量；接受伤害、责难、批评、惩罚；一切归诸命运
成就需要	完成某些困难的事务；主宰或安排实体物品、人类或创意；克服困难来达到高的标准
亲和需要	彼此相近并且快乐的合作；取悦他人并赢得情感；与朋友相当亲密并相当忠诚
侵略需要	攻击；反对或惩罚其他人
自主需要	独立并根据冲动来自由行动；不依附他人，也不负责任；蔑视全体的决议
对抗需要	要拒绝和弥补失败；克服弱点；寻求障碍与困难来加以克服
防御需要	为了防止受到侮辱、批评与责难而防御；会隐瞒与辩护其罪行、失败或羞辱
遵从需要	钦佩与支持其主管；赞赏、推崇与颂扬；急于退让，遵守风俗习惯
支配需要	想要控制一个人的环境；借由建议、诱惑、说服或指挥来指引别人的行为
爱表现需要	要给人深刻印象；要被看到与听到；想要使他人兴奋、惊奇、迷恋、欢乐、震撼、好奇、有趣，或怂恿他人
避免受伤需要	避免痛苦、身体伤害、疾病与死亡；逃离一个危险的情境，会进行小心谨慎的斟酌
避免不利需要	避免羞辱；由于害怕失败，因此不采取行动
培育需要	对于一个无助个体的需要赋予同情与使其获得满足；表现出养育、帮助与保护
条理需要	使事情具有条理；追求干净、井然有序、有组织、均衡整齐、整洁以及精确
游戏需要	只为了"好玩"而行动，没有其他进一步的目的；爱笑与爱开玩笑；寻求从压力中得到令人享受的缓解
拒绝需要	将自己与某一负面的个体隔绝；排除一个不良的个体或表现出不感兴趣、冷落或抛弃；寻求或享受感官的感受
性需要	具有性爱的关系；有性爱的交流
救助需要	借由对于相关个体的同情协助，而使自己的需要得到满足；表现出被养育、支持保护、关爱与建议
学习和了解需要	询问或回答一般性问题；对理论很感兴趣；思索、筹划、分析与归纳

因此，我们要把一个人的内部需要和外部世界的推动力这两个方面结合起来，并考察引起不同行为的个人头脑中的原因。他在这里说的外部世界的推动力既指外部客观的现实，也指个人对外部世界的主观的解释。

五、双因素理论

双因素理论是由美国心理学家弗雷德里克·赫茨伯格（Frederick Herzberg）于 1959 年提出来的。20 世纪 50 年代末期，赫茨伯格和他的同事们对匹兹堡附近一些工商业机构的约 200 位专业人士作了一次调查。调查主要是想了解影响人们对工作满意和不满意的因素。结果发现，导致对工作满意的因素主要有五个，即成就、认可、工作本身的吸引力、责任和发展；导致对工作不满的主要因素有企业政策与行政管理、监督、工资、人际关系及工作条件等。

赫茨伯格将导致对工作不满的因素称为保健因素，将引起工作满意感的一类因素称为激励因素。保健因素，诸如规章制度、工资水平、福利待遇、工作条件等，对人的行为不起激励作用，但这些因素如果得不到保证，就会引起人们的不满，从而降低工作效率。激励因素，诸如提升、提职、工作上的成就感、个人潜力的发挥等，则能唤起人们的进取心，对人的行为起激励作用。要使人的工效效率提高，仅仅提供保健因素是不够的，还需要提供激励因素。一个单位固然要为员工提供具有吸引力的工资福利待遇和生产、生活条件，但如果这些待遇和条件采用平均分配的办法，不与个人的责任大小、工作业绩或成就挂钩，就只能起一种"保健"作用，起一种减少牢骚和不满的作用，无法激励员工不断进取和努力作出新的成绩。

将赫茨伯格的双因素理论运用于消费者动机分析，亦具有多重价值与意义。商品的基本功能或为消费者提供的基本利益与价值，实际上可视为保健因素。这类基本的利益和价值如果不具备，就会使消费者不满。比如，保温杯如果不能很好地保温，收音机杂音较大，都会使消费者产生强烈的不满情绪，甚至导致对企业的不利宣传，要求退货，赔偿损失，提起法律诉讼等对抗行动。然而，商品具备了某些基本利益和价值，也不一定能保证消费者对其产生满意感。要使消费者对企业产品、服务形成忠诚感，还需在基本利益或基本价值之外，提供附加价值，比如使产品或商标具有独特的形象，产品的外观、包装具有与众不同的特点，等等。因为后一类因素才属激励因素，对满足消费者社会层次的需要具有直接意义。

商品的哪些特征、利益具有保健因素的成分，哪些具有激励因素成分，不是固定不变的。比如，在电视机刚发明面市的阶段，能够放出图像并伴有声音就足以促动一些消费者购买了，如果企业的产品还提供一些其他的功能与服务，消费者可能会非常满意。而现阶段，清晰的图像、优质的音响效果几乎成为一种必需。更多的功能，更漂亮的外观，品牌的声誉，以及企业不断创新的形象由于能更多地体现消费者较高层次的需要，因而带有较多的激励成分。另外，品牌所具有的保健因素与激励因素还会因目标市场的不同，因目标消费者生活方式和价值取向的不同而存在差别。

第四节 消费者需要变化的趋势

随着市场由卖方垄断向买方垄断转化，消费者主导的时代已经来临，面对更为丰富的商品选择，消费者需要与以往相比呈现出新的特点和发展趋势。

一、感性消费趋势

托夫勒曾指出的："一直为经济学家们所忽视"的是"一种与满足心理需求相联系的经济"，今天，这种"与满足心理需求相联系的经济"已经融入了我们的生活。我们把以满足心理感受为主要目的的消费现象称为"感性消费"。

感性消费出现在消费品领域，并成为一种发展趋势不是偶然的，它有一定的存在基础。

首先，感性消费就是建立在现代消费经济的基础上的。在工业化时代，大规模

生产成为可能，同时降低成本的需要使扩大规模成为必要，于是出自一个工厂的成千上万的产品几乎是一个模式，产品的个性被抹杀了；到了后工业化社会，产品已相当丰富，人们的生活水平已完成从温饱状态到较富裕状态，乃至富足状态的转变，于是消费观念便从"量的满足"过渡到"质的满足"，由此也就产生了现代消费经济。现代消费简单来讲就是在买方市场条件下，以消费者需求为主导，不断提高生活质量的消费，消费者具有了更强的选择性，消费需求随之日趋差异化、多样化、个性化、复杂化。

其次，电子计算机在制造业中的广泛运用，使现代工业设计水平不断完善，现代工业生产足以使商品具有鲜明的个性和时尚性，而且可以从商品上充分反映出社会学、心理学、营养学、人性论、艺术论等各种科学的理论和思维方法，这些都使满足消费者的感性需求成为可能。

最后，文化基础主要指的是随着人们生活水平和文化修养的不断提高，在物质需求满足后，社会的、自我表现的精神需求的满足就日益重要。于是，人们的主要需求已经从生理需求转向了心理需求，现代社会也进入了重视"情绪价值"胜过"机能价值"的时代。

感性消费其经济属性已日渐淡薄，其社会心理属性日趋明显，在消费过程中所流露出的感性色彩日渐浓厚，消费者越来越重视消费中的感性价值及商品所能给自己带来的附加利益。也就是说，消费者购买商品越来越多是出于对商品象征意义的考虑，其购买动机已不再停留在仅仅为了获得更多的物质产品以及对产品本身的占有，而是为了商品的象征功能。商品的象征功能是通过某具体商品表现出该商品购买者的身份、经济地位、生活情趣、价值观念及自身素质等个人特点和品质。商品之所以具有象征意义，是因为在社会生活中，某种商品总是和某种人联系在一起，人们购买这种商品不仅仅是因为它具有使用价值，更重要的是因为它具有心理价值，能显示该商品持有者的独特个性。从这个意义上说，时下，相当一部分消费者购买的就是其心中所产生的那种购买感觉，以满足其心理需求。感性消费时代的最大特点就是人们消费所追求的大多是个性的满足、精神的愉悦、舒适及优越感。为感性消费所提供的旨在满足人们心理感受和精神欲望的商品则被称为"感性商品"。"感性商品"的感性种类主要有高贵感、情趣感、充实感、艺术感、自然感、复古感、时代感等等，而富于个性和人格化的感性商品所具有的这些特色正是现代社会众多消费者所刻意追求的。

在感性消费条件下，当代消费者的消费心理正呈现出了一种新的特点和趋势。

1. 个性消费的复归

之所以称为"复归"，是因为在过去相当长的一个历史时期内，工商业都是将消费者作为单独个体进行服务的。在这一时期内，个性消费是主流。只是到了近代，工业化和标准化的生产方式才使消费者的个性被淹没于大量低成本、单一化的产品洪流之中。另外，在短缺经济或近乎垄断的市场中，消费者可以挑选的产品本来就很少，个性因而不得不被压抑。但当消费者市场发展到今天，多数产品无论在数量上还是品种上都已极为丰富，现实条件已初步具备。消费者能够以个人心理愿望为基础挑选和购买商品或服务。更进一步，他们不仅能做出选择，而且还渴望选择。他们的需求更多了，变化也更多了。逐渐地，消费者开始制定自己的准则，他们不惧怕向商家提出挑战，这在过去是不可想象的。用精神分析学派的观点考察，消费者所选择的已不单是商品的使用价值，而且还包括其他的"延伸物"，这些"延伸物"及其组合可能各不相同。因而从理论上看，没有一个消费者的心理是完全一样的，每一个消费者都是一个细分市场。心理上的认同感已成为消费者做出购买产品决策时的先决条件，个性化消费正在也必将再度成为消费的主流。

2. 消费主动性增强

在社会分工日益细化和专业化的趋势下，即使在许多日常生活用品的购买中，大多数消费者也缺乏足够的专业知识对产品进行鉴别和评估，但他们对于获取与商品有关的信息和知识的心理需求却并未因此消失，反而日益增强。这是因为消费者对购买的风险感随选择的增多而上升，而且对单向的"填鸭式"营销沟通感到厌倦和不信任。尤其在一些大件耐用消费品（如电脑）的购买上，消费者会主动通过各种可能的途径获取与商品有关的信息并进行分析比较。这些分析也许不够充分和准确，但消费者却可从中获得心理上的平衡，减低风险感和购后产生后悔感的可能，增加对产品的信任和争取心理上的满足感。消费主动性的增强来源于现代社会不确定性的增加和人类追求心理稳定和平衡的欲望，而且人天生就有很强的求知欲。

3. 消费心理稳定性减小，转换速度加快

现代社会发展和变化速度极快，新生事物不断涌现。消费心理受这种趋势带动，稳定性降低，在心理转换速度上趋向与社会同步，在消费行为上则表现为产品生命周期不断缩短。过去一件产品流行几十年的现象已极罕见，消费品更新换代速度极快，品种花式层出不穷。产品生命周期的缩短反过来又会促使消费者心理转换速度进一步加快。例如，电视机在中国由黑白发展为彩色经历了十几年时间，但现在几乎每年都有采用新技术的新功能电视机推出，消费者今年才买的电视到明年可能就过时了，以至于一些别出心裁的商家开始经营电视机出租业务，以配合某些消费者求新、求变的需求。

4. 对购买方便性的需求与对购物乐趣的追求并存

一部分工作压力较大，紧张度高的消费者会以购物的方便性为目标，尽量节省时间和劳动成本。特别是对于需求和品牌选择都相对稳定的日常消费品，这点尤为突出。然而另一些消费者则恰好相反，由于劳动生产率的提高，人们可供支配的时间增加，一些自由职业者或家庭主妇希望通过购物消遣时间，寻找生活乐趣，保持与社会的联系，减少心理孤独感，因此他们愿意多花时间和体力进行购物，而前提必须是购物能为他们带来乐趣，能满足心理需求。这两种相反的心理将在今后较长的时间内并存和发展。

5. 价格仍然是影响消费心理的重要因素

虽然营销人员倾向于以各种差别化来减弱消费者对价格的敏感度，避免恶性削价竞争，但价格始终对消费心理有重要影响。例如微波炉降价战，作为市场领导者的格兰仕拥有技术、质量和服务等多方面的优势，到最后却也被迫宣布重返降价竞争行列，为市场占有率而战。这说明即使在当代发达的营销技术面前，价格的作用仍旧不可忽视。只要价格降幅超过消费者的心理界限，消费者也难免不怦然心动而转投竞争对手旗下。

二、绿色消费趋势

这一趋势是指消费者要求自身的消费活动要有利于保护人类赖以生存的自然环境，维护生态平衡，减少和避免对自然资源的过度消耗与浪费，实现可持续消费。绿色生活是新世纪的时尚，它体现着一个人的文明与素养。每个人都应当选择有利于环境保护的生活方式——绿色消费来实现这种"绿色生活"。

什么是绿色消费？绿色，代表着生命，代表着健康，是充满希望的颜色。绿色产品代表无污染、无公害、可持续、有助于消费者身体健康的产品。我们所提倡的绿色消费是指不仅要满足我们这一代人的消费需求和安全、健康、还要满足子孙万代人的消费需求和安全、健康。绿色消费的有以下三层含义：

（1）倡导消费者在消费时选择未被污染或有助于公众健康的绿色产品；
（2）在消费过程中注重对垃圾的处理，不造成环境污染；
（3）引导消费者转变消费观念，向崇尚自然、追求健康方面转变。

在追求生活舒适的同时，随着人们环境保护意识的提高，再加上环保先觉者的倡导，绿色观念正潜移默化地影响着人们的行为模式，绿色消费也在我们的生活中悄然兴起。买食品，可以选择有绿色食品标志的蔬菜、肉食；购家电，有无氟冰箱、超静音空调、低辐射电视机；装修家居，有对身体无害的绿色涂料、绿色地板。追求绿色，崇尚自然，反对挥霍浪费，避免破坏环境，可谓人心所向，大势所趋。

"绿色"的含义是：给人民身体健康提供更大更好的保护，舒适度有更大的提高，对环境影响有更多的改善。绿色消费不是消费"绿色"，而是保护"绿色"，即消费行为中要考虑到对环境的影响并且尽量减少负面影响。如果沿着"天然就是绿色"的路走下去的话，结果将是非常可怕的。比如，羊绒衫的大肆流行，掀起了山羊养殖热，而山羊对植被的破坏力惊人，会给生态造成巨大的破坏。因此，绿色消费必须是以保护"绿色"为出发点。

绿色消费主张食用绿色食品，不吃珍稀动植物制成品，少吃快餐，少喝酒，不吸烟。消费绿色食品有利于人体健康，可以促进有机农业的发展，减少化肥和农药的使用。保护珍稀动植物有利于维护物种的多样性，多样性意味着稳定性，稳定性意味着可持续发展。快餐食品大多含高热量、高脂肪、高蛋白质，西式快餐更是如此，长期食用将使人体内过多蓄积脂肪而发胖，降低胰岛素敏感性，增加患糖尿病的危险。吸烟和酗酒除了危害人体健康，还影响空气质量和粮食供应。

保护环境、崇尚"绿色"已成为现代消费者的基本共识和全球性的消费发展趋势。

三、消费结构高级化趋势

随着人均收入和消费水平的提高，消费者的需求结构将逐步趋于高级化。这一趋向在处于高速增长阶段的发展中国家表现得尤为明显。以我国为例，近年来，我国国民生产总值始终保持高速增长的势头。与此相适应，城乡居民收入水平和消费总量及结构也将持续较快增长。据权威部门统计，截至2000年年底，城市居民家庭户平均金融资产已达到6万元，具有较强的购买潜力；农民收入也有较大幅度的提高，具备了购买千元以上商品的消费能力。

根据我国居民当前的收入状况，居民消费逐步进入新一轮消费周期，这一新周期将以家电在农村普及，住房、轿车、电脑逐步进入城市家庭为主要标志。与此相适应，我国居民消费结构也正处于一个重要的转型期。今后十余年，居民消费需求将从小康走向更富裕的过渡时期，人们的消费观念、方式、内容以及消费品市场供求关系都将发生重大变化。衣食等一般性消费在总消费中的比重将进一步下降，住、行以及通信、电脑、教育、旅游等服务、享受类消费将大幅度增加。此外，随着世界经济贸易的增加和各国文化间相互渗透，国内消费的国际化趋势开始显现。

四、休闲消费趋势

由于休闲生活涉及人们多方面需求的满足，因此，现代消费者对休闲的重视程度不断提高，休闲生活在社会生活方式中占有越来越重要的地位。与此相适应，在消费活动中，人们一方面努力提高自身的收入水平，增加旅游、娱乐、教育、社交等非商品性消费的支出，以便丰富和改善休闲生活的内容与质量；另一方面，人们也在不断寻求新的消费方式，以求创造和占有更多的休闲时间。近年来，电子购物、电视购物、网上购物、邮购等快捷便利的现代购物方式受到越来越多消费者的青睐；少次、批量购买日常生活用品正在成为大多数家庭的购买行为模式；礼品直送、查询、咨询、家庭教育、保健、家庭服务等在消费支出中的比量迅速上升；VCD、DVD、大屏幕高清晰度彩电、数码相机、家庭影院、个人电脑、健身器材迅速普及；以移动电话为代表的现代通信设备大规模进入家庭；文学艺术、影视娱乐、业余教育、旅游等高文化消费日趋走俏。上述消费趋向表明，现代消费者对休闲生活的需要大大增加，已经把增加更多的休闲时间和提高休闲生活质量作为消费行为的重要导向。

总之，随着生产力的发展和社会环境的变化，现代消费者的需求结构、内容和性质也在不断发展变化。只有及时分析了解消费者需要的动态和趋势，才能从整体上把握消费者心理与行为发展的基本脉络。

本 章 小 结

学习消费心理学有一个问题不得不回答，那就是"人们为什么会买"，要回答这个问题就要理解消费者的需要和动机。消费者购买和消费产品是为了满足他们的需要。正像我们在本章节中看到的，消费者有很多不同的需要。有些需要是我们生存的基本需要，如生理、安全和健康等需要。有些需要虽然不是生存所必需，但是对于渴望幸福生活的消费者来说很重要。能比较好地理解和把握消费者需要的企业当然就更有机会抓住和留住更多的消费者。

复习思考题

1. 什么是消费需要？
2. 什么是购买动机？

3. 试列举常见的消费者购买动机。
4. 简述消费者需要动机主要理论的观点。
5. 你认为现在社会处于何种消费趋势？还是多种趋势并存？未来十年将呈现何种趋势？

案例分析

案例1：   **关于几家著名公司的案例**

  美国阿姆和汉默公司生产的小苏打牙膏为美国洁齿市场五大品牌之一。在牙膏大战的硝烟中，阿姆和汉默公司花了许多时间教育消费者，其宣传词是"你在刷牙时能获得一种更彻底更清洁的感受"，"使您的牙齿有刚刚被牙医专家清理后的感觉"，激发消费者对这种牙膏的需求欲望。一段时间后，消费者的欲望被带动了起来，阿姆和汉默公司理所当然地成为这个新的分割市场的领导者，并且现在正有大批的追随者蜂拥而至欲分杯羹。

  强生公司的婴儿用爽身香皂原本是专为婴儿提供的一种清洁保健皮肤的产品，但是在对顾客需求变化的研究中，强生公司发现成年人对保护皮肤越来越重视。于是强生公司决定将这种爽身香皂来一次大胆的细分市场，广告诉求为"成人使用效果也非常好，它将像呵护婴儿的皮肤一样使您的皮肤获得细致深层的护理"。此举居然大受成年消费者的追捧，强生爽身香皂成为护肤的新宠。强生公司成功地为产品找到了新的卖点，赚取了新的分割市场的利润。

  众所周知，拜耳阿司匹林曾经一度是止痛剂品牌的领先者，但是随着泰诺、阿迪威尔等品牌的出现，拜耳品牌的地位受到了极大的威胁。拜耳公司一面在这块市场上与这些市场入侵者争夺市场份额，另一方面却在积极地寻找着可以实现差异化的产品需求，以获得新的市场份额。经过不懈的努力，20世纪90年代中期，拜耳公司发现拜耳止痛剂加上合理的饮食和锻炼能够使第二次心脏病发作的几率降低50%多，这是一个重大的发现，于是拜耳公司紧急组织医学专家进行反复试验获取数据，经证实后，拜耳公司毫不客气地把从未患过心脏病的消费者全部囊括其中，声称拜耳阿司匹林新片剂"不但依然具有止痛功效，而且对于防范心脏病的发作具有明显的效果"。结果拜耳阿司匹林的销量一再攀升，并在市场上赢得了"永久品牌"的称号。

  问题：
  阿姆和汉默公司、强生公司和拜耳公司的案例对于企业开发市场和刺激消费者需求有什么借鉴意义？

案例2：   **像卖时装一样地卖珠宝**

  只有从单纯比价格，走向比款式、比设计、比工艺，才是珠宝行业最具竞争力的营销策略。

  中国人向来喜爱金饰珠宝，不仅因为它的保值能力，更因为它凝结着中国文化的灵韵。以前，每逢喜庆节日，金饰珠宝就会大派用场，穿金戴银就是富贵显赫的象征，是地位和身份的标志，但从未与潮流时尚拉上关系。但珠宝文化发展至今，消费群体已形成了多层次、多品种的市场需求，对首饰的价值观和消费模式，已起了相当大的变化，只有从单纯比价格，走向比款式、比设计、比工艺，才是珠宝行业最具竞争力的营销策略。

在香港经营珠宝金饰有75年历史的周大福，就见证着首饰时代的转变，不断在创新中图谋发展，抓紧营销脉搏，以保持市场的领导地位。

"一口价"打出"价实"品牌

周大福在20世纪60年代首创的999.9纯金首饰，成为一时佳话，是当时黄金首饰业的成功典范。自90年代起，又率先采用"珠宝首饰一口价"政策，以薄利多销的经营方式，节省讨价还价的时间，即使承受着金价差异的风险，但却建立了"货精价实"的诚信商标。

让首饰成为生活必需品

近年周大福再开先河，提出"珠宝时装化，首饰生活化"的突破性营销概念，把首饰变成生活必需品，将珠宝变成时尚，甚至是一种艺术。

周大福认识到过往单件款式的经销形式，已不能满足现今消费者的购买需求。消费者在选购过程中，追求各自的艺术素养、文化品位、个性主张和时代风格，他们喜欢的是一件带点个人主义的潮流首饰，并不再单纯是产品本身的价值。消费模式的转变，更加促使周大福锐意革新，将品牌年轻化，由店铺装修，以至推出面向年轻消费群的潮流饰品CTF2产品线，以此来吸纳和扩大市场份额。

时尚风吹进内地

CTF2有周大福完整的生产技术及资源作为后盾，在市场上占尽优势，尽情发挥新品牌在设计意念上的创新思维。CTF2的"珠宝时装化、生活化"理念，以珠宝首饰陪衬时装设计，把两种不同层面的生活艺术融会贯通，先后推出系列加入了艺术元素的首饰产品，如红楼梦黑玉系列，以当代首饰设计演绎东方古典建筑文化，物料亦不局限于金钻珠宝，旨在突出款式设计及工艺为主，创造一个时尚标记，将产品变成买家一个不可或缺的生活习惯或嗜好。与此同时，周大福掌握消费者的心理，采用开放式的态度，广纳知名具成就地位的设计师，提升产品款式的发挥空间，营销定位相当清晰，标志着饰物的另一里程碑。

由于香港的珠宝品牌早已树立了很好的基础和信誉，在落实更紧密经贸关系的方案后，香港珠宝首饰业在国内将发展得更加迅速。加上内地的首饰设计还在刚刚起步的阶段，没有专业培训，设计人才相对匮乏，因此，时尚首饰在内地应该极具发展潜力。买设计、买款式，亦将渐渐成为消费者的选购模式，从而掀起一股首饰风潮。

问题：

结合本章所学知识，分析周大福提出"珠宝时装化，首饰生活化"的突破性营销概念是如何把握消费者的需要和购买动机的？

第五章 消费者的态度

 学习目标

- ▶ 了解消费者态度的构成要素和有关消费者态度的理论；
- ▶ 理解消费者态度与行为的关系；
- ▶ 掌握消费者态度的影响因素；
- ▶ 熟练掌握及运用改变消费者态度的条件和方法。

第一节 消费者态度的概念和特征

一、态度的概念与构成

态度是指个体通过学习对一定客体所产生的相对稳定的心理反应倾向，它可以看做是一种行为准备或者行为的发端。态度总是针对客观环境中某一具体对象产生的，表现为对某种事物的反应倾向。消费者通常以某类可供消费的商品或服务为具体的接触对象，因此，消费者的态度即为消费者在购买过程中对商品或服务等表现出来的心理反应倾向。

消费者的态度是由认知成分、情感成分和行为倾向等三种要素构成的复合系统。

（一）认知因素是个人对态度对象的评价

反映在顾客的购买活动中就是顾客对某种商品或劳务的认识、理解、意见等，它是通过感觉、知觉、思维等认知活动来实现的。消费者只有在对商品或劳务有所认识的基础上，才有可能形成对某类商品或劳务的具体态度。认知因素是顾客态度的基础。

（二）情感因素是在认知因素基础上个人对态度对象的情感体验

反映在顾客的购买过程中就是顾客对某种商品或劳务的喜欢、厌恶、反感等各种情绪表现。这种情感体验，一方面依赖于消费者建立在认知基础上的评价，另一方面依赖于消费者对产品或服务的直接体验。情感因素是态度的核心，是使态度协调、稳定的条件，往往伴随着顾客购买活动的整个过程。

（三）倾向因素是个人对态度对象行为的思想倾向

反映在顾客的购买过程中就是顾客对商品或劳务采取的反映倾向，它不是行动本身，而是采取行动之前的准备状态。

在一般情况下，就对一定事物的态度而言，认知成分、情感成分和行为倾向三个成分之间是协调一致的，而不是相互矛盾的。但是，在特殊的情景中，上述三种要素亦可能发生背离，呈反向作用，以至于消费者的态度呈矛盾状态。当三者不协调时，情感因素起着主要的作用。

了解消费者态度各构成要素之间的这种一致性对企业营销人员来说具有重要的意义。因为它是大量营销策略的基础，态度各种成分之间如果存在着一致性的关系，就意味着企业如能影响消费者态度的某种成分的话，那么其余成分也会发生相应的转变。作为经营者，企业最终关心的是影响消费者的购买行为，但企业又很少能直接影响人们的购买行为。也就是说，企业无权要求消费者，也不能强迫消费者购买企业的产品，但如果企业能让消费者对他们生产和经营的商品感兴趣，对企业所做的有关商品广告或提供的服务产生良好的印象，则无疑会影响他们的购买行为。

二、消费者态度的特征

态度作为消费者的一种复杂、复合型的心理活动，一般具有以下特征。

（一）对象性

态度是针对具体的观点和事物所形成的，这种对象可以是具体的事物，也可以是某种状态。态度是主体对客体的一种反映，谈到态度必然要谈到态度对象，比如对某种产品的印象如何，必然涉及产品的质量、服务等一系列具体的条件，没有对象的态度是不存在的。

（二）相对稳定性

由于消费者的态度是在长期的社会实践中逐渐积累的，因此，某些态度一旦形成，便保持相对稳定，而不会轻易改变。如对某种品牌的偏好，对某一老字号商店的信任等。态度的稳定性使消费者的购买行为具有一定的相对稳定性、习惯性，从而有助于某些购买决策的常规化、程序化。

（三）效用性

态度的效用性是指态度对象对人意义的大小。消费者对事物的态度主要反映了该事物对人的意义与价值，这种效用包括很多方面，如实用价值、理论价值、道德价值及社会价值等。事物对人价值的大小，一方面取决于事物本身；另一方面，也受人的需要、兴趣、爱好、信念、理想等因素的制约。人们的价值观不同，对同一事物也可能形成不同的态度，价值观念对人们态度的形成起到一种基本的综合作用。

（四）社会性

态度虽然是人们的一种心理倾向，但它不是先天就有的，而是在人们的社会实践活动中形成的。例如，消费者对一件商品的态度，或是根据他自己观察得来；或是根据广告宣传，其他消费者的看法、意见影响等形成的。这说明，态度是适应环境的产物，离开了社会实践活动，也就无所谓人的态度。

第二节　消费者态度的形成

一、态度的形成过程与影响因素

态度是后天习得的，是人们在一定的社会环境中不断接触周围事物而逐步形成的对事物的反应倾向。心理学研究表明，态度的形成包括从服从到同化再到内化的过程。首先是在一定的条件下，使个人的行为与外部的要求相适应的服从的过程，其次是人们愿意接受他人的观点与信念，使自己的态度与外界的要求相一致的同化过程，最后是人们从内心深处真正相信并接受他人的观点而彻底转变自己的态度，并自觉地指导自己的思想和行动的内化过程。

态度的形成过程中要受许多客观因素的影响。

（一）态度是接收各种事物的信息后经过加工判断形成的

如果消费者认为信息可以信赖并且和自己原有的倾向或判断一致，则会保持肯定的态度；反之则持否定的态度。态度在某种程度上是在所接受的信息的种类和数量关系中形成的。态度是学习的结果，不仅有早期的学习，还有认知学习和条件反射的学习。在市场促销活动中，经营者可以采用重复和加强广告宣传的手段来促使消费者对企业和产品形成积极的态度。

（二）消费者的消费需要、消费欲望是影响态度的重要因素

消费者对能满足自己需求欲望的对象，或是能帮助自己达到消费目标的对象必然会持满意的态度，否则会持不肯定或否定的态度。如消费者对名牌商品持肯定态度而对非名牌商品持不满意态度便是例证。心理学研究证明，欲望或者需要的满足与态度的形成是呈正相关的。

（三）消费者所属的阶层、文化、家庭等影响态度的形成

属于较高阶层的消费者一般喜欢格调清新、与众不同或高档的商品，而普通阶层则倾向于大众文化的流行性商品。家庭的观念、生活习惯及父母的信仰、价值观念也会直接地影响家庭成员的价值观念，从而确定他们态度形成的基础。文化修养和生活方式等也在一定程度上影响消费者态度的形成。如日本人一般喜欢吃生鱼，而欧美人则不喜欢，从而形成对生鱼的不同态度。

（四）消费者的经验影响消费态度的形成

消费者根据对商品或服务的经验可能会形成满意的态度或不满意的态度，并通过在学习过程中积累的经验直接影响下一次的购买决策与购买行为。经验越多，对问题的看法越成熟，态度也越明确，越难以改变。

此外，消费者的诸如性格、气质、能力、兴趣、智力等方面的个性特征也直接或间接地影响消费态度的形成。一个人的个性特征决定着他的态度体系的基本特点。不同情况下影响消费者的因素的重要程度是各不相同的，但都是在一定程度上或多

或少地促成消费者的态度。

二、消费者态度的理论介绍

西方学者对态度的形成提出了许多理论解释，大多数是基于这样一个认识，即消费者态度的形成过程具有内在的一致性的要求，他们注重自己的认知、情感和行为的和谐，如果出现不一致和矛盾，便会产生一种压力感和紧张感。

（一）学习理论

学习理论又称条件作用理论，其代表人物是耶鲁大学的霍夫兰德（C. Hovland）。霍夫兰德认为，人的态度同人的其他习惯一样，是后天习得的。人们在获得信息和事实的同时，也认识到这些事实相联系的情感与价值。儿童认识了狗这一动物，通过观察，他发现狗能和家里人友好相处，并且具有很多好的品性。于是，他产生了对狗的好感，即通过学习获得对狗的肯定情绪与态度。

人的态度主要是通过联想、强化和模仿三种学习方式而逐步获得和得到发展的。联想是两个或多个概念或知识之间的联结。按照斯塔茨（A. W. Staats）的说法，态度的形成是一个中性概念与一个带有积极或消极社会含义的概念重复匹配的结果。例如，消费者将"××学习机"与"音质很差"这两个概念联系起来，就是一种联想；如果消费者将该学习机与大量与其有关的负面的信念联系在一起，就会对该学习机形成消极的态度。

强化来自外部的刺激及其产生的内在体验或认知。如果消费者在购买某个品牌的产品后，产生一种满意的感觉，或者从中获得了"物有所值"的体验。那么，他的这一行动就会得到强化。在下一轮购买中，他更有可能重复选择该品牌。如果选择某个品牌的产品得到同事和朋友"肯定"的强化，他就可能对这种产品形成积极的态度。经常光顾某家商店的顾客，如果能够得到店主和营业员热情、细致、耐心的服务，并且能享有更多的价格优惠，他也会对这个商品形成积极、肯定的态度，甚至发展成对这家商店的忠诚。

模仿一般是对榜样的模仿。人们不仅模仿榜样所持态度的外部特征（如言谈、举止），而且也吸取着榜样所持态度的内涵，如思想、情感、价值观念等。如果榜样是强有力的、重要的或亲近的人物，模仿发挥的作用会更大。在消费生活中，消费者会通过对名人和重要参照群体的模仿，形成与后者相一致的对人、对事物和对生活的态度，并通过其消费方式与活动表现出来。第一汽车制造厂推出的新式"红旗"轿车，曾经在市场上较受欢迎，或许能从一个侧面反映出普通民众出于模仿欲望而对这种过去的"首长用车"所产生的特殊情感与态度。

依据这一理论，态度的形成和变化一般要经历三个阶段。第一阶段是顺从，这时没有太多的情感成分，也没有多少深刻的认知，个体的行为受奖惩原则的支配，一旦外部强化或刺激因素消失，行为就可能会终止，因此这种态度是暂时的、易变的。第二阶段是认同，指由于喜欢某人、某事乐于与其保持一致或者采取与其相同的表现。这个层次的态度虽然不以深刻的认知为基础，但与顺从阶段相比，已有了较多的情绪和情感成分。第三阶段是内部化，即个体把情感认同的事物与自己的价值观、信念等联系起来，使之融为一体，对情感、态度给予理性上的支持。此时，态度以认知成分占主导，同时伴随有强烈的感情成分，因而比较持久和不易改变。上述三阶段，从某种意义上，可以看做是学习过程中个体态度所处的三种层次或水平，对我们理解个体如何经由学习形成其态度是颇有启发的。

（二）认知失调理论

认知失调理论是由费斯廷格（L. Festinger）于1957年提出的。费斯廷格认为，任何人都有许多认知因素，如有关自我、他人及其行为以及环境方面的信念和看法。这些认知因素之间存在三种情况：① 相互一致和协调，② 相互冲突和不协调，③ 相互无关。当两个认知因素处于第二种情况，即处于认知失调状态时，消费者就会不由自主地通过调整认知减少这种矛盾和冲突，力求恢复和保持认知因素之间的相对平衡和一致性。

为了证明认知失调状态能引起态度改变，费斯廷格等人于1959年曾做过一个试验。该试验邀请一些大学生作为被试者，被试者被分成：控制组、高奖赏组、低奖赏组三个小组。试验中，所有被试者被要求做一个小时单调乏味的工作。除控制组外，其他被试者被要求在完成试验后对门口的一位女性研究助理撒谎，说这项工作非常有趣、令人愉快。作为撒谎的回报，高奖赏组每人可以得到20美元，低奖赏组每人得到1美元奖励。最后，所有被试者被要求在一个10个等级的量表上表明他们到底在多大程度上真正喜爱这项工作。结果发现，高奖赏组和控制组的被试者大多认为这项工作枯燥无味，不大喜欢，这两组平均得分值都比较低，且无明显差异。而低奖赏组则认为这项工作是有趣的、愉快的，其态度平均得分值比较高。研究者认为，控制组没有被要求撒谎，内心无认知冲突，能表达其真实认知与态度；两个奖赏组的被试者都出现了认知失调。高奖赏组被试由于高奖赏这一外力的影响，就会在两个认知之间插入一个辩解性理由，如"得到一笔可观的奖赏，撒个谎是值得的"，于是，不仅维持对工作十分单调的认知和不喜爱的态度，而且对自己的撒谎行为心安理得。而低奖赏组的被试，由于找不到充足的外在理由为其撒谎行为进行辩解，只能从内部寻找理由对自己的行为予以支持，因而朝着"说的不是谎言"并相信"工作是有趣"的方向变化，即改变了对工作的认知与态度。

现实生活中，消费者经常会面临三种认知冲突或矛盾（如图5-1所示）。

图5-1　三种认知冲突

1. 趋近-趋近型冲突

当消费者同时面临两种或两种以上具有吸引力的选择，而由于自身资源条件的限制只能从中做出一种选择时，这种冲突就会发生。各种选择的吸引力越接近，冲突越激烈。

例如，一个学生在暑假来临之际可能不得不在外出旅游和回家探望父母之间做出取舍；一个家庭可能要在买房与买车之间做出选择；某个消费者可能要在购买优质高价商品与低质低价商品之间进行决策。在这些例子中，两种选择都是消费者在某一时间想要得到的，但他又不得不有所取舍。换言之，在"鱼与熊掌不可兼得"的情况下，他只能"舍鱼而取熊掌"。

这种冲突给营销者带来了两个方面的挑战：一是通过有效的营销沟通，使消费者的态度在购买前就趋向于自己的产品或品牌；二是要在购买（特别是在有限决策的购买）之后，通过进一步提供能够支持这一购买决策的信息，使消费者相信自己购买决策的正确和明智。例如，奥普浴霸在广告中强调产品品质的卓越（如灯座所采用的专利技术，可以避免因发热导致灯泡的脱落），优于那些价格便宜的产品，即通过性价比的诉求来缓解消费者的这种认知冲突，促成消费者对奥普浴霸的积极态度。

2. 趋近-回避型冲突

在这种情况下，消费者面临同一购买行为既有积极后果，又有消极后果的冲突。力求"完美"是人们的一种普遍心理，但是在很多时候人们并不能得到完美的结果。在这种情况下，人们往往以"有所得必有所失"的心态来调整他们的认知，使内心的冲突和压力趋于缓和。很多产品或服务的购买亦是如此，因为这些产品或服务都有一定的负面作用。例如在图5-1中，当消费者购买一件能显示其身份的产品——皮衣服时，既能给消费者带来一种穿皮衣服的时尚感，也可能会给他带来一种不安，甚至是犯罪感（因为他的消费鼓励了企业杀戮动物的行为）；当消费者因为喜欢啤酒的口味而大量饮用啤酒时，却又担心体形和健康。当我们期盼某些东西，同时又想回避它时，便产生了这种趋近—回避型冲突。企业可以通过一定的努力帮助消费者避免或解决这种冲突。最根本的一种方法就是不断改进和完善产品，减少直至消除产品使用可能产生的消极后果。例如，中国人传统饮食习惯强调的是色、香、味，于是许多食品生产企业和酒店在尽力满足消费者对色、香、味的要求时，对食物的营养和消费者的健康却重视不够。但是，随着人们健康意识的不断增强，越来越多的消费者开始注重饮食的营养，产生了健康消费的要求。针对这一变化，一些企业在保留色、香、味方面的特色和吸引力的同时，也增加了营养成分，从而赢得了大量消费者的好感和偏爱。美国米勒淡啤酒、可口可乐公司的健怡可乐、湖北神丹公司的"健康蛋"以及小蓝鲸连锁酒店"吃出健康"的服务和促销，都是比较成功的代表。

此外，企业也可以通过营销传播直接调整消费者的认知或行为来减少这种冲突。例如，欧莱雅化妆品在以巩俐为形象代言人的一则广告中说："我使用欧莱雅，因为我值"，以此来消除消费者对使用这种化妆品可能给人太张扬印象的担心。中国劲酒（一种保健酒）则以"劲酒虽好，可不要贪杯"的广告语打动消费者，培养其目标顾客健康饮酒的习惯。

3. 回避-回避型冲突

有时候，消费者会发现自己面临着一种困境，他们必须做出某种不情愿的选择，不管哪一种选择，都是消费者希望回避的。这实际上是一种"两害相权，取其轻"的选择，消费者经常是不得已而为之。例如在图5-1中，消费者可能面临这样一些决策：要么将就着使用一台旧电脑，并且容忍它的经常性故障，要么花一大笔钱买一台新电脑；要么忍受经常性牙痛，要么忍受一次性的痛苦，把坏了的牙齿拔掉，除非牙痛的非常厉害，否则人们一般是不愿做出"长痛不如短痛"的选择的。

企业可以通过采取适当方式减少不利的结果，或者使消费者对不利结果的感觉不那么强烈，或者强调产品的某种特殊利益，或者从其他方面给予补偿，来减轻这方面的冲突。例如，分期付款、以旧换新等，可以大大降低消费者的知觉风险，减少一次性支付所产生的压力，从而使认知冲突得到明显缓解。

第三节　消费者态度与行为的关系

一、消费者态度对购买行为的影响

态度是一种内在的行为倾向，当这种行为倾向见之于实际活动时，就是完成的行为。因此，在一般情况下，个人的态度和行为是一致的，态度直接影响和决定个人的行为，具有预测行为的能力。例如，消费者对某超市的印象很好，他就会经常光顾这个超市购买商品。如果态度不佳，就不会去那里购买商品。

现代很多人认为，购买行为并不必然受信念或态度的直接支配。在有些情况下，消费者可能是受环境或情境的影响。如在促销的引诱下，在朋友的劝说下，先采取购买行动，然后再形成关于产品或服务的态度。因此，消费者态度与购买行为之间并不必然是一种指示和被指示的关系。

虽然如此，态度与行为之间确实又存在着密切的关系。消费者态度对购买行为的影响，主要通过以下三方面体现出来。

（1）消费者态度会影响其对产品和品牌的评价与判断。例如，许多消费者对海尔品牌已经建立了积极的态度，即使在海尔产品仍价格比其他国产品牌的价格要高的情况下，他们仍然倾向于选择海尔的产品，相信为了更优质的产品和服务而多花钱是值得的。

（2）消费者态度会影响其学习兴趣和效果。琼斯（E. E. Jones）等人做过一个试验。他们选择对"白人与黑人分校学习"有不同态度的两组大学生作为被试者，第一组为反对分校者，第二组为赞成分校者。两组被试者被要求分别阅读11篇关于"反对白人与黑人分校学习"的文章，然后请两组被试者分别将所阅读的文章内容尽量完整地写出来。结果发现，第一组被试者所记忆的材料数量远多于第二组，就是说与读者的态度相吻合的材料，易于被吸收、被贮存和被提取，而与读者态度不一致的材料，则更容易被忽视、被曲解。显然，态度在学习过程中起着过滤的作用。当消费者对某个对象有着积极态度时，他们会更有兴趣进行与该对象有关的学习。

（3）消费者态度影响消费者的购买意向，进而影响购买行为。佩里（Perry）曾研究过可否根据消费者对商品的态度来预测购买意图与购买行为的问题。他的研究发现，态度与购买意向存在直接关系，抱有善意态度的被试者怀有明确的购买意图；漠不关心的消费者对将来是否购买持观望和不确定状态；报有恶意态度的被试者，完全没有购买意图。由此得出的结论是：态度能够在很大程度上预测意图。

二、购买行为与态度不一致的影响因素

消费者态度一般要通过购买意向这一中间变量来影响消费者购买行为，态度与行为在很多情况下并不一致。造成不一致的原因，主要有以下几个方面。

（一）购买能力

消费者可能对某种产品特别推崇，但由于经济能力的限制，只能选择价格低一些的同类其他品牌的产品。许多人对"宝马"汽车评价很高，但在做出购买决定时，可能选择的是其他品牌的汽车，因为"宝马"汽车在高品质的同时也意味着高价位。

（二）购买动机

即使消费者对某一产品或品牌持有积极的态度，但如果缺乏动机，消费者也不一定会采取购买行动。例如，一些消费者可能对笔记本电脑有好感，认为方便携带，但该消费者自己已经有一台不错的台式电脑，没有再购买一台笔记本电脑的必要，由此也就造成了态度与行为之间的不一致。因此，一种积极的态度要有一种需要或动机才能转变成具体的实际行动。

（三）情景因素

尽管消费者对于某件产品的购买欲望可能已经很强烈，但他的行为仍将受到很多不可控因素的制约。例如，他可能想买一套先锋音响，但最终打消了这个念头。在这段时间内，任何事情都可能发生，如失业，去商店的路上堵车，因时间紧张而不能寻找他更喜欢的产品，或者到商店却发现想要购买的型号缺货，甚至客人来访、天气变化等都可能对实际行为产生显著的影响。所以，在某些情况下，相对于态度或动机来说，人们根据以前的购买行为来预测消费者未来的行为可能会更有效。

（四）时滞问题

一般来说，态度的测量和所要预测的行为之间间隔越长，两者之间的关联性越弱。例如，询问消费者是否打算在下半年内而不是在下个五年内买房，这种预测的可靠性就会显著提高。因为时滞越长，消费者的态度和偏好发生变化，或者出现其他意外情况的可能性就越多。而且，只有当态度对象在消费者眼前出现，或者以其他方式激活了记忆中的态度时，态度才发生作用。

（五）测量上的问题

行为与态度之间的不一致，有时可能是由于对态度的测量存在偏误。比如，只测量了消费者对某种产品的态度，而没有测量消费者对同类其他竞争品的态度；只测量了家庭中某一成员的态度，而没有测量家庭其他成员的态度；或者离开了具体情境进行测量，而没有测量态度所涉及的其他方面。

（六）社会压力

他人的态度和反应也会影响消费者的行为。许多情况下，我们不得不承认，他人希望我们做的比我们自己喜欢做的更能影响我们。尽管我们不太情愿，但这毕竟

是事实。例如,高考学生在填写报考志愿时,他本人希望报考的是一所具有很高知名度、以社会科学著称的大学,但如果当他感到这一选择并不受人欢迎时(如父母、老师和同学都认为他应该报考一所理工性质的大学),那么他在填写正式的报考志愿时就可能打消这一念头,或者再作进一步的考虑。在不同的社会文化背景下,消费者面临的社会压力是不一样的。比如,在东方国家,消费者的购买行为更易受到他人的态度或社会标准的左右;而在个人主义的美国文化背景下,社会标准的影响则要小得多。

从逻辑上来说,态度应该在行为之前。实际上,很多证据表明正相反。一些情况下,似乎人们首先行动,然后才形成相应的态度。

营销者常常鼓励人们先购买,然后形成态度。例如,试用、演示和赠券在形成态度和行为的一贯性中,都比广告更强有力。没有试用经验就形成的态度可能是虚弱易变的。在这种情况下,"百事可乐挑战"代表着一种说服人们百事可乐比可口可乐更好的方式。每年夏天,购物中心和海边旅游胜地就支起了小摊,提供路人在双盲的味觉品尝中比较百事可乐和可口可乐的机会。人们经常会很奇怪地发现他们实际上更喜欢百事可乐。

第四节 消费者态度的改变

消费者态度的改变包括两层含义:一是指态度强度的改变,二是指态度方向的改变。消费者由原来有点喜欢某种产品到现在非常喜欢该种产品,这涉及态度强度的变化;由原来不喜欢某种产品到现在喜欢该产品,则涉及态度方向的改变。积极肯定的态度会推动消费者完成购买活动,而消极否定的态度则会阻碍消费者的购买活动。管理者可以通过调整营销组合等方法来改变消费者已形成的对产品或品牌的态度。

一、改变消费者态度的说服模式

霍夫兰德(C. I. Hovland)和詹尼斯(I. L. Janis)于1959年提出了一个关于态度改变的说服模式(如图5-2所示)。这一模式虽然是关于态度改变的一般模式,但它指出了引起态度是否和如何改变的过程及其主要影响因素,对理解和分析消费者态度改变具有重要的借鉴与启发意义。

霍夫兰德认为,任何态度的改变都涉及一个人原有的态度和外部存在着与此不同的看法。由于两者存在差异,由此会导致个体内心冲突和心理上的不协调。为了心理上的平衡,个体要么是接受外来影响,即改变自己原有的态度,要么采取各种办法抵制外来影响,以维持原有态度。

图5-2描绘的模式将态度改变的过程分为四个相互联系的部分。

第一个部分是外部刺激,它包括三个要素,即传递者或信息源、传播与情境。

传递者是指持有某种见解并力图使别人接受这种见解的个人或组织。如发布某种劝导信息的企业或广告公司,劝说消费者接受某种新产品的推销人员,都属于传

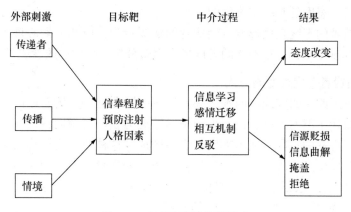

图 5-2 态度改变的说服模式

递者的范畴。

传播则是指以何种方式和什么样的内容安排一种观点或见解传递给信息的接收者或目标靶。信息内容和传递方式是否合理，对能否有效地将信息传达给目标靶并使之发生态度改变具有十分重要的影响。

情境因素是指对传播活动和信息接收者有附带影响的周围环境，如信息接收者对劝说信息是否预先有所了解，信息传递时是否有其他干扰因素，等等。

第二个部分是目标靶，即信息接收者或企业试图说服的对象。说服对象对信息的接收并不是被动的，他们对于企业或信息传递者的说服有时很容易接受，有时则采取抵制态度，这在很大程度上取决于说服对象的主观条件。比如，如果某人在多种场合公开表示过不喜欢某种产品，那么，要改变他的这一态度，难度就比较大，因为那样将意味着他对自己的否定。

第三个部分是中介过程，它是指说服对象在外部劝说和内部因素交互作用下态度发生变化的心理机制，具体包括信息学习、感情迁移、相互机制、反驳等方面。限于篇幅，对于这些中介过程，本书不拟作具体介绍。

第四个部分是劝说结果。劝说结果不外乎两种：一是改变原有态度，接受信息传递的劝说；一是对劝说予以抵制，维持原有态度。从劝说方的角度看，前述第一种结果当然最为理想。但在很多情况下，劝说可能并未达到理想目标，而是出现前述第二种情况。在此情况下，信息接受者或目标靶可能采用各种方式对外部影响加以抵制，以维持自己原有态度。常见的方法有：（1）贬损信源，比如认为信息发送者存有私利和偏见，其信誉很低，以此降低劝说信息的价值；（2）歪曲信息，如对传递的信息断章取义，或者故意夸大某一论点使其变得荒唐而不可信；（3）掩盖拒绝，即采用断然拒绝或美化自己的真实态度的方法抵御外部劝说和影响。比如，面对舆论对"大吃大喝"、"公款消费"的指责，个别国企领导会以"工作需要"为搪塞理由，拒绝改变其态度。

二、消费者态度的改变

消费者的态度是在后天的学习过程中受多种主客观因素的综合作用而形成的。态度一旦形成便成为消费者心理结构的一部分，影响其心理活动与行为方式，因此，要改变消费者的态度是有一定难度的。

由于消费者的态度直接影响着消费者的购买行为，由此消费心理十分重视研究消费者的态度改变问题。动态性的态度形成因素分析为态度的改变提供了可能。

（一）消费者态度改变的方式

消费者态度改变的方式有两种。一种是性质的改变，即态度发生方向性的改变，以新的态度取代了旧的态度，由原来的倾向性变为相反的倾向性。如本来是喜欢的态度改变为不喜欢的态度，或本来反对变为赞成，这种转变也被称为不一致性的改变。另一种是发生度的改变，即态度只发生强度的变化，但方向保持不变，只是沿原有倾向呈现增强或减弱的量的变化，如从稍微反对（或赞成）改变为强烈反对（或赞成），这种转变也被称为一致性的转变。

在营销活动中，经营者应该通过各种途径使消费者的消极态度转化为积极态度，由一般的好感转变为强烈的赞许与支持。

（二）消费者态度改变的条件

1. 信息发出源的信誉和效能

当信息由具有较高信誉的信息源进行传播时，会更有说服力。就广告而言，企业可以选择名人、专家或"典型"的消费者作为自己的形象代言人。如果消费者认为形象代言人所从事的专业与他推荐的产品有关时，其说服力就会增加。这种关联性能够克服消费者可能存在的对推荐人或推荐产品的抵触情绪。

2. 传递信息的媒介和方式

广告媒体就是传递广告信息的载体，其种类繁多，各有特点。应根据商品的性质选择适宜的媒体进行宣传。每种媒体都有其特点，到底哪种媒体更合适，应该根据目标群体的习惯以及所传递的信息特征确定。有研究发现，无论是用听觉方式还是视觉方式传播信息，简单信息组都比复杂信息组产生更大的说服效果。相反，当使用书面方式传播信息，复杂信息组比简单信息组产生更大的说服效果。而且，当信息是复杂信息时，用书面方式传播比用其他媒介传播说服效果更大。

3. 消费者的信息接收能力

消费者的知觉、需要、个性特征的差异，使他们在信息的接收能力上和接收效果上存在个性差别。经营者应该重视发现和分析这种差别。从营销的角度出发，如果产品宣传要立竿见影，在短期内达到较高的销售额，应运用情感诉求的宣传手段；如果宣传是为了达到长期的效果，需依靠充分说理的理性诉求。一般而言，对文化程度较高的个体，充分说理的信息比情绪色彩的信息有更大的影响；反之，文化程度较低的个体，富于情绪色彩的信息对他们的影响更大。

4. 利用相关群体的影响

消费者的态度通常与消费者个人所属团体的期望与要求相一致，因为团体的规范和习惯力量无形中形成一种压力，影响团体内成员的态度。团体内的成员总是力求自己与团体保持态度一致，遵守团体的规范，得到团体的承认，并且调整自我的态度与团体相统一。因此，可以通过推动一个团体改变原有消费方式来促进消费者个人自觉地改进态度。

5. 消费者亲身体验

行为能直接导致情感或认知的形成。消费者经常在事先没有认知和情感的情况下尝试购买和使用一些便宜的新品牌或新型号的产品。这种购买行为不仅是为了满足对诸如饥饿的需要，也是为了获得"我是否喜欢这个品牌"的信息。因此，营销的关键任务便是促使消费者试用或购买企业产品并同时确保消费者的购买是值得的。优惠券、免费试用、购物现场展示、搭售以及降价都是引导消费者试用产品的常用技巧。

本章小结

本章讲述了消费者的态度。消费者的态度就是消费者在购买过程中对商品或劳务等表现出的心理倾向。在态度的构成上认为态度由认知、感情和意向三个要素构成，其中感情是态度的核心。消费者对商品的态度往往直接影响他们的购买行为，了解消费者对商品的态度，就能够采取有效措施巩固消费者积极、肯定的态度，改变那些消极、否定的态度，赢得更多消费者的满意。本章的主要内容是态度的概念和特征、态度与行为的关系、态度的形成及态度的改变。

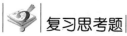
复习思考题

1. 什么是态度？态度有哪些特点？
2. 简述认知失调理论和学习理论，并说明其对市场营销活动的启示。
3. 试述态度的说服模型。
4. 在企业经营活动中可以通过哪些途径与方法促进消费者态度的改变？
5. 简述消费者态度与行为的关系。

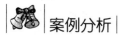
案例分析

诚信经商通四海

有一位母亲在报纸上看到"初生婴儿不宜喂食蜂蜜"的报道，联想起她天天给宝宝吃的某品牌的米粉，恰好是含有蜂蜜的，于是她非常担心地拨电话到该公司询问。接电话的人一副"你真没知识，怕什么"的态度，似乎认为她所问的问题非常愚蠢。对方不但指责该报纸胡说，最后还用相当自满的口气说："我们的东西一定没问题。"这位年轻母亲不但大失所望，而且受了一肚子气，使她对该品牌信心大失，不但立即转换品牌，还逢人就数落该品牌不好。

某啤酒厂的啤酒爆炸事件发生后，好几位消费者和经销商分别打电话到该公司询问真相，却发现电话分别由不同的人接听，回答也是各不相同，令人无所适从，

不能解除他们的疑虑与不安。对方只是站在厂商的立场上，说所有产品都经过了严格的生产程序，消协的处理欠公允，以及同业者恶意中伤等。这些消费者和经销商在得不到满意的答复后纷纷转牌，一来求心安，二来以示对该公司的不满。

问题：
1. 以上两例消费者态度变化的直接原因是什么？给企业造成的损失是什么？
2. 你认为如何才能做好这些消费者购买态度的转化工作？

第六章 消费者群体与消费心理

学习目标

- ▶ 了解群体的特征；
- ▶ 理解年龄、性别因素对消费行为的影响；
- ▶ 掌握青年消费群体和女性消费群体的行为特点；
- ▶ 熟练掌握及运用群体规范对消费者心理的影响。

消费者的消费活动过程，都伴随着相当复杂的心理活动。这种心理活动，是由社会因素和个人因素复合作用形成的。社会因素主要包括人们的年龄、性别、职业、经济收入、文化习惯等，其差异使消费者形成了互有区别的群体消费心理。因此，就应从群体对消费者心理影响的角度来研究消费者心理活动规律，科学地解释消费行为，为预测消费者行为发展趋势提供客观依据，以便于企业制订符合消费者心理的营销策略。

第一节 消费者群体概述

一、群体的概念及特征

群体是由若干个具有共同目标、共同利益并在一起活动的人所组成的集合体，他们在心理上、利益上具有一定联系，经常接触交往，互相影响，是在相互依存和相互作用的基础上建立起来的集合体。

群体一般具有以下特征。

（1）由一定数量的成员组成。

（2）由进行共同活动的需要而结成，成员在共同活动的过程中彼此交往、相互作用，并由此而产生了一系列诸如人际关系、暗示、从众、模仿、舆论、社会知觉、气氛、感染等社会心理现象。

（3）具有一定的组织结构。每个成员根据社会期望与自己的个性特点，充当一定的角色，如领导与被领导等，以推进群体进程。

（4）都有一套成文或不成文的行为规范，以此实现对群体成员的监督、调节群体成员的社会行为，从而保证共同活动的协调一致。

（5）具有自己的奋斗目标，亦即群体成员对他们所要达到的共同活动结果的自觉影响。这种目标不是单一的，而是一种多水平多层次的目标系统，且是以满足群体社会需要为基础的。

（6）具有一定的内聚力。这种内聚力是以情感为纽带，基于价值目标的一致性而形成的，一致性愈高，内聚力也愈大。

二、群体的分类

（一）根据群体对个体消费者心理影响作用的大小，分为主导群体和辅助群体

主导群体与个体消费者的社会生活有着极其密切的关系，构成其社会生活的本质基础，如同事、密友、邻里等。辅助群体是由消费者个体的兴趣、信念、追求或特殊需要相同或相似而引起集合的群体。他们之间存在着交往，但交往频率往往相对较低，信息交流面较窄。辅助群体影响作用仍时常在消费者的行为中表现出来。如对社会消费趋势的看法，群体成员间消费取向的相互模仿以及对消费品的相互推荐，等等。从严格意义上讲，主导群体与辅助群体的划分不是绝对的，常因个人的生活经历、生活环境而异。

（二）根据与消费者实际状况相似与否，分为所属群体和参照群体

所属群体是消费者正生活在其中的群体，它直接影响消费者的消费行为，甚至可以逐步改变消费者的消费习惯。参照群体是消费者希望加入的群体，它对消费者的消费行为有很强的引导和示范作用，常常促使消费者通过比较、追求、模仿而改变自己的消费习惯。

（三）根据个体对某一群体的自我意识区分，分为自觉群体和回避群体

自觉群体是消费者根据自身的各种条件主观上把自己归属于某个群体。这种群体成员之间可以根本不存在任何直接的交往关系，如知识分子群体、某俱乐部球迷等。尽管这种群体无直接交往，但个体却能自觉地用这一群体的消费行为特征来约束自己的消费行为，追求这一群体的消费时尚。回避群体是消费者自以为与自己不相符的，尽量避免归属的群体。消费个体会极力避免与该群体的消费行为雷同，如很多知识女性，即使生活比较富裕，也会拒绝化浓妆、佩带过多的饰品、穿某些款式的服装，避免别人把自己看做"暴发户"。

（四）根据个体消费者加入群体的时间长短，分为长期群体和临时群体

长期群体是个体在一段相对较长时间参与的群体。该群体成员之间有比较长且稳定的交往关系，对个体消费行为影响较大，有时能在群体中形成一定的消费习惯，形成相近的商品评价标准和价值观念。临时群体则是消费者暂时处于其中的群体。这种群体对个体影响是暂时且不稳定的，但在特殊的情况下会对个体的购买欲望有很大的激发作用。如在某一商品的购买现场，临时群体中一些成员的抢购常会激发其他成员的购买欲望。

三、群体规范对消费者心理的影响

群体规范是群体的行为准则,界定着群体成员可被群体接受(或不被接受)的程度及范围。群体一旦形成,就需要一定的行为准则来统一其成员的信念、价值观和行为,以保障群体目标的实现和群体活动的一致性,这种约束群体成员的准则就是群体规范。它制定了群体成员行为的规则,同时也是群体成员间相互期望的行为的基础。

群体规范是群体的一个重要特征。任何一个群体,从松散的一般朋友聚会,到有严密组织的正式团体,从大型的群体如国家民族等,到两三个人的小集团,无不有其独特的规范。群体规范既可以表现为明确规定的准则条文,也可以是自发形成、不成文的准则规范。

社会群体内部的信念、价值观和群体规范对消费者形成一种无形的压力,我们把这种压力称为群体压力。其行为标准要求群体的每一位成员都必须遵守。这些规范不是规定其成员的一举一动,而是规定对其成员的行为可以接受和不能容忍的范围和限度。消费心理学的研究表明,信念和价值观对消费者个体的压力不带有强制性因素,而群体规范对消费者个体形成的压力有趋于强制性的倾向。这是因为在一般情况下,消费者个体的信念和价值观与所属群体相似,同时,群体成员之间的相互接触与交流有增强群体共同信念及价值观的作用。而群体规范作为所有群体成员必须遵守的行为标准,虽然来自群体信念和价值观念,但作为标准或模式,它具有某种强制性倾向。只要群体的成员不遵从群体标准,就可能受到嘲讽、讥笑、议论等,造成心理压力。其心理作用机制包括以下几个方面。

(一) 个体对群体的信任感,使消费者产生服从心理

在多数情况下,消费者个人的心理活动总是与所属群体的态度倾向是同向运动或一致的,这是群体压力与个体成员对群体的信任共同作用的结果。当群体某一成员在最初独立的情况下采取某种立场,后来发现群体成员采取与之相反的立场,如果这个群体是他最信任的,那么由于服从心理的支配,他就会改变原有的立场,与群体采取同一立场。例如,某消费者原计划购买甲牌电视机,后来他发现群体中的人大多认为乙牌电视机更好,那么他会在服从心理的支配下,转而购买乙牌电视机。出于对群体的信任,他不会再去考察乙为什么比甲好。

(二) 个体对偏离群体的恐惧,也使消费者产生服从心理

无论在什么环境中,多数人都希望自己能与大多数人保持一致。在群体中,如果一个成员的行为与群体的行为标准不一致,他的选择只有两个,即或者脱离这个群体,或者改变自己原有的行为。对一般人而言,往往更倾向于选择后者,即改变自己原有的行为。因为多数人是不愿意自己偏离或脱离群体的,总是希望自己能成为群体中受欢迎、受优待者,而不希望自己成为群体的叛逆,成为群体厌恶的对象。为了避免这种后果,个体总是趋于服从。

(三) 个体对群体的服从

个体对群体的服从一般分为:① 主动服从,即个体成员的行为心理与群体一致;② 被动服从,即个体成员的行为心理与群体不一致,但由于服从心理的作用,

使其接受群体观点而放弃自己的观点。消费者对所接触的事物有自己的判断标准与评价标准,当个体消费者与群体标准不一致时,群体一致性的压力对消费者的判断力就会产生巨大的影响。

心理学家对从众行为做了大量实验,结果表明,大多数人都不同程度地存在从众行为。美国心理学家阿希就曾做过著名的"三垂线"实验。他制作了两块卡片,第一张卡片上划一条线段S,第二张卡片上划三条长度不同的线段A、B、C,要求参加实验的人,每人在看了卡片半分钟后,判定S线段与A、B、C中哪一条线段的长度相当。他将参加实验的人分为若干个小组,每个小组七人,事先请其中六人(假受试者)选定答案是S的长度相当于A(实际相当于B),当小组中的其他六人都肯定线段的长度是A相当于S时,各实验小组的第七人(真受试者)中有31.8%的人放弃自己的正确判断附和别人的意见,只有大约25%的人能坚持自己的正确判断。这一组对比实验反映出当群体多数采用同一标准时,某一个体的判断将受到影响。这种一致性的影响,在市场经营过程中具有重要作用。如在房地产市场上见到的"房托儿"现象(即伪装商品房购买者)之所以屡屡奏效,正是利用了群体一致性,来干扰个体消费者的判断能力。

(四)群体规模对个体心理的影响

个体消费者的服从心理或群体对个体成员的压力强弱与人员的多少是一致的。一般来讲,群体人数越多,对个体成员的压力越大,个体的服从心理也越强;反之,压力相应降低,个体的服从心理也逐步减弱。这种群体规模对消费者心理的影响,尤其在日常购物活动组成的临时群体中表现得最为明显。例如,某消费者一人去商场购物,除了有明确目标外,面对商品时往往犹豫不决,而两个人或三四个人同时结伴购物,则很容易做出是否购买的决策。

第二节 不同年龄与消费者行为

年龄是常用的划分消费者群的标准。有关学者根据我国国民的特点,将人的年龄阶段划分为:出生到满1岁为乳儿期;1～3岁为婴儿期;3～6岁为幼儿期;6～15岁为少年期;15～30岁为青年期;30～60岁为中年期;60岁以上为老年期。

年龄是消费者社会阅历或经历的一种重要反映。不同年龄阶段的消费者,由于接受不同的社会环境的影响,受过不同程度的文化教育,有着不同的生理和心理特征,造成他们之间不同的需求欲望和消费心理,因而对商品的品种结构、花色、规格等方面都有着不同的要求。较常见的消费者年龄群体的消费心理特点介绍如下。

一、少儿消费群体的心理行为特点

少儿消费者是指在15岁以下年龄段的少年和儿童,包括婴儿、儿童和少年。

少儿是一支庞大的消费者队伍。西方发达国家的人口尽管老年化严重,但少儿的比例都在30%左右;我国建国以来少年儿童的比例一直在38%～40%变动。人口是构成市场的最基本条件，庞大的少儿人口数量标志着儿童用品市场是一个广阔的市场。同时，由于我国实行计划生育和优生优育政策，独生子女的比重越来越大，相当多的家庭越来越重视对少儿的投资，有的家庭甚至把儿童消费作为家庭消费的中心。家庭对儿童投资量的增加，进一步增大儿童用品的市场容量，使少儿用品市场成为我国商品市场的重要组成部分。企业研究儿童消费心理，对于儿童市场的开发具有重要的意义。

少儿消费者的主要心理特点有以下几种

1. 市场需求与其购买行为是分离的

少儿很少自行选购商品，父母亲或长辈的购买行为或购买习惯在很大程度上决定着少儿市场需求的满足程度。因此，从这个角度上讲，少儿用品的设计应从少儿的身心需要出发，考虑父母或长辈的看法，考虑父母对孩子的保护心理。

2. 随着少儿身心的不断发展，其消费动机由生理性转向心理性、社会性

处在婴幼儿期的儿童，心理活动的独立性差，其消费动机主要源于生理性需要，如饥思食、渴思饮、寒思衣等。随着少儿年龄的增长，特别是进入少年之后，由于进入了一定的社会群体，不断地接受社会群体或成人消费的影响，其消费需求的内容逐渐开始带有社会性，消费行为加入了社会意识的成分，可以表明自己对某件商品喜欢不喜欢，会在同伴中进行比较。正因为如此，分析少儿消费动机，既要考虑到生理性需要，更要考虑到复杂的、综合性的心理性、社会性需要。

3. 少年消费者的消费需求带有半自主性

少年消费者的心理活动渐趋独立，自我意识逐步增强，消费动机的心理性、社会性相应突出。如对穿的，不仅仅要求遮体御寒，而且要求漂亮时髦。消费何种商品，不再百依百顺地听从家长安排，而要反映自己的个性，甚至喜欢在生活习惯和嗜好方面与成人进行比拟。父母长辈为他们购买商品时显然要考虑他们的需求愿望、好恶态度。商家也往往针对这些特点开展营销活动。

4. 随着少儿心理活动的不断发展，少儿的消费行为由受家庭的影响逐步转向受社会的影响

在少儿心理发展的低级阶段，少儿的消费心理与行为受家庭强烈影响。在通常情况下，少儿买什么商品是由家长规定好了的，少儿消费的商品也大多模仿其家庭成员和其同龄儿童。进入少年后，他们在社会的教育与影响下，对事物的感知能力、记忆能力有了进一步提高，逻辑分析能力、判断能力得到了一定的发展，已经开始运用批判的眼光对待周围事物，对新事物比较容易接受，对新产品感兴趣，喜欢凭借自己的认识和感知，根据自己的购买动机、意向等进行购买决策。又由于对集体活动比较关心，受集体影响也很大，因此，在消费需求上，受集体和社会的影响也较多。也正因为少儿消费心理由较多的受到家庭影响转向较多受社会影响，在消费需求和消费行为上常常与父母发生矛盾。

二、青年消费群体的心理行为特点

青少年消费者的年龄范围为15～30岁。青年期有其自身的心理发展特征和发

展规律。在青年期,随着身体的急速发育,青年的抽象思维能力、记忆能力、感知能力、对环境的认识能力和适应能力等获得充分的发展,个性基本形成,兴趣广泛而且稳定,自我意识基本成熟,智力发展达到了高峰期,情感日益丰富,意志的目的性和坚持性获得重要的发展,走出家庭,步入社会,在纷繁复杂的社会关系中实现自我的愿望强烈。与青年心理发展相适应,青年的消费心理也独具特点,其表现在以下几个方面。

(一) 消费需求个性化特征十分明显

由于日常行为喜欢用批判的眼光看世界,充满自信,思想解放,不相信传统,因此要求消费能显示差别性,突出个性化特征。在消费过程中,不希望自己使用的商品与别人雷同。希望通过消费活动,确定一个有个性的自我形象。而且消费活动本身就是自我表现的机会,在消费活动中,青年消费者十分注意追求属于自己风格的产品。

(二) 喜欢表现自我成熟和个性心理特征

青年人的另一个典型心理特征,就是少年期未成熟心理与中年成熟期心理的共存。在青年期前期,情绪的不稳定比较突出;青年期中期,自我意识加强;青年期后期,人生观大致形成,对家庭对社会的责任感和使命感逐步加强,在情感上和主观上的幻想与现实生活的矛盾中,现实性有所加强。青年人这一心理特征反映到消费心理和消费行为上,表现为消费倾向由不稳定向稳定过渡,消费习惯逐步形成,消费注意力相对集中,而且,在购买心理上更多地希望所购的商品具有特色,能表现个性心理特征,并把所购商品与自己的环境、个人性格、教养、理想、专业、兴趣和塑造独特的自我形象结合起来。

(三) 消费需求和消费意愿强烈多样,购买决策过程带有较强的冲动

青年期正是生理成熟、心理自主和经济独立时期。他们处于生命周期的最旺盛时期,思维活跃,兴趣广泛,加上参加工作后已具有独立的货币支付能力,消费的意愿不可遏止,并且急切地把它转变为现实。选购商品时,容易受情绪左右,容易受商品环境和营销人员的影响。青年消费者同老年消费者相比,虽然收入不高,但经济收入中直接用于自身消费的比重最大,因而消费能力相对最强,最容易被感染。

(四) 追求时尚新颖,强调美观名牌,表现时代特点

青年人的典型心理特征之一,就是内心体验丰富,热情奔放,感觉敏锐,富于幻想,好奇心强烈,反映在消费心理与购买行为上,就是求新、求奇、求美、求名。"求新"就是要求商品在性能、外形和色彩方面能使人耳目一新,与时代潮流和风格合拍,与现代技术一致,合理适用,货真价实;"求奇"就是要求商品不落俗套,独具特色;"求美"就是指所购商品具有美学价值,与自己的审美观念相一致;"求名"就指所购商品是名牌,或在名店所购,以满足自己的显耀心理和占有心理。目前市场上有些消费者,为追求时髦,追赶消费风潮,而不惜金钱从市场购买名牌商品,就是这种心理倾向的反映。

20世纪60年代的美国,第二次世界大战后的新一代已步入社会,成为社会的主要消费者。许多迹象表明:谁赢得青年一代,谁就会取得成功。百事可乐敏锐地发现了这一变化,把广告战略的重点放在招徕好动的战后新生一代的身上。于是,

在其广告中重复出现大批热情奔放的年轻人形象,其中,一个典型的广告画面是:

数百名大学生在海上的皮筏上跳舞,一架直升机上的摄影机调整焦距放大镜头,发现每个人手上都拿着一瓶百事可乐,他们合着音乐的节拍对着太阳饮着可乐放声歌唱。旁白接着说,百事可乐是给"认为自己是年轻人"的那些人喝的。然后,合唱声唱出节奏活泼的曲子——今天生龙活虎的人们一致同意:认为自己年轻的人就喝"百事可乐";他们选择正确的、现代的、轻快的可乐,认为自己年轻的人现在就喝百事可乐!

这些广告影响甚为广泛,效力非凡。到了20世纪60年代中期,美国年龄在25岁以下的人,几乎都迷上了百事可乐。

(五) 耐用消费品、高档商品消费需求的比重较大

处于青年晚期的消费者,面临结婚这一中国人眼中的"终身大事",要准备住房、购置家具家电等耐用消费品。在当今社会转型过程中,青年消费者群体年富力强,文化知识水平高,在大中城市,这部分消费者相对集中于新兴产业、高科技产业,收入较别的年龄消费群体高,所以他们是耐用消费品、高档商品、高档娱乐消费场所的主要消费者。

三、中年消费群体的心理行为特点

中年消费者的年龄范围为30～60岁。这个年龄阶段的消费者,心理上已经成熟,有很强的自我意识和自我控制能力。他们有丰富的社会阅历,有既定的生活方向和比较固定的行为模式,而且处于事业的巅峰,有极大的消费潜力。他们消费行为的特点如下所示。

(一) 消费需求集中稳定

中年人的消费需求,由于对家庭生活的现实思考,不再追求丰富多彩的个人生活用品,而是建立和维护与自己所扮演的社会角色相应的消费标准与消费内容。对流行商品的反应不像青少年消费者那么敏锐,他们用更高档的商品显示自己的成就和社会地位。

(二) 有较高的消费技能

中年消费者群体在长期消费过程中积累了丰富的经验,消费方式变得规律化和理性化。在购买商品时,更注重商品的质量和档次。一般不轻易改变已经形成的消费习惯。

有关部门对百名中年消费者的一项调查显示,近年来中年消费者群体存在如下消费趋向:① 求质量,52%的中年消费者把商品的质量放在消费决策因素的首位,即使价格偏高或款式普通,也愿意选购质量优良的商品;② 求实用,51%的中年消费者注重商品的使用价值,不过分挑剔商品的款式、外观和色调;③ 求方便,32%的中年消费者注重商品的便利性,包括使用便利和维修便利,购买商品时愿意选择售后服务好、跟踪安装、上门调试维修的商品;④ 求价廉,27%的中年消费者以价格低廉作为购买目的,他们在观念上保持着俭朴的传统,对款式、花色、功能等均无过高的要求,在同类产品的选择中,多以价格低廉的商品代替价格较高的商品;⑤ 求信誉,10%的中年消费者对产品信誉表示重视,对质量好、信誉高的商品长时

间保持使用。

四、老年消费群体的心理行为特点

消费心理学上的老年消费者是指年龄在 60 岁以上的人。

随着现代科学技术水平的提高，特别是医疗保健技术的进步，世界各国人口的平均寿命逐步延长，一些国家出现人口老龄化的趋向。与此相适应，老年消费品市场在不断扩大。由于老年人有着与青年人不同的生理需要和心理需要，因此，需要重视对老年消费者心理的研究，以开发"银发市场"，组织适销对路商品，满足老年人这一特殊消费群体的需要，这对于提高企业经济效益，促进社会稳定都具有重要的意义。

由于自然规律的作用，任何人步入老年期后，其生理和心理都会发生明显的变化。老年人大多记忆力减退，对事物的认识、反应能力及推理、判断能力下降，情感反应单调，个性趋于小心谨慎，思想趋于保守，不愿冒风险。老年消费心理正是由老年生理和心理变化过程中所表现出来的特征来决定，归纳起来，老年消费心理有以下特点。

（一）习惯性

消费惯性是老年人心理发展特点的综合反映。因为老年人的记忆力，往往沿着自己所形成记忆的顺序背道而行。旧的记忆能保持，而新的记忆易于消失。许多老年人对青年时代所使用的商品及其厂牌、商标能够记住，可是对最近购买的新产品的厂牌、商标记不住，同时对已经形成的消费习惯不会轻易改变。老年人的记忆规律和由经验偏好所形成的惯性就成了消费的重要特点，根据这一特点，企业在经营老年用品时，应注意对厂牌、商标的提示性宣传，生产厂家不要随意改动商标，以满足其习惯性心理需求。

（二）从众性

老年心理具有保守性、固执性的特征，这一特征表现在消费行为上的从众性。因为老年人退休之后，经济收入减少，消费能力相应减少。为了获得消费投入上的安全感和谨慎感，在购买决策过程中往往力求购买行为与其所在群体的消费行为保持一致，于是出现购买上的从众行为。企业开发"银发"市场，要重视研究老年人的从众心理，提高和保持企业商品的市场占有率。

（三）求廉性

求廉性是指消费者追求经济实惠，希望少花钱而换取理想、适用商品的消费心理。这虽然是一个比较普遍的消费心理，但是其在老年消费者群体中更具普遍性和重要性。因为我国老年消费者长期经历了低生产力水平、低收入水平、低消费水平阶段，养成了精打细算、勤俭节约的生活方式，加上进入老年，经济收入减少，因此在购买商品决策过程中，物美价廉、经济实惠、朴实大方、低价多功能就成为老年消费者决策的重要依据。根据老年消费者的求廉心理，企业要努力降低成本，减少费用开支，以低价格策略满足老年消费者的心理需求。

（四）求便性

老年人由于感知能力的衰退和体力的不足，在购买商品时容易出现心情急迫、挑选细心、动作缓慢等情况，希望在购买过程中能够得到更多的关怀与照顾，希望得到舒适的环境和热情的服务，希望在购买和使用商品中得到更多的便利。企业掌握老年人的求便心理，就要在市场营销过程中格外地照顾他们，尽量让他们买到称心如意的商品。接待时，营销人员应主动、热情、耐心、多解释、多提醒，并主动地帮他们细心挑选。收钱时不催促，找钱时递到老人手里，使他们提出的每项要求得到相应的满足，从而巩固和发展老年顾客队伍。

第三节　不同性别与消费者行为

性别是常用的划分消费者群体的标准之一。市场需求的性别差异是客观存在的，这是由男性女性在生理上、心理上及社会生活方面的差异决定的。

一、女性消费群体

国外一个调查材料表明，由妇女购买的家庭消费品占55%，男士购买的占30%，男女共同购买的占11%，孩子购买的占4%。我国的成年女性多在外就业，在消费中的比重会比国外略低，但家庭购买仍然是以女性为主。

（一）女性的一般心理特点

女性的一般心理特点为情感丰富，热情细腻，好交际，注意力集中，机械记忆能力强，联想丰富，一般都很爱美。

（二）女性的消费心理特点

1. 非理性消费给商家带来机会

调查表明，93.5%的18～35岁的女性都有过各种各样的非理性消费行为，也就是受打折、朋友、销售人员、情绪、广告等因素影响而进行的"非必需"的感性消费。非理性消费占女性消费支出的比重达到20%。这种感性消费并非事前计划好的，所购买的商品也非生活所必需的，就如同一个消费者在座谈会中谈到的：男性消费者属于缺什么去买什么，而女性随意性比较强。

对于这种"非必需"的感性消费，不同的人也有不同的看法。在男性眼里，它被视为一种透着虚荣和不成熟；在女性眼里，它却尽显天性可爱；在商家眼里，那意味着无限的商机；而在营销专家眼里，它却那么的琢磨不透。感性消费从根本上反映出女性爱炫耀、追求自我实现等心理需求，女性消费者从感性的消费中获得了被认同和自我完善的需要，实现了情绪及感情上、需求与现实购买能力上的平衡。

2. 容易受打折、促销、广告等市场氛围的影响

调查数据显示：受打折影响而买了不需要或不打算买的东西的女性比例达到56%；为形式多样的店内POP及现场展销而心动并实施购买行为的女性比例也有40.8%；另外，受广告影响买了没用的东西或不当消费的女性占22.8%。青年女性中有55.5%的人因为"和朋友逛街，受朋友影响"而购买或消费了本来不打算或不

需要的产品或服务。中老年女性消费者在购买商品时，则往往反复挑选，经济上精打细算，对价格变化敏感，也容易受便宜货的诱惑。

3. 购买行为的主动性

由于大多数女性都要料理家务，她们更能及时地知道和预测是否应该添加新的用品，所以她们的购买行为更有主动性。

4. 青年女性赶时髦，中老年女性为孩子

人生的阶段不同，人生的角色就不同，由于不同角色的关注点不同，消费重心与消费观念自然有所变化与差异。年轻的女孩子是一个喜欢购物、积极主动进行消费的群体，在赶时髦方面远远超过中老年女性，同时她们比较注重享受，在消费理性化方面自我评价也相当低。"商场大减价的时候，发现里面的东西好像都不要钱"、"当时买得很急，事后又觉得不好了，想换新的，因为有很多新的样子出来了"是她们的典型心态。

中老年女性是一个理性的购物群体，购物时注重质量远甚于款式，她们对自己相当节俭，在为孩子花费上却决不吝惜；相对于年轻群体而言，她们更趋向于精打细算，注重实用，喜欢购物的程度低于青年女性。她们买大件东西就得去计划一番。但给孩子买东西时，比如电脑等，就不考虑钱，想要就给买，对自己的孩子很舍得。

5. 消费倾向的多样化和个性化

当今中国的女性，在经济收入和在家庭中的地位提高的同时，自我意识也不断提高。越来越多的女性开始关注自己的社会形象，希望自己与众不同，特别是在穿着打扮方面更是如此。

6. 爱美是女性的天性

爱美使女性消费者不仅在所需消费品的种类上远远多过男性，而且对每一种类的不同品种也有许多不同的需求。比如，她们对化妆品、美容、健美等物品和服务有着长期而热烈的需要；她们要求同时拥有不同款式、色彩、质地、功用的衣服或鞋帽、手袋、首饰等。因为女性的这一心理，女性用品总是多姿多彩，不断推陈出新，女性用品的市场占有率和需求率都很高。

二、男性消费群体

（一）男性的一般心理特点

男性的一般心理特点为刚强粗犷、心胸开阔、意志坚强、决策果断迅速、以事业为重、富有探索意识和冒险精神、喜爱文体活动。

（二）男性的消费心理特点

1. 理智、自信的心理

男性与女性相比，理智和自信多一些，一般在购买前就选择好购买对象，后悔和退货的情况比女性少。但男性往往不愿意在柜台前花更多的时间挑选商品和询问究竟，即使是拿到稍有毛病的商品，也认为大体上过得去就算了。特别是中年男性，他们没有更多的时间和兴趣浏览橱窗，有的人若不是在妻子的逼迫和陪伴下，甚至

不轻易进商店的门。因为他们不熟悉市场行情和新产品的特点，一旦单独置身于五光十色的商品世界里，新鲜感的诱惑往往激起他们的购买欲望，产生冲动型购买。而他们只要购买，就认定自己的购买行为是正确的，即使购买商品不符合自己要求，也不愿反悔和退货。在购买上敢于冒险，富有主见，个性和独立性明显，有时甚至武断，这些都是男性消费心理特征的表现。

2. 喜欢买代表权力和地位的产品

男性往往对能显示其权力和地位的商品情有独钟。男性的这种消费心理主要与男性的社会角色和社会期望有关。长期以来，男性是社会的统治者，他们占据了社会或一个国家、地区中绝大部分的重要职位和高级职务，人们也常以男性的职务和地位来评价其价值的大小。传统轿车广告宣传中注重权力意识的渲染，就是因为过去轿车的消费对象主要是男性。也有一些广告通过对商品权力色彩的宣传来打开男性消费通道，如"帝王表"。

3. 求新、求异、求癖的心理强于女性

男性相对于女性而言，具有较强的攻击性和支配性。这种心理在购买行为上表现为求新、求异、求癖，具有开拓精神。他们对新产品的奇特性往往有较高的要求。另外，男性一般都有某种特殊嗜好，比如有人烟酒成癖，有人爱好钓鱼、养花、养鸟，也有人酷爱摄影、集邮、搜集古董、珍藏古画等，而这些特殊嗜好在女性中表现得不太普遍。

本 章 小 结

作为社会高级动物的人类，在消费活动中必然会带有人类所属的社会群体特征，表现出群体心理与行为的一致性。本章在介绍群体心理效应影响规律的基础上，重点讨论在市场营销中常见的社会群体，如年龄群体、性别群体的消费心理特点。

社会群体是指在共同目标、价值观、规范的约束之下，相互作用、相互影响、共同活动的人群集合体。由于群体压力、服从心理、群体的一致性等群体心理效应的存在，使得同一群体的成员具有相似的心理特征和行为方式，遵循一定的群体规范。

年龄是常用的划分消费者群的标准。人在不同的年龄阶段，会有不同的消费心理需求和购买行为。

性别是常用的划分消费者群体的标准之一。市场需求的性别差异是客观存在的，这是由男性女性生理上、心理上及社会生活方面的差异决定的。

复习思考题

1. 分别访问不同年龄段的 5 名男性和 5 名女性，总结性别群体与不同年龄消费者的消费特点。

2. 作一个非正式的调查，了解自己和周围同学的消费水平，总结一下如果商家想开拓大学生市场可以从哪些行业入手。

女性消费心理调查报告

现在，女性不仅已成为主导中国日用消费品市场消费观念的主力军，而且正在日益成为影响中国耐用消费品市场消费观念的生力军。可以这么说，女性已经成为中国消费市场的一支主导消费力量，因此，对商家而言，深入了解女性消费者的消费心理和行为，就变得越来越重要了。

下面根据 CMMS 2003 年秋季调查的近 7 万个样本量数据，针对中国女性消费者的消费观念和行为做一浅析，力求能为商家的商品营销决策提供客观的信息。

女性对家庭消费的影响越来越大

女性在消费市场中的地位比较特殊，她们不仅对自己所需的消费品进行购买决策，而且也是家庭用品的主要购买者。在家庭中，她们同时承担着母亲、女儿、妻子等角色，她们也是绝大多数儿童用品、老年用品和男性用品的购买者。

从 CMMS 连续 5 年的数据中我们发现，超过 60% 的女性在家庭中负责购买食品和日常用品；在购买家庭耐用消费品时，女性作为主要决策者的比例也呈逐年上升的趋势，2003 年，已有近 40% 的女性成为家庭耐用消费品购买的主要决策者。

不难看出，女性的家庭/事业观较男性更多地偏重于家庭。因此，女性往往更愿意付出时间和精力致力于建立一个理想的家庭、营造一个舒适的生活氛围。这就要求女性不仅要关心柴米油盐这些家庭日常生活用品，也要关心冰箱、彩电，甚至家用汽车、家庭住宅等这些家庭耐用品。由此可知，女性日益成为购买家庭耐用消费品的主要决策者是必然的结果。

女性消费者的特征分析

一、挑剔而冲动的消费者

1. 女性的品牌敏感度不如男性
2. 女性购物更加细致
3. 女性购物更加非理性
4. 女性消费易受他人影响
5. 女性更重视购物环境

女性和男性在社会和家庭生活中扮演的角色略有不同，女性更加看重家庭而男性更看重事业，因此男性更加注重自己身份的显示，而名牌通常被看做是身份的象征，因此男性比女性更青睐名牌。女性在选择商品特别是服装上，常常更加注重款式和质量，对于品牌并不是十分敏感。

由于女性自身的特点，通常在选择商品时比较细致，注重产品在细微处的差别，通俗地讲就是更加"挑剔"。从这点上看，女士的生意并不好做。但厂家如果能在产品的设计和宣传上注重突出某些特点，就会吸引有某些偏好的女性消费者。

女性虽然购物比较"挑剔"，但很多时候少了一些理性，超过 40% 的女性都对促销商品有购买欲，这个比例大大超过了男性。同时女性更容易受到他人观点的左右，在做购物决策时也不例外，这从一个侧面也反映了女性消费的非理性。不少女性把购物看做一种享受，因此也更注重购物的氛围和商品的外观形象与情感特征。这也正是精品店大受女性欢迎的一个重要原因。

总的说来，女性购买欲望受直观感觉影响大，容易因感情因素产生购买行为。

二、广告和电视的杀伤力大

1. 女性对于广告更加敏感
2. 女性比较喜欢感性化的媒体

与女性对促销活动敏感一样，她们对各类广告也比男性敏感。从媒体接触习惯上来说，女性更容易接受更生动和感性化的媒体，如电视和杂志，而男性常会被一些理性的文字所吸引。女性更习惯于晚上待在家中，那么电视便会成为她们最易于也是最乐于接受的信息媒介，电视广告自然较平时受到更多女性的瞩目。

三、"爱占便宜"的传统消费观

1. 女性对价格更加敏感
2. 女性花钱更谨慎
3. 女性更不愿承担风险

在商品价格上，女性较之男性更加相信"货比三家，价比三家"的道理。女性消费前往往会针对自己的生活需求进行谨慎的决策；决定购买后，通常还会比较几家商店的同类商品价格，经过一番斟酌比较后，往往会选择最便宜的价格。这个消费习惯似乎也是中国较为传统的消费习惯。女性的理财观念也更加传统，不愿承担过多的风险，这就注定了女性对花销更谨慎，对价格更敏感。这也从一个侧面证明了促销活动对女性购物决策的影响力会比较大。

北京、上海、广州女性消费者的特征比较

一、品牌观和购物观：上海女性最时髦

1. 北京女性更喜欢国产品牌，品牌忠诚度更高，消费更理性
2. 广州女性更注重名牌，对促销活动更敏感
3. 上海女性更相信名人，更崇尚时尚

也许是生活在首都的女性更易受政治氛围的影响，有超过一半的北京女性都表示更愿意购买国产品牌，这一比例远远超过了上海和广州。广州和上海的商业气氛比较浓厚，品牌观念比较强，相比北京女性更看重国内名牌和国外品牌。上海女性很注重生活品质，为了美丽绝对舍得花钱，超过1/4的上海女性都愿意购买昂贵的化妆品。

总体来说，北京女性消费观念在三座城市中最为保守，做购物决策比较谨慎，对品牌的忠诚度也比较高。上海女性和广州女性消费观念相对更新，广州女性喜欢名牌，而上海女性崇尚流行。

二、媒体观：广州女性更喜欢广告

1. 广州女性对广告兴趣最浓厚
2. 北京女性最喜欢平面媒体

广州女性对广告的关注程度远高于北京和上海的女性。北京的文化氛围比较浓，人们还是习惯从传统的平面媒体上获取信息，有近50%的北京女性都倾向于从报纸中获取信息。

三、理财观：北京女性省着花

1. 北京女性花钱最谨慎
2. 上海女性理财观念最新

北京女性对价格最为敏感，理财观念比较谨慎。上海人会"算计"已经成为不争的事实，由于上海商业中心的地位，开放程度比较高，人们的思想比较活跃，再加上上海金融服务业相对发达，人们的生活理念和理财观念也更先进一些，有超过50%的上海女性愿意从银行贷款，花明天的钱享受生活。

看来，同为女性消费者，由于其所处城市的文化背景、经济和社会发展状况不同，在消费观念上也会有所差别，因此在制定营销策略时不仅要"男女有别"，还要"因地制宜"。针对不同消费群体采取差异化的营销策略，才能在更加广阔的市场上成功营销。

问题：

1. 分析女性消费行为的心理根源有哪些？
2. 举例说明商家如何利用女性消费心理的特点开展营销活动？

第七章 消费态势与消费心理

- ▶ 了解消费习俗和消费流行的概念和特征；
- ▶ 理解消费习俗和消费流行在消费活动中的应用；
- ▶ 掌握暗示、模仿、从众在消费活动中的作用；
- ▶ 熟练掌握及运用几种消费态势对消费心理的影响。

在消费活动中，人们的心理变化不仅受社会环境、社会群体等因素的影响，还受消费流行、消费习俗和畸形消费等不同心理倾向的影响。这些不同的心理倾向的外在表现，就构成了不同的消费态势，影响着人们的消费活动。

第一节 消费习俗与消费行为

习俗不同于规范。规范是人为规定的，是群体成员在相互影响、相互作用的过程中不知不觉形成的。习俗是长期流传下来的风俗习惯，它在约束人们的行为时采取不同于规范的表达方式。

一、消费习俗的概念与特点

一般来说，风俗是指世代相传长期形成的一种风尚；而习惯则是由于重复或练习而巩固下来的并变成需要的行为方式。习俗是一种社会现象，主要表现在人们的信仰、饮食、婚丧、节日、服饰、居住等方面，而消费习俗是指人们在自然的社会的各方面消费过程中形成的独具特色的风俗习惯。不同国家、不同地区和不同民族都有各自不同的消费习俗。

反映在消费领域中的消费习俗，是整个社会习俗的重要组成部分，它具有以下特点。

（一）稳定性

消费习俗是人们在长期的经济活动与社会活动中，由于政治、经济、文化、历史等方面的原因，逐渐形成和发展起来的消费习惯。一种习俗的形成与发展要经过

较长的时间，在人们长期生活中潜移默化，世代相传，以稳定的、长久的和不知不觉的方式影响和发挥着自己的作用。

（二）社会性

消费习俗的产生和发展离不开特定的社会环境，它是社会生活的组成部分。消费习俗是人们在共同的社会生活中相互影响而产生的，因而也带有社会性的色彩，其中某些具有较强社会性的消费习俗，由于受社会环境、社会意识、社会形态的影响，也会随着社会的进步与发展而随之不断的发展变化。因此，消费习俗的形成和发展变化，有着深刻的社会方面的原因。

（三）地域性

消费习俗是特定地区范围内的社会生活的产物。由于地区自然环境及各种历史因素等的影响，使消费习俗具有较强的地域性特点。如我国南方人喜欢吃米饭，而北方人喜欢吃面食，这就是与农作物生长规律有关的生活消费习惯。我国北方较寒冷地区的人们喜欢饮烈性酒的消费习惯也与北方的寒冷气候有关。尽管随着社会的进步和经济的不断发展，人们的社会交往范围扩大了，地域性消费习俗有所淡化，但在总体上，地域特征仍将继续保持。

（四）非强制性

消费习俗的产生和发展不是采用强制方法推行的，而是通过无形的社会性和无形的约束力量来影响消费者自觉采取共同行动。它具有无形而强大的影响力，使生活在其中的消费者自觉或不自觉地遵守这些习俗，并以此来规范自己的消费行为。

二、消费习俗的分类

在人们的社会活动中，由于所处时代的政治经济发展水平不同，民族的文明程度、宗教信仰及地理位置等不同，其消费习俗也千差万别。我们把消费习俗归为以下几种类型。

（一）喜庆型消费习俗

这是消费习俗中最主要的一种类型，它是人们为表达各种美好感情、实现美好愿望而引发的各种消费需求的行为方式。这种消费习俗的演化时间较长，覆盖地域范围广泛。比如，逢年过节人们张灯结彩，燃放鞭炮，互相拜访，赠送礼品；中秋节是人们借助八月十五的圆月来寄托合家团圆、生活美满的美好祝愿，等等。

（二）纪念型消费习俗

这是人们为了表达对某人或某个事件的纪念之情而形成的消费习俗。这是一种十分普遍的消费习俗形式。纪念型消费习俗大多与重大的历史事件相关，具有较强的民族性和地域性。如我国的端午节吃粽子的消费习俗，就是为纪念战国时期的著名爱国诗人屈原而逐渐形成的习俗；清明节以祭祀品、鲜花扫墓祭祀祖先或烈士的消费习俗也属于此类。

（三）宗教信仰型消费习俗

这类消费习俗多受宗教教义、教规的影响，并由此衍生而成，因此有极其浓厚的宗教色彩。多数宗教对于教徒的婚丧、嫁娶、饮食和衣着等方面都有规定，宗教的规定对于教徒具有较强的约束力。如佛教徒禁止食用肉类食品，提倡素食，不允许饮酒，妇女一般禁止在外面袒露身体的各个部位等；基督教徒忌讳"13"这个数字等。

（四）社会文化型消费习俗

这种习俗是由社会经济、文化发展到一定水平而引起的消费习俗，它是在较高文明程度的基础上形成的消费习俗，与现代文明具有较强的相容性。如广州市每年春节举办的花市，山东潍坊市每年举办的风筝节，再如我国各地的地方戏曲，等等，都是文化消费习俗的定式化表现。

（五）地域型消费习俗

这种习俗是由自然地理位置及气候不同而形成的消费习俗。不仅不同国家之间的消费习俗存在着差异，而且同一国家的不同地区之间的消费习俗也存在着差异。例如，我国的"南甜、北咸、东辣、西酸"的说法就反映了不同地区消费者的不同口味和饮食习惯。再如，我国地域辽阔，南北气候差异很大，从而产生了不同的服装消费习俗。

三、消费习俗对消费者的消费行为的影响

从消费习俗本身的特点来看，它对消费者的购买行为有重要的影响。

（一）消费习俗导致消费行为具有普遍性

风俗习惯是人们根据自己的生活内容、生活方式和所处的自然环境等因素，在一定的社会物质生产条件下形成的，并代代相传的思想和行为规范。因此，它能在某种特定的情况下引起消费者对某些商品的普遍需求。例如，在我国的传统节日春节里，人们总是要添置服装，购买大量的礼品和食品，进行旅游活动等。春节期间，消费者的需求要比平时增加几倍，而且几乎家家如此，这就是消费习俗的普遍性引起了购买行为的普遍性。

（二）消费习俗导致消费行为具有相对稳定性

风俗习惯是一个国家、民族在长期的生活实践中逐渐形成和巩固下来的，具有相对的稳定性特点，并具有周期性的特点。因此，它可以引起消费行为周期性地发生变化。如中国人每年端午节吃粽子、中秋节吃月饼的习俗等，都反映出消费者周期性、规律性的消费行为。

（三）消费习俗影响消费者心理与行为的变化

消费习俗对消费者心理和行为的变化既可以起阻碍作用，也可以起促进作用。一般来说，当新消费方式与消费习俗发生冲突时，人们的消费心理会倾向于旧的消费习俗，对新的消费方式有所抵触。这时，消费习俗对消费心理和行为的变化起阻碍作用；当某种新的消费方式与消费习俗具有共同点（即相融性）时，消费习俗对新方式的普及，具有巨大的促进作用。

（四）消费习俗所引起的消费行为具有无条件性

消费习俗作为一种稳定的定式化的行为，不仅反映了人们的行动倾向，而且也反映了人们的心理活动与精神风貌。一种消费方式、消费习惯之所以能够传承而形

成消费习俗，重要的原因在于人们的从众心理，每个人都习惯于和大家一样做同样的事。因此，由消费习俗引起的购买行为几乎没有什么条件限制。在购买中，所需商品的品种是第一位的，而价格、质量等因素都变得无关紧要；消费者甚至可以减少其他方面的支出来购买适合习俗的商品。这就是消费习俗所引起的消费行为具有无条件性。

第二节 消费流行与消费行为

一、消费流行的概念

时尚与流行是同一事物的不可分割的两个方面。时尚是流行的重要原因，而流行又是时尚形成的重要手段。带有某种时尚特色的心理追求一旦获得了社会的承认，就会被广泛的拓展，从而形成一种极具个性的消费倾向和消费趋势。这种趋势，我们称之为消费流行。可见，消费流行不是主观臆断的产物，而是由一定的社会文化派生出来并得到社会认可的形式。例如绿色环保、健康是福等。体现在行为上，表现为流行某种行动、趋向成习惯，例如旅游、上网等。

作为一种特定的社会心理现象，消费流行具有客观性。因为消费流行虽然是一种主观心理现象，但在这种主观心理现象的背后却存在着时代演变的痕迹和不同文化内容相结合的影子。

二、消费流行形成的原因及其传播规律

（一）消费流行形成的原因

消费流行是现代社会的一个突出现象，是现代社会产业化、信息化条件下的重要产物。消费流行不仅取决于一定的物质条件，而且也取决于人们的社会心理因素。

（1）消费流行与生产力发展水平和人们的物质生活条件的丰裕程度以及消费水平密切相关。生产力的发展水平是消费流行的前提。只有当社会发展到一定水平、社会化生产程度大幅度提高时，企业才能够大规模地组织生产并能够把该产品源源不断地投入市场，消费流行才有可能形成。否则，产品在市场上供不应求，消费流行就会受到抑制。另外，生活条件的高低也是消费流行的基础，物质生活窘迫者和消费水平很低的人根本就不可能有条件去追逐消费流行。

（2）消费流行与人们求新、求美、表现自我的心理需要密切相关。每个人都有求新、求美的心理特征。随着客观事物地不断发展变化，商品不断更新换代、推陈出新。人们总是要从周围的环境中寻求新的刺激，以满足自己的好奇心。而当一种新事物出现时，其与众不同的特点会引起人们更多的注意与兴趣，多数消费者试图通过对这些新事物的追求，以表现自己的身份、地位、爱好、兴趣和个性特点。随着时间的推移，一旦新事物被人们普遍接受，不再具有新意时，人们就会产生心理上的厌倦，转而追求更新的东西，如此循环。

（3）消费流行与人们的从众心理和模仿心理密切相关。任何一种消费行为要形成流行趋势，必须得到一定时空范围内消费者个人或群体的承认和参与。由于消费流行总是表现出其超前性和时尚性，可以体现参与者的某种殊荣和优越感，这便为众人创造了一种无形的压力，如果不加入到流行的行列，就会在众人面前显出自己对新鲜事物的麻木，而且还体现自己在某些方面明显劣势于他人。因此，当流行使越来越多的消费者加入时，在公众中便产生了一种相同的心理需要，于是消费流行便开始形成，并逐步扩大。这种从众心理和模仿行为也是消费者寻求社会认同感和心理安全感的表现。服从多数人的心理趋势和个体自觉接受和模仿社会行为规范的倾向是流行得以产生的重要条件。

（4）消费流行与社会的大众传播媒介的发达程度密切相关。大众传播媒介促进了消费流行的快速发展，广播通信业的发展，电视的普及，尤其是当代的电子传媒的运用，给消费流行的形成和发展提供了极为有利的物质条件。另外，新闻媒体的炒作报道也是诱发流行一个重要原因。好的电视剧、文化作品等往往会引起广大受众的关注，其中的某些符合某种社会心理要求的因素，便有可能在众人的追捧下而流行开来，从而成为一种社会时尚。

总之，消费流行受多种因素的影响和制约。可以说，社会生产力发展水平影响和制约着消费流行的水平和层次；人们渴望变化、求新求美、表现自我的心理需要是影响和制约消费流行的内在动力；从众与模仿心理影响和制约着消费流行的方式；大众传播媒介则影响和制约着消费流行的强度、范围。

（二）消费流行的特点

消费流行作为一种社会现象，同其他社会事物一样，有其自身的特点。

1. 突发性

消费流行的兴起，从速度上看常常表现为一种具有强制性的爆发式的扩展和向外延伸。消费流行往往表现为消费者对某种商品或劳务的需求急剧膨胀，迅速增长。

2. 短暂性

消费流行从持续的时间上看，一般表现为在短时间内大量涌现，也在短时间内快速变化。变化的结果有两个：一个是消失无形；一个是固定下来，转变成固定的生活习惯，而把流行之位退让给其他事物。消费流行时效性很强。

3. 从众性

消费流行是多数人参与和追求的现象，必然会被一定数量的消费者认同并接受。在实际生活中，大多数人都关注流行的趋势，喜欢随流行的发展而行动。因为人们普遍认为合乎时尚的就是好的和美的，反之则是落伍和不合时宜的。这就为众人对流行时尚的仿效和遵从制造了一种无形的压力，迫使人们参与和追逐流行时尚。

4. 重复性

消费流行的变迁常常呈现出一种重复性特征。在消费市场上，今天视为时尚的商品，往往供不应求，十分紧俏。但是，只要消费流行一过，这种曾风靡一时的俏货，就会被视为陈旧，而无人问津。消失若干时间后，那些早已被人们遗忘的东西，又可能重新出现，又变为了时尚。

5. 周期性

消费流行同其他事情一样，在其自身的运动过程中也会出现鲜明的周期性的特色。不管是哪一种流行时尚都有一个从兴起到成熟到衰退的过程，虽然由于时尚的内容不同，流行的时间有长有短，但基本上都会经历以下四个阶段。

（1）市场导入阶段。这个阶段新产品刚刚进入市场，大多数消费者尚未承认其价值，只有那些有名望、有经济实力、具有创新意识的少数消费者，乐意出高价而率先购买。

（2）市场增长阶段。在这个阶段，由于消费时尚的倡导者所产生的强烈示范作用和无形的感召，产品逐渐被大多数消费者认识和接受，迅速形成了消费者追求模仿的趋势，市场上该商品供应量和销售量大大增加，消费时尚形成。

（3）市场成熟阶段。这个阶段，产品的市场占有率达到了极限，市场趋于饱和，竞争激烈，消费时尚达到了顶峰，并且势头已经开始减弱。

（4）市场衰退阶段。这个阶段，由于更新颖、更具有特色的商品已经出现，并开始逐渐取代原来的"流行商品"，一部分消费者对该商品的新奇感逐渐消失，开始放弃这种商品而转向追求另一种流行商品，所以原来流行的商品已经变得不再具有吸引力而逐渐退出了消费时尚。

6. 反传统性

流行的最主要特征是与传统相悖，这是因为传统是多年形成的、并长时间不变的，是某种意义的守旧，讲传统就是不要改变。而流行则是以标新立异吸引大众的，只有新奇、与众不同才是时尚，而流行就是要不断地变化，没有变化，流行就会消失。

三、消费时尚的流行方式

消费时尚的流行方式大致可分为以下几种。

（一）自上而下的流行

这种流行方式是指社会上有地位、有身份的上层人士首先倡导或者实行，然后逐渐向下传播，最终形成流行时尚。一般来说，社会的政治领袖、著名的企业家、各种影视歌明星等都有可能成为流行时尚的倡导者，通常这种方式传播的时尚流行速度都比较快。例如，几年前唐装的流行就是如此。

（二）自下而上的流行

这种流行方式是由社会下层消费者首先采用，然后逐渐向上渗透，直到较高社会阶层的人们也采用，最终形成了一种流行时尚。由于这种流行时尚是由社会下层的消费者率先倡导的，因而其流行速度很慢，但是持续时间较长，较稳定。例如，牛仔裤就是通过这种方式流行起来的。

（三）横向传播的流行

这种形式是由各社会阶层之间相互传播，即在同一社会阶层内互相影响，或在不同社会阶层之间相互传播、延伸，最终形成流行时尚。例如，运动服就是通过这种方式在我国各阶层人士中流行起来的。

四、消费流行在消费行为中的作用

（一）消费流行具有刺激消费者并激发其需求欲望的作用

消费流行作为一种周期性的普遍的社会行为，它具有刺激消费者并激发其需求欲望的作用。流行作为一种社会现象在日常生活中被称之为时髦，绝大多数消费者按其自身的情趣，对不同类型的流行时尚都有赶时髦的表现。而正在流行的事物都给人以美好的印象，追求时髦则给人以心理上的满足，这也是时尚得以流行的主要原因，它促使消费者产生新的消费需求，改变或中止原有的消费需求，而流行的强度又直接影响消费者对流行商品的需求强度。

（二）消费流行影响人们的购买模式

消费流行不仅影响人们的思想意识、价值观念，也影响消费者的购买行为。某种时尚一旦形成，就会引起人们的购买模式。这种统一的购买模式不仅会引导人们不断推动时代发展，而且会给产品生产者以指示，使其符合市场需要进行生产。

（三）为企业的生产和销售活动提供依据

流行商品一旦被消费者接受，往往会形成流行现象，这无疑对商品的生产与销售十分有利。因此，进行新产品设计必须注意了解消费水平、消费构成、消费兴趣等方面的变动；根据时尚变化运动的特点，对其做出全面的判断，对流行运动的各阶段进行周密分析；依照社会道德风尚和民族传统习惯，吸收市场上最新流行商品的优点，使新产品具有时代特点，适应时尚的要求。同时，消费流行的特点是时间短、变化快，企业应加强市场调查和预测工作，把握消费者心理发展趋向，按照消费时尚运动规律，制定切实可行的经营策略。

第三节　畸形消费与消费行为

一、畸形消费概述及表现

（一）畸形消费的概述

畸形消费是由于消费变态心理而引起的消费态势，是一种不良的消费方式。例如台球，在西方国家属于室内高雅活动，传入我国后被某些青年人当做时髦来追求。一些人就利用了青年人的这种心理，把台球置于街头巷尾，招揽生意，赚取钱财。还有国外的直销，本是减少中间环节来让利消费者，但到我国后，就成为"老鼠会"式的传销了。与正常消费相比，虽然畸形消费所占比重不大，但由于我国消费者数量众多，其消费总量的绝对数也不容忽视。特别是对于相关企业来说，研究消费心理学关于畸形消费的表现和成因，可以为其正确区分正常消费和畸形消费，进而制定相应的营销策略提供帮助。例如，当一个企业的产品由于某种原因已使消费

者产生心理障碍导致出现畸形消费行为时，该企业仍在维持原来的经营方针而继续生产此种产品，或已察觉情况不妙但又不知原因所在而盲目采取对策，就会在某种程度上加剧问题的严重性。所以，如同对正常消费态势进行研究一样，展开对畸形消费的分析同样也很重要。而通过对不同消费的比较分析，可以使企业更恰当地摆正自己的位置，因势利导地去处理自己与市场消费的关系，从而为增强企业的适应性和提高企业的社会地位创造条件。

（二）畸形消费的表现及成因

由于社会生活和消费者心理特征的多样性，消费表现为正常消费和畸形消费。而且，即使是畸形消费，也会因其产生的内在原因和外在条件的不同而有多种表现。

1. 抢购和待购消费及形成原因

（1）抢购是指消费者在短时间内出于某种因素的考虑发生的超过实际需要的购买行为。一般分为涨价抢购、俏货抢购和盲目抢购。严格地说，如果商品涨价和商品短缺的客观事实确实存在，那么涨价抢购和俏货抢购这两种抢购方式也应当归入理性消费之列；反之，如果并不存在上述的相应客观可能性时，那么这两种抢购就属于盲目消费的范畴。盲目抢购是不加分析、无计划、非理性的购买活动，它属于畸形消费的范畴。

（2）待购则是指消费者虽然确实有实际需求但由于某种原因的出现，消费者认为不是购买的最佳时机而表现出的暂时不消费的行为。出于上述同样原因，待购也可分为理性待购和盲目待购。

不管是抢购还是待购，只有当其归属于盲目消费范畴时才可定性为畸形消费。产生盲目消费抢购或待购行为的原因主要在于消费者缺乏安全感，总想通过抢购或待购的方式来消除这种不安全感。当社会不安定因素增多或消费者个人心理承受力较差时容易产生上述畸形消费。

2. 癖好消费及成因

癖好消费是指超过正常消费程度或正常范围的嗜好消费。并非所有的癖好消费都属于畸形消费，如购书成癖无论对个人还是对社会都不构成威胁（从某种意义上说还是崇尚文化的表现），因此不能将其归并于畸形消费中去。只有当某种癖好消费对个人或社会可能造成有害影响时才可将其认定为畸形消费，如嗜酒如命、吸烟成癖，过度沉迷上网则应引起社会的关注和警惕。

产生畸形癖好消费的缘由既有社会传统习俗的原因，也有个人性格和生活习性的原因，社会、组织、家庭和个人都应采取适当方式加以控制或限制，以免造成不良后果。

3. 排斥消费及成因

排斥消费是指由于某种原因导致消费产生了心理障碍而拒绝购买的暂时不消费态势。排斥消费一般分为差距消费排斥和信任消费排斥。差距消费排斥即由现实商品与消费者需求期望之间存在差距造成的排斥。如人们期望购买既省电又安全的空调；信任消费排斥即由对商品、厂家不信任而造成的排斥。如某家生产奶粉的企业被"曝光"生产销售了劣质奶粉后，消费者对其所有的奶制品都会产生怀疑和不信任，而产生抵触消费。排斥消费的具体表现是否属于畸形消费，取决于是否存在促使排斥心理障碍产生的客观事实。如果确实有客观事实，那么消费者不仅有理由而且也应该拒绝购买；只有当并不存在足够的客观事实，消费者仍坚持拒绝态度时，则此种表现才属畸形消费的范畴。

产生畸形排斥消费的原因主要在于消费主体性格的偏执倾向。这些消费者往往不愿改变自己已经形成的观点，不管实际情况发生了什么变化，他们仍然以自己的主观判断作为评价事物的标准。

二、畸形消费原理的运用

畸形消费原理的运用，并非意味着通过对相关问题的分析去迎合消费者不正常的消费心态，而是要通过对畸形消费的认识去指导企业的相关活动，为企业的稳定发展服务。

（一）重视消费者的抢购与待购，消除消费者的不安全因素

不管是畸形抢购还是畸形待购，虽然在短时间内看似增加了企业的经济效益，但从长时间看它们的存在均会对企业的长远利益造成危害。特别是对上市公司而言，尤其如此。试想如果消费者对某企业怀有不安全感，即使是畸形抢购或畸形待购，也会在社会上造成不良影响，给企业造成负面影响，从而破坏企业的声誉。所以，企业应认真对待畸形消费现象所产生的危害，并应采取一切可能的手段去消除消费者的疑虑。如加大正面宣传力度，尽可能使消费者和社会了解企业发展的前景；通过各种手段制止或消除对企业产生不利影响的信息传播；不从事可能给消费者产生各种误解的活动等。企业不应因不正常的抢购和待购属于畸形消费而听之任之；反之，应采取认真的态度给予对待，通过消除消费者的不安全感使其对企业的发展充满希望，树立企业的良好形象，同时也为维护正常的经济秩序作出贡献。

（二）树立社会市场营销观念，逐步消除畸形癖好消费

如果从短期的利益加以考虑，畸形的癖好消费对于企业来说可能是件好事。因为嗜酒如命和吸烟成癖的人越多，给酒厂和烟厂创造的利润就越高，似乎对企业有好处。但如果从长远角度考虑问题则情况恰恰相反。因为当畸形癖好消费达到一定程度后，其超过了正常的消费程度和消费影响，必然会由于其对社会造成的危害而遭到社会和大多数人的抵制，最后会致使相关企业失去生存的空间。目前，许多烟厂倒闭、酒厂关门的事实正是这一过程的真实写照。所以，那些与畸形癖好消费有关的企业也应通过对畸形消费的认识，及早树立社会市场营销观念，尽快实现本企业投资方向的调整。社会各方也应共同努力，为早日消除传统陋习做出努力。

（三）合理界定排斥消费，满足正常消费需求

通过对排斥消费产生原因的分析可知，如果不对排斥消费进行科学的分析，笼统地把所有的排斥消费都归结为畸形消费，就很可能使企业看不到自身所存在的问题而失去大量的消费者。一般来说，正常限度内的差距消费排斥和信任消费排斥的产生，是由于企业的技术或生产因素所造成的，这些无疑给消费者在心理上造成障碍。因此企业应认真地寻找原因，制定合理地对策来消除这些心理上的障碍。如针对合理的差距消费排斥，企业应全面分析可能促使消费者产生心理障碍的所有因素，

然后根据核查结果采取切实可行的办法或进行生产调整去缩短现实商品与需求期望之间的差距；针对合理的信任消费排斥，企业应认真核查给消费者造成信用危机的真正原因，然后采取恰当的方法或宣传或以新的形象来消除消费者的不信任感。由于消费者的不信任感一旦形成便不会在短期内消除，所以，企业可采取更换品牌的做法来消除这种排斥消费。如果企业已出现了畸形排斥消费，企业也不能坐而待毙，而应采取积极的对策，如加大促销攻势，通过说理的方式促使消费者改变态度，同时应加强对企业的宣传，给消费者一个美好的企业形象。总而言之，要想消除消费者心中已经形成的心理障碍，就必须采取符合人们心理机制规律要求的合理手段去施加影响，从而改变消费者对企业或产品的印象才是良策。

第四节　暗示、模仿与从众行为

一、暗示

（一）暗示的概念

暗示是指间接而含蓄地影响他人的方式。众多、反复的暗示会形成一种无形的力量，迫使个体行为服从群体行为。如老师在课堂上用眼神暗示学生不能讲话。

（二）暗示的方法

正因为外力作用对消费者的购买行为会产生巨大影响，所以对购买动机进行暗示就很重要。暗示的主要方法如下。

1. 证明性暗示

证明性暗示具体包括实证暗示、证据暗示和论证暗示。实证暗示就是在购物现场向消费者提供实物的证明方法，如现场展览、示范、表演、试用、品尝等都属于实证暗示。证据暗示就是向消费者提供间接使用效果证据的方法，如用户反馈、权威机关的报告、专利证书、商检合格证、获奖证书等。论证暗示就是以口语化的理论说明，促进消费者的信任的方法。其说明需要有论据、有启发性、通俗易懂、有说服力。

2. 建议性暗示

建议性暗示是指在一次暗示成功后，不失时机地向消费者提出购买建议，达到扩大销售的目的。提出购买建议的时机有：当消费者目光转向其他商品时；消费者询问某种商品是否有售时；消费者提出已购商品的使用、维修问题时以及话别时。建议性暗示的内容有：建议购买高档次商品，建议购买替代商品，建议购买关联商品，建议购买大包装的所需商品，建议购买新商品。

3. 转化性暗示

面对证明性暗示和建议性暗示，消费者可能会提出问题，甚至针锋相对，使买卖陷入僵局，此时就需要转化性暗示，以缓和气氛，重新引起消费者的兴趣，使无望的购买成为可能。常见的转化性暗示方法有：先肯定再陈述、询问法、转移法、拖延法等。

（三）消费行为中的暗示

暗示性是指营业员针对消费者购买主导动机指向，运用各种手段和方法，向消费者提供商品信息资料，对商品进行说明，使消费者购买动机得到强化，对该商品产生喜欢的倾向，进而采取购买行为的过程。在实际购买过程中，消费者的购买行为大都是在各种各样的购买动机共同驱使下进行的，当消费者进行选择时，商品出现相抵触的情况时，如某种商品消费者喜欢它的款式但不喜欢它的颜色时，外力的加入将决定购买行为。这时营销人员就应不失时机地为消费者进行参谋，进行暗示，达成交易。

二、模仿与购买行为

（一）模仿的概念

个体仿照一定的榜样做出类似的行为、动作的过程就叫模仿，模仿是一种普遍的社会心理现象。从实质上看，模仿是学习的一种形式和过程，人们在成长过程中，就是要不断地模仿、学习，以适应社会。一般情况下，如果被模仿者越具有较高的权威和影响力，模仿者就越会亦步亦趋、完全仿效，模仿的行为也越具有普遍性。

（二）模仿的特征

1. 模仿的产生是客观的

模仿是人们社会化的产物。人从自然人向社会人的转化过程就是学习的结果。而模仿也是学习方式中的一种。通过模仿，人们学习更多知识、掌握更多更先进的技能。

2. 模仿的产生是以模仿者的自觉性为前提的

模仿是主观意识的表现，模仿过程是以人的自愿性为基础的。只有当符合模仿主体心理需求时，模仿行为才会产生。它是一种自觉行为，而非强制行为。

（三）模仿的类别

模仿有两种类别，一种是有意模仿，一种是无意模仿。

有意模仿是人们有意识的模仿活动，当某个模仿的参照物出现时，它会刺激消费者的神经系统，促使模仿者产生模仿欲望并学习模仿。

无意模仿并非人们的有意识的活动，而是在某种心理的暗示作用下产生的无意识的模仿活动。无意模仿发生在一定的群体范围内，由于相互作用而形成无意识的模仿。

（四）消费行为中的模仿

在消费者的购买活动中，消费者对商品好坏的评价往往是相对的，当没有具体的模仿模式时，就不能充分肯定自己对商品的态度。但当某些参照群体为其提供具体的消费模式，而消费者又愿意接受和欣赏时，就会激起其强烈的仿效欲望，进而形成对商品的肯定态度。消费行为中的模仿还是引发消费流行的条件，如绿色食品、业余爱好等商品或活动，都是消费群体相互模仿而产生的。所以说，没有模仿就不可能有消费流行。

三、从众行为

（一）概念

从众是指群体中的个体出于群体的某种有形或无形的压力而在认识和行为上表现出与群体多数人一致的现象。从众也是一种常见的社会心理现象。此类消费者的购买行为，往往受众多人同一购买趋向的影响，对所要购买的商品不去分析、比较，只要众多人购买，便认为一定不会错，因为人们总是倾向于相信多数人，认为多数人是信息更可靠的来源。并且，团体的行为标准、规则，对人们的行为活动产生重要影响，并为他们提供一定的消费模式，使购买行为趋于一致化。在购买百货日用品、服装、布料等商品中，这种从众心理表现得比较突出。

（二）从众的特征

1. 从众是压力的结果

从众的产生是个体与群体力量对比悬殊的产物。群体规范压力表现为，群体喜欢与群体意见一致的个体，而不喜欢偏离者、越轨者，必要时群体会把偏离者排斥在群体之外，这种压力也迫使个体从众。

2. 从众体现为个体的服从

当个体意识与群体意识不相一致时，个体就会怀疑自己的判断是否正确，即使不怀疑，也会因害怕由于自己的意见与群体不一致而对自己不利，常常也会表现出服从的态度。

（三）从众的类型

1. 主动从众

主动从众是指当个体认识与群体认识发生冲突时，个体受群体意识的影响会怀疑自己或否定自己而服从于群体认识的行为。

2. 被动从众

被动从众是指当个体认识与群体认识发生冲突时，个体并没有在认识上接受群体意识，但出于与群体的关系考虑而在表面上服从群体认识的行为。

（四）消费行为中的从众

人们在进行消费选择时，由于对所选商品不了解或无法做出正确地判断时，就借助于其他人的行为来进行参考，这种消费方式就是从众行为。因此企业可以充分利用人们的从众心理，采取强大的宣传攻势（如广告等形式）来吸引一定的社会群体，使消费者接受新的消费观念或新的产品。当然从众与群体成员的特点有关。自信心强的人，独立性也比较强，对群体的遵从性较小；反之，则遵从性强。

本 章 小 结

通过本章内容的学习，使我们了解消费态势的具体内容，在此基础上进一步明确作为群体心理模式的消费态势对消费者心理所造成的影响，并把握运用消费态势对消费心理进行引导的方法。了解消费习俗和消费流行的特征及其各自不同的表现，使我们知道了消费习俗和消费流行对消费行为的影响。在我们的消费过程中，除了正常消费外，还有一些不正常的消费，我们称之为畸形消费，了解了畸形消费的表现，我们就能在营销活动中进行正确的运用，改变畸形消费在消费者心目中的影响。暗示、模仿与从众行为与消费活动也息息相关。

复习思考题

1. 什么是消费习俗？消费习俗的特征是什么？
2. 消费流行的表现形式有哪些？
3. 什么是畸形消费？畸形消费有哪些表现形式？
4. 企业应如何面对畸形消费？
5. 暗示的特征有哪些？
6. 什么是模仿？模仿的类型是什么？
7. 从众的概念是什么？消费中如何利用消费者的从众心理进行营销？

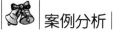

案例分析

保龄参的走红

1997 年冬天，打入上海市场的保龄参一炮走红，在保健品市场不景气的情况下异军突起，连创保健品市场销售额的新高。其成功的奥秘在于：首先，在产品的品牌、名称及包装上，保龄参都是以中华民族传统文化作为基础的。"保龄参"这一名称就是产品功能及产品内质的科学组合，使人一看名称即知它是一种参类保健品。而人参又是我国传统的保健滋补佳品，这就将传统文化和目前消费者的保健消费观有机地融为一体，更易于让消费者接受。而保龄参的包装又于喜庆华丽中透出实在，这也正迎合了我们的消费者送礼讲体面而又求实惠的心理，喜气洋溢的包装盒里一目了然地装着两支硕大的人参，这当然比起那些排满一层透视窗，盒后空空的参片包装显得实在得多，它使送礼者和受礼者都感到物有所值，于是保龄参自然而然地成了上海人民走亲访友的礼品新选择之一了。其次，在产品的原理和功能组合上，保龄参将我国的传统中医文化和保健文化进行了科学的组合。将人参与补气、补血、补脾胃、滋阴养肾、调和脏腑的中药结合，在中医科学理论指导下，发挥全面的综合滋补功能，这又是保龄参获得成功的一个关键所在。数千年传统文化积淀的理论为今朝产品所用,将传统的中医文化与目前的保健消费理念相结合,保龄参在这点上比其他现代保健品要领先一步。最后,在产品的口感上,保龄参是蜜饯型的,口感如蜜,极易为大众所接受。服用上则打破了传统服用方法,切成段直接口嚼即可,为身处高效率快节奏的都市生活中的人们提供了一条方便省事的进补途径,这又是保龄参成功的一个重要原因。

综上所述,可以看出,保龄参的成功,给我们提供了保健品市场发展的一条新思路,那就是将我国传统文化与现代人的消费观念科学地组合起来,因时、因地、因人制宜地推出新产品,才能赢得自己的市场目标。

问题:

1. "保龄参"是如何将传统文化与现代消费观念融为一体的?
2. 通过案例谈谈消费习俗对消费行为的影响有哪些方面?

第八章 影响消费者行为的因素

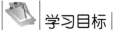 学习目标

- ▶ 了解家庭的特点、社会阶层的划分；
- ▶ 理解参照群体对个体的影响方式；
- ▶ 掌握文化的特点和亚文化的分类；
- ▶ 熟练掌握及运用家庭购买决策过程及对营销的影响，我国传统文化对消费者心理的影响。

第一节 家庭与消费者行为

家庭是建立在婚姻和血缘关系基础上的亲密合作、共同生活的小型群体。它既是整个社会生活的基本消费单位，又是与个体消费者的消费行为相互影响的统一体。因此，家庭对消费者心理与行为的影响是显而易见的。尤其在我国，人们受传统的家庭观念影响很深，人们的收入一般是以家庭为中心相对统一地支配。家庭是进行绝大多数消费行为的基本单位。如日用品的购买以满足整个家庭的需要为目的，高档耐用消费品如家电、小轿车等也是以家庭为单位进行购买。而且人的消费心理、消费行为、消费方式、消费习惯首先从家庭中学来的。此外，家庭的社会地位、经济收入状况、人员结构等不仅决定了家庭的购买能力，也决定了家庭成员的需求层次、需求结构和消费习惯，正因为家庭对消费者心理和行为有着非常重要的影响，我们才把家庭作为特别重要的因素加以阐述。

一、家庭类型结构与消费者心理

家庭类型结构是指家庭组成人员情况。我国现代家庭结构一般分为四大类，每一类在消费心理和行为方面也有不同的特点。

（一）单身家庭

单身家庭即指只有一个家庭成员所组成的家庭。如年老单身的鳏夫或寡妇，离异或丧偶一方的独身家庭，独居外地的单身者以及独身者分别构成的家庭等。

传统形式的单身家庭对于大宗商品购买欲望较低，对于生活必需品一次性购买

数量也较少。他们一般对商品的购买和使用，都希望简单、省时、方便。但是现在的年轻人很重视自己的生活品质，所以很多人即使没打算很快结婚，也会购买房产、成套的生活设施等，而且对产品品质档次的要求也不断升级。随着单身人群数量的扩大，这一家庭类型的各种产品也成为商家争夺市场的焦点之一。

（二）核心家庭

核心家庭即指由异性的两个成年人组成，生活在法律准许的男女婚姻关系中并拥有自己未婚子女的家庭。这类家庭是一种典型的为现代社会所普遍接受的家庭类型。当然，只有夫妻两人而没有子女或子女独立生活的家庭，也可算作核心家庭。

核心家庭由于夫妻共同工作，经济收入比较稳定，而子女又小，家庭矛盾少，在心理上有一种稳定的优越感，因而在消费心理上求新、求异、求名、求美占主导地位。另外，由于我国实行计划生育和优生优育政策，子女在家庭中的地位自然提高了，他们比多子女家庭中的孩子受到更多照顾。父母舍得在他们身上花钱，也尽量满足他们的各种要求，这就不仅影响到核心家庭消费心理和购买，而且在这种家庭环境熏陶下子女的消费习惯和消费方式也会形成某些特点。一些独生子女求新、求奇的心理就是核心家庭所造成的消费特点的一种表现。

（三）直系家庭

直系家庭即包括一对夫妻加上一个已婚子女及其配偶，或者再加上第三代、第四代人所组成的大家庭。这类家庭所包含的层次关系比较清晰，一般来说，是三个或三个以上层次，是我国传统的家庭组成形式。

直系家庭规模较大，层次较多，一般情况下，家庭的长辈处于核心地位，执掌着家庭消费大权。其成员的消费心理明显地受到长辈的影响和制约，因而消费心理从整体上带有保守性。其表现在购买商品上，讲究价廉物美，经济实惠。习惯于消费传统的消费者普遍接受的商品，对新产品的购买与使用持谨慎的态度。

（四）联合家庭

联合家庭即指两个或两个以上的核心家庭联合、合并而组成的大家庭。如父母去世，兄弟姐妹们分别结婚后并在一起居住而形成的家庭。这类家庭在我国，特别在城镇目前并不多见。

联合家庭由于家庭构成人员复杂，购买决策特殊，其消费心理呈现复杂的状态。一般来说，联合家庭中不可能所有成员的收入都集中起来统一消费。这样，不同收入水平的夫妻又成为家庭中不同的消费中心，他们各自决定不属于家庭集体消费的份额和结构，有着不同的消费心理。

二、家庭成员的角色与家庭购买决策

在一个稳定的家庭内部，家庭成员的消费大多以家庭为单位进行。但在购买具体商品时，家庭成员之间存在着合作与分工，每个成员可能起着各自不同的作用。

根据家庭成员在购买过程中所起的不同作用，可分为五种消费角色，即倡导者、决策者、影响者、购买者、使用者。

消费活动的倡导者，即本人有消费需要或意愿，或者认为他人有进行某种消费的必要，他要倡导别人进行某种形式的消费，这个人即属于消费的倡导者。

决策者，即做出最终购买决定的人。在家庭消费中，决策者一般是该商品的直接消费者或家庭中的权威性角色，或者是家庭中经济收入的主要来源者。

消费的影响者，是以各种信息形式影响消费活动进行的一类人员。

商品的购买者，即直接购买商品的人，是消费过程中主要的消费角色。在日常的生活中，毕竟为自己购买商品的人占多数，为他人购买商品的人只占少数，所以制定种种营销策略必须以商品的直接购买者为主要的对象。购买者在购买之前的心理活动以及购买过程中的行为变化等，都是消费心理学这门学科所研究的主要内容。

商品的使用者，即消费该商品并得到商品使用价值的人。商品使用者在消费商品过程中会有很多的消费心理体会，这些体会对于今后的消费行为会有极大的影响。

家庭成员在购买中所扮演的角色是不一样的。以购买电冰箱为例，最早引起大家对电冰箱的兴趣、提出购买倡议的也许是女儿，也许是母亲，然后是父亲或全家表示赞同，最后由父母共同商量，觉得既需要又能买得起，于是形成了购买决策；实施这个决策的任务可能由父亲或儿子承担，至于使用者可能是全家，也可能仅仅是母亲。

应指出：家庭成员在购买中所扮演的角色随着购买商品的不同而变化。而且，有时一个家庭成员要扮演好几个角色。由于这样的缘故，企业无法针对各家庭成员在购买中的不同角色去决定营销策略。但是在进行深入细致的消费者心理与行为研究的基础上，企业可以找出家庭决策的一般规律，这个规律可能符合本企业所营销的商品潜在消费者的一般家庭情况。要找出这个规律，企业要掌握以下几个要点：

家庭中谁引起大家对商品的兴趣？

家庭中谁掌管家庭账目，主持日常支出，谁有权支配和使用结余的钱？

家庭中谁最有可能决定所购商品应具有的特点（颜色、规格、款式等）？

家庭中谁最有可能决定什么时候去买？

家庭中谁最有可能去执行购买任务？

家庭中使用所购商品的是哪些人？

以上问题基本清楚了，就等于找出了家庭购买中的角色和一般规律。

家庭的决策类型一般有五种：丈夫权威型、妻子权威型、合作依赖型、独立支配型和子女权威型。不同的家庭决策类型，其购买行为会有很大的不同。例如在丈夫权威型的家庭中，家庭主要商品是根据丈夫的眼光、好恶来挑选的，购买行为带有明显的男性心理特征；购买商品往往特别注意商品的性能、质量及实用价值，而对商品的外观造型、式样、颜色都不太挑剔，只要商品大体符合自己的要求就表示满意。妻子权威型的家庭则不然，其购买行为带有女性消费者的心理特征：对所选的商品要求严格，重视外观造型、色泽，一般喜欢购买经济实惠、物美价廉的商品。子女权威型家庭的购买行为带有明显的青年消费者的特点：如对新商品兴趣较为强烈，形成购买决策的速度快，易产生购买冲动等。

三、家庭生命周期对消费者心理的影响

家庭的产生和发展都有一个过程。依据家庭主人的婚姻状况，家庭成员的年龄，家庭的规模，家庭主人的工作情况，我们可以把家庭发展过程划分为单身期、新婚期、生育期、满巢期、离巢期、空巢期和鳏寡期这七个阶段，这七个阶段有机统一，称为家庭生命周期。

(一) 单身期

单身期又称准婚期，是指人到青年以后逐步脱离家庭单独生活，刚刚独立出来又没有结婚这段时期，它属于家庭生命周期的第一阶段。在我国单身青年一般父母都不要他们的钱，其收入都归他们自己，所以他们的购买能力比较强。他们除了花费还会有些结余，打算找对象，准备结婚等用。到了单身后期，他们为寻找满意的对象，又会尽可能地美化自己，尽量参与社会交往，其消费心理受到相关群体的影响较大，具有强烈的求新、求异动机，购买商品往往较多地考虑其外观、颜色及时髦程度，而较少顾及商品本身的实用性。他们的购买以冲动型购买为主。

(二) 新婚期

新婚期起始于夫妻关系的确立和夫妇两人家庭的建立，终止于第一个子女的出生。在这一阶段夫妇俩没有其他生活负担，而且结婚后两个人的收入又合到一起，在购买决策上彼此商量。由于他们有充裕的业余活动时间，又是新婚，所以愿意去寻求快乐的生活方式。在购买商品上，大件商品在结婚时已经齐备，婚后就是进一步地充实和美化了。在消费心理上，新婚期的消费者对非家庭生活必需品的购买，有着强烈的追求时髦和奇特的消费动机。

(三) 生育期

生育期是指核心家庭从第一个孩子的出生到最后一个孩子降临所经历的发展阶段。这一阶段的家庭消费不再完全取决于个人的兴趣，而是在一定程度上以孩子为中心。为了孩子的生长和学习，从食品、衣服、玩具到文化学习用品都得买，不仅经济开支比较大，而且父母的工作负担和家务负担都比较重，因而在消费心理上表现为求廉欲望较强。即要求所购买的商品物美价廉，而且具有多功能，要求购买过程简单省时，能够得到方便。

(四) 满巢期

满巢期即指从最后一个孩子的降生到第一个子女独立生活另建单独家庭为主这段时期。这一时期是家庭成员较为稳定的时期，也是家庭发展的鼎盛时期。在满巢期与生育期一样，匆忙与经济拮据仍是家庭所面临的主要矛盾，家庭消费偏重于子女的学习和生活。特别在我国，望子成龙心切的父母们，不仅要满足孩子一般生活与学习的消费需要，而且想方设法为孩子提供最优越的学习条件。在消费心理上，除了求廉求便的心理占据主要地位外，家庭核心成员的生活经验和购买经验逐渐丰富，因此，缺乏经验的冲动性购买也转化为经验性购买。

(五) 离巢期

离巢期起始于第一个子女独立生活，终止于最后一个子女走向社会，参加工作，开始独立生活。这个阶段一般是家庭经济状况最好的时期。父母的收入由于业务技能的提高和从业时间的增加会比年轻时多了，夫妻双方自由支配的闲暇时间也相应增多，消费水平随之提高，消费结构不断改善，旅游和保健支出增加，家庭消费心理中的求名、求美欲望逐渐增强。当然，也有些家庭仍然保持节俭作风，以积攒资金为子女筹办婚事。

(六) 空巢期和鳏寡期

空巢期和鳏寡期是家庭发展的最后两个阶段。空巢期是指家庭子女离巢后夫妇双方重新相依生活经历的时期。鳏寡期是指从相依生活中二老的一方丧偶开始到双方去世所经历的时期。家庭空巢期和鳏寡期以后，其成员的身体、感情、生活习惯、经济收入都发生相应变化：经济收入减少、寂寞感增强、体力衰退、行动不便。因而在消费上逐步受到身体、市场远近的限制，其消费心理逐渐趋于保守，而成为新产品和新观点的最后采纳者。对商品价格极为敏感，求廉、节约成为他们消费的主导思想。

第二节　社会阶层与消费者行为

一、社会阶层概述

社会阶层是依据一定的标准把各类消费者划归不同的社会等级。一般来说，属于不同阶层的消费者具有不同的消费习惯、消费观念和消费趋向；而同一阶层的消费者则有相似的消费心理特征。一个人处于哪个社会阶层不是单一地由某个因素决定的，而是至少由几个因素决定的。这些因素包括受教育程度、职业、经济收入、家庭背景、社会技能、住房档次以及居住的地理位置等。其中，受教育程度、职业和经济收入是尤为重要的。在市场营销学中通常是按经济地位和收入水平进行划分的。

（一）西方的划分方法

西方最有影响的是美国社会学家华纳的划分方法。他依据收入来源、收入水平、职业、受教育程度、居住条件、居住地区等，把社会成员划归七个不同阶层。

（1）上上阶层。上上层包括那些古老的，在地方上很显赫的家族——在其所属阶层和社交圈内至少保持了三代的贵族身份或富豪地位。这是一个社会中规模最小的群体，占总人口不到1%。他们生活高雅，维持家族声誉，体现优越的出身，表现出对社会的责任感。这些人往往穿着十分保守，但极其讲究，避免夸张的购买，常常周游世界。这个阶层人数很少，但他们的生活方式和消费习惯为其他阶层所向往而成为竞相模仿的对象。

（2）上下阶层，主要是由一些成功的企业家，具有很专业知识和经商才干的高薪人士组成。在某种情况下，他们的收入往往比上上层的还多。他们中靠职业成就而缓慢获取财富的人并不试图仿效或超过上上层，是投资市场的主体；另一部分人则热衷于炫耀性消费，常常以汽车、房子、游艇、服装等来显示他们的财富，有的甚至故意摆阔气，欲与上上阶层一争高低。

（3）中上阶层，由一些具有专业技术特长的人员组成，如医师、学者、律师、企业经理等。他们虽无巨额财富，但有比较高且比较稳定的经济收入，同时有较深的文化素养和专业知识，在消费观念上追求自我价值的实现，重视文化生活，强调家庭子女教育，是高档商品的最佳市场。

（4）中间阶层，由具有中等收入的"白领阶层"、高薪"蓝领阶层"和小企业主等组成的中产阶级，其人数大约占全体人口的32%左右。他们在社会成员中所占比例大，一般从事较稳定的正当工作，收入一般。其消费观念常是量体裁衣，追求实惠，多比较看重时尚，具有较明显的品牌意识。他们向上发展的希望比较强烈，把自己对人生的追求寄托在下一代身上，故特别关心子女的教育问题。

（5）劳动阶层，由具有平均收入的广大"蓝领"工人组成，在美国大约占全体人口的38%左右。这个阶层的人比较注重亲属关系，需要从亲属那里得到经济上和情感上的帮助，比如寻求工作机会、寻求购物指导等。由于收入有限，他们的住房比较简朴，而且一般只能居住在城乡结合部甚至脏乱的郊区。由于在社会成员中所占比例最大，他们的消费是容量最大的市场，是中低档商品的主要消费者。

（6）下上阶层，由收入水平较低的"蓝领"工人组成，他们没有一定的技术专长，受教育的程度较低，收入有限，工作不稳定且很少有晋升的机会。其消费观念主要是追求商品的实用性，多购买价廉物美的低档商品，一般不太追求时髦商品和新潮商品。

（7）下下阶层。下下层是社会的最贫困阶层，他们的社会地位、收入和文化水平都最低。他们长期失业，是政府和非营利组织救助的对象。他们的居住条件最差，衣物和仅有的一点家产也都是脏的、破的、旧的。由于缺乏学历和其他的个人资源，在没有外援的情况下他们很难摆脱失业和贫困的状态。

（二）我国的划分方法

2002年，中国社会科学院有关专家以职业分类为基础、以组织资源、经济资源和文化资源的占有状况为标准划分当代中国社会阶层结构的基本形态，它由十个社会阶层和五种社会地位等级组成。这十个社会阶层是：国家与社会管理者阶层、经理人员阶层、私营企业主阶层、专业技术人员阶层、办事人员阶层、个体工商户阶层、商业服务业员工阶层、产业工人阶层、农业劳动者阶层和城乡无业失业半失业者阶层。

2003年，中国社会科学院社会学研究所的专家进一步对不同社会阶层的经济实力和消费状态进行了调查，以国际公认的恩格尔系数对各消费阶层进行了分类，包括最富裕阶层、富裕型阶层、小康阶层、次小康阶层、温饱阶层、贫困阶层、绝对贫困阶层，并对各阶层的消费差异进行了分析和研究。

（1）最富裕阶层：是恩格尔系数在0.29及其以下，占家庭总数的不到10%，这一层次的家庭由民营企业家、合资企业老板、著名演员和体育明星、名画家、名作家、包工头、证券经营获高利者组成，这些家庭在衣食住行各方面都讲求品质，对各种新型产品和休闲娱乐项目务求尽早享用。是高档商品的主要消费者。

（2）富裕型阶层：是恩格尔系数在0.30～0.39之间，占家庭总数的10%以上，主要由具有一定专业技术和特长的管理人员、技术人员、比较成功的个体经营者构成。他们在饮食方面更讲求快捷，在服装方面更讲求个性、住房和交通方面也具有较高的水准，乐于使用各种电子信息类新产品，闲暇时间用于社交的比例最大。

（3）小康阶层和次小康阶层：恩格尔系数在0.40～0.59之间，占全部家庭的近40%，我国大中城市和较发达农村的大部分家庭都属于这一范围内。这些家庭由于已基本具备良好的生活条件，在生活水平的衣食方面与前两个阶层差异并不十分明显，通信消费和上网人数上也没有明显劣势，主要的消费差异体现在住房和交通水平，以及闲暇消费方面，也因为如此，这一阶层必然是今后这些方面消费的主力，由于数量庞大，他们的总体消费能力也可以给适销产品的厂家带来丰厚的回报。

（4）温饱阶层：恩格尔系数在 0.60～0.69 之间，这部分家庭主要由内地中小城市普通居民家庭以及没有额外收入的工薪阶层组成，占家庭总户数的 20% 左右，这些家庭在维持生理性需要的前提下，收入略有结余。他们开始谨慎地扩展消费项目，但由于经济并不宽裕而具有强烈的忧患意识。支持子女教育，储蓄为其主要消费心理倾向。

（5）贫困阶层和绝对贫困阶层：恩格尔系数在 0.70 以上，甚至超过 0.80，占家庭总户数的 20% 左右。主要包括城市中的失业下岗人员，低收入职工和一部分贫困地区的农村家庭。他们几乎要将全部收入用来维持基本生活，因而无从产生独立、清晰的消费意识，只是被生理需求牵着走，求廉、求实是其主导性消费动机。

当然，由于个性差异，上述阶层消费心理特征在具体个体身上的表现也会有所不同。而且由于我国社会阶层划分因素单一，同一收入阶层也可能会产生很大的消费差异。

二、社会阶层在营销策略中的应用

营销人员已经发现社会阶层测度十分重要，因为在不同阶层消费者之间的确存在着明显的差别，所以，社会阶层特征与营销策略的方方面面都有密切联系。

（一）广告

社会阶层价值观念可以为广告指明方向。社会阶层成员必须理解在广告中使用的语言和象征，否则，信息沟通不会成功。例如，工薪和下层社会消费者更容易接受真实感很强的广告，尤其是那些展现积极生活态度、坚持不懈地工作和生活、充满活力、解决现实问题的广告。与此相对照，上层社会消费者更青睐于那些微妙的象征性手法。

如美国"美乐"啤酒公司，就是在濒临破产的情况下，根据大多数"蓝领"阶层工人喝啤酒的特点，重新设计产品包装，进行针对性的广告宣传，仅用一年时间就使"美乐"一跃成为全美第二大畅销啤酒。

（二）市场细分

不同社会阶层消费者在服装、家具、电器、娱乐产品、金融服务及食品购买上的实质性差异，为营销人员细分消费者提供了基础。例如，上层社会消费者在购买电器时强调款式和颜色，而下层社会消费者却重视电器的工作性能。有些公司针对社会阶层影响进行了广泛的调整。例如，雀巢公司意识到在发展中国家中产阶级正在兴起，故而计划在诸如中国、印度及巴基斯坦等发展中国家设立制造分厂，以便于向发展中国家的中产阶级分销产品。

（三）产品分销

不同社会阶层消费者在购物场所选择方面经常是有差别的。下层社会消费者更有可能在打折商场和邻近商场购物，因为在这些商场中他们感觉更自在，而且还可以与这些商场中的售货员建立友情关系，便于获取信息。上层社会消费者则更有可能在正规百货公司购买有风险的产品，而在打折商场购买几乎没有风险的产品。

这表明，社会阶层特征可以为产品分销策略提供指导方针。如果目标市场是下层社会经济群体，那么这些消费者聚集地区的邻近商场就应成为向这些消费者提供产品的主渠道，而不能草率地依赖大型购物中心。在分销过程中应该强调售货人员

个人促销和亲近友好的商场环境。如果目标市场是中上层社会消费者，那就应该使用正规百货公司，而且强调商品的品质和多样性。

(四) 广告媒体的使用

社会阶层不同，对各种媒体的喜好也不同。比如，上层消费者更喜爱杂志和书籍，而下层消费者更喜爱电视。即便同是对于电视来说，不同阶层的人对节目的喜爱也不同。

总之，社会阶层与人的消费行为的确有着比较密切的关系，在以社会阶层来分析消费者的购买行为时要注意到这一情况。

第三节　参照群体与消费行为

一、参照群体及其对消费行为的影响

参照群体指能直接或间接影响个体消费者的价值观念，并影响着他对商品和服务的看法，影响其购买行为的群体。它可能是个人所属的群体，亦可能是个人"心驰神往"的群体。

影响消费者行为的参照群体主要有以下两大类。

（1）成员群体。即自己是成员之一的群体，如家庭、朋友、邻居、同事、社会阶层、学术团体和社团组织等。

（2）崇拜性群体。即自己虽非成员，但是这些群体的成员是自己的偶像或比较和模仿的榜样。这些群体主要包括影视明星、体育明星、社会名流等。

营销人员必须设法找出目标市场的参照群体。一个人受其参照群体影响的方式至少可分为三种。

① 参照群体将新的行为和生活方式呈现在个人眼前。消费者对该群体充满向往，自觉地把该群体的价值取向、行为规范、消费习惯视为自己做出价值判断、形成对商品的某种态度以及采取某种行为的衡量标准。可见，参照群体的消费行为也对消费者心理产生很重要的影响。

② 参照群体可以影响个人的态度和自我意识，因为一般人总是希望能合群。群体的影响首先表现为个体之间的影响，个体之间的相互"感染""刺激"，逐步使群体消费出现趋向性，这种趋向一致的消费习惯行为又反过来影响群体的每个成员，这样反复影响，从而形成群体影响的循环反应。

③ 参照群体会产生使人顺从的压力，影响个人对产品与品牌的选择。暗示是群体对个体施加影响的重要途径，企业营销活动中的暗示是有效的促销手段。通过巧妙的暗示对消费者心理和行为施加影响，使其产生顺从性的反应，接受暗示的观众，最终采取暗示者所期望的购买行为。企业营销中采取暗示的形式是多种多样的，可以由营销人员的语言、态度、姿态来进行暗示，也可以通过请名人做广告，舆论宣传提供暗示，营销现场更是提供暗示的绝妙场所，可以创造出"抢购"的气氛，来

吸引顾客的注意。

市场营销者在其促销活动中应该考虑其产品和品牌受参照群体影响力的大小。如果参照群体对产品和品牌的影响力均小，则营销重点特别是广告诉求应该是强调产品的性能、价值，以实际利益吸引消费者，如洗衣粉。如果参照群体的影响力大，则在营销中，特别是广告诉求应该多借助群体中的意见领袖和明星的力量，如名牌服装、高档护肤品等。

二、参照群体影响的营销应用策略

（一）名人效应

名人或公众人物如影视明星、歌星、体育明星，作为参照群体对公众尤其是对崇拜他们的受众具有巨大的影响力和感召力。在很多人特别是年轻人心目中，名人代表了一种理想化的生活模式。正因为如此，企业花巨额费用聘请名人来促销其产品。研究发现，用名人作支持的广告较不用名人的广告评价更正面和积极，这一点在青少年群体上体现得更为明显。

做名人广告效果固然可观，不过，由于消费者对名人的喜爱因性别、年龄、职业、个性、生活方式、教育水平等的不同而存在较大差异，不同性质的产品，不同类型的名人对消费者的影响力也不一样。企业在请名人做广告之前，要首先研究自己目标顾客群的状态，他们的偏好、对名人的认同感、名人形象与产品的吻合度、名人在事业和名誉方面的稳定性等都需要全面考察。如央视曾经播出的罗纳尔多为广西金嗓子做的广告，虽然罗纳尔多的名气大、球迷多，但由于罗纳尔多的形象和职业与金嗓子产品之间风马牛不相及，所以播出后效果很不理想。今天的厂家应该了解，像过去那样只要请名人就能红火的市场环境已经发生了根本的变化，要想使名人广告收到好的效果，必须踏踏实实做好各项工作，包括认真的选择、严格的合同制约以及处理名人危机的快捷机制等，都对营销工作提出了越来越高的要求。

（二）专家效应

专家是指在某一专业领域受过专门训练、具有专门知识、经验和特长的人。在我国老百姓心目中，专家具有一定的神秘色彩和权威性，如果著名医生向消费者推销某种药品或医疗项目、营养学家向消费者推荐保健品等，产品可以借助专家所特有的公信力和影响力，达到较强的促销效果。在运用专家效应时，一方面应注意法律的限制，如广东省工商局就严禁是以专家的名义发布广告。保健食品、药品、医疗广告中如果使用专家的名义和形象作证明，向受众介绍、推荐商品服务或者商品服务的优点、特点、性能、效果等都属于禁止之列。另一方面，应避免公众对专家的公正性、客观性产生质疑，在法律允许的范围内，也应该选择合适的、让消费者信服的专家，发挥好专家代言人的积极作用。

（三）"普通人"效应

运用满意顾客的证词证言来宣传企业的产品是广告中常用的方法之一。由于出现在荧屏上或画面上的证人或代言人是和潜在顾客一样的普通消费者，这会使受众感到亲近，从而使广告诉求更容易引起共鸣。如北京大宝化妆品公司是典型的经常运用"普通人"证词广告，画面场景、演员选择和台词设计都和百姓生活比较接

近，取得了不错的效果。某合资洗衣粉的广告让主人公深入到普通消费者之中，实际解决大家经常遇到的各种污渍问题等，也让有这些烦恼的消费者眼前一亮。由于这类广告贴近消费者，反映了消费者的现实生活，因此，它们可能更容易获得认可。

（四）经理型代言人

自 20 世纪 70 年代以来，越来越多的企业在广告中用公司总裁或总经理做代言人。在美国，当时克莱斯勒汽车公司的老总李·艾柯卡（Lee Iacocca）在广告中对消费者极尽劝说，获得很大成功。我国广西三金药业集团公司，在其生产的桂林西瓜霜上使用公司总经理和产品发明人邹节明的名字和图像，也是这种经理型代言人的运用。随着全社会对企业家阶层的认可度不断提高，经理型代言人也可能成为新的广告趋势。

第四节　文化因素与消费行为

一、文化概述

一般认为，文化应有广义与狭义之分。广义文化是指人类创造的一切物质财富和精神财富的总和；狭义文化是指人类精神活动所创造的成果，如哲学、宗教、科学、艺术、道德等。在消费者行为研究中，由于研究者主要关心文化对消费者行为的影响，所以我们将文化定义为一定社会经过学习获得的、用以指导消费者行为的信念、价值观和习惯的总和。

依据这一文化定义，我们就容易理解，对一定社会各种文化因素的了解将有助于营销者提高消费者对其产品的接受程度。归纳起来，文化具有如下特点：文化的学习性、文化的动态性、文化的群体性、文化的满足性、文化的无形性。

（一）学习性

人们的文化意识绝不是天生就有的，而是在后天的社会活动中有意或无意地慢慢地学习而获得的。实际上每个人从小时候就开始从家人身上学习，以后在社会交往中学，慢慢培养出自己的社会文化意识。也正是社会成员之间的相互学习、相互模仿，才造就了共有的社会文化。另外，不同的社会阶层、民族、国家之间也存在着相互学习，学习汲取其他文化的精华和长处，使原有的文化得到完善和发展。

（二）动态性

人类社会处在不断变化和发展的动态过程中，文化也是一样，它作为一种社会意识形态也必然会随着社会的发展进步而发展进步，绝不会停滞不前。例如，我们今天的思想观念、文化意识较 20 年前就发生了深刻的变化。这种变化正对我们的消费观念、消费习惯和消费行为产生着强烈的影响。

（三）群体性

一种文化归属于一定的社会范围，为社会成员共同接受、培植并共同遵从。文化的社会共有性是十分明显的，只是这种共有的范围，可能是小到一个家庭或家族，大到整个社会。任何文化现象，不可能也不会是一种个人现象。

（四）满足性

一种文化的产生、发展和延续，究其根源，就在于它能满足社会的需要。为了社会的稳定和进步，它给人们的行为确定了方向、顺序，提供了规范标准。例如，社会的道德规范，价值取向，甚至应该如何穿着打扮，如何安排婚嫁仪式等，都有一些现成的模式以供参考。只有能满足社会需要的文化才能发展和延续下去，而不符合社会需要的文化则被摒弃或被修正、补充。

（五）无形性

文化影响人的行为这一点已是公认的事实，但这种影响的过程往往是感觉不出来的。因为这种影响造就某些约定俗成的行为习惯，形成了特定文化环境中的消费者的思维定式，即所谓文化意识。只有当人们接触到其他类型的文化时，也就是说当人们受到第二种文化环境的影响时，才会从不同文化影响的差别中感受到文化环境的影响。

二、文化对消费者心理的影响

文化有着相当广泛的内涵，就其对消费者心理的影响来看，主要有诸如民族传统、风俗习惯、价值观念、宗教信仰等方面。

（一）民族传统

中国传统文化是以几千年来的小商品经济为基础，以儒家伦理道德为核心的。它的基本精神被我国社会学家司马杰概括为"尊祖宗、重人伦、崇道德、尚礼仪"。这种传统在消费行为上表现为不追求奢华，讲求实用。消费观念则主张量力而行，精打细算，细水长流；对商品的评价标准主要是物美价廉、实用、耐用；在享受消费方面，节制个人消费欲望被视为传统美德。改革开放以来，人们的收入水平有大幅度的提高，加上外来文化的影响，传统的消费观念正在发生改变，但传统的节制性消费习惯仍是主流。

中华民族是一个崇尚礼仪，遵从和谐，重视感情联络的民族。这些传统在消费心理上表现为和谐求同的观念。希望个人行为能得到社会的认可，习惯使自己的消费行为与周围环境保持协调，融于群体之中，不愿因过分的自我表现或引人注目而带来群体的排斥。这种消费上的求同心理，形成社会消费的趋同性，消费品市场上的大众化商品受到广泛的欢迎，那些能满足大多数消费者需求的商品，容易引起一定范围的广泛消费潮流。如在我国城市消费者中，家电消费的普及程度是非常快的，仅用了短短几年时间就实现了西方世界用几十年才达到的普及率。中国人在社会交往过程中讲求感情联系，尤其是在物质交往上更是习惯克己待人。亲朋好友相聚，主人会尽其所能使客人吃好、喝好，常常达到铺张的程度，而客人也会奉上一份像样的礼品。这种请客送礼的传统，造就了我国节假日商品消费的旺季，为经营者们提供了良好的市场机会。

（二）风俗习惯

风俗习惯是指一个民族国家或地区广为社会公认的固定化的某些行为方式，且成为一般社会成员遵从的行为模式。反映在日常生活中的衣食住行、接人待物、迎送宾客、文化生活、婚丧嫁娶、传统节日、宗教信仰和禁忌等方面的消费方式就成了消费习俗。一般来说，不同的民族具有不同的习俗，这主要受该民族的宗教信仰、经济发展水平、传统文化、自然环境和生产条件等因素的影响。

心理学的研究表明，一个民族的共同心理和共同感情形成了该民族风俗习惯。反过来，这些风俗习惯又往往与全民族的心理情感联系在一起，被视为神圣不可侵犯。尊重他们的风俗习惯就会受到欢迎，否则会引起心理抗拒甚至敌视。因此，经营者在开拓某些新的市场时，首先应了解和尊重当地的风俗民情，设计制造出能表现其风俗习惯特征的商品和商品包装，以取得当地消费者的认同，迅速打开市场。反之，不符合当地风俗的商品，即使性能优越、价格合理，也很难打开销路。

传统节日，是民族风俗习惯的重要组成部分。各民族都有自己的传统节日。如藏族有藏历节，汉族有春节、端阳节、中秋节，傣族有泼水节，等等。每逢节日各民族都要按自己的传统方式举行不同的庆祝活动。在此期间，也是各民族消费者的消费最集中的时候，市场销售额大幅度上升，形成商品的销售旺季。因此，企业经营者应该熟悉各民族的传统节日和消费习俗，及时生产或组织货源，抓住市场机会，销售商品，满足各民族消费者的需要，繁荣民族地区经济，提高企业的经济效益。

婚丧嫁娶仪式是民族风俗习惯的又一重要组成部分。尽管各民族婚丧嫁娶的具体仪式相差很大。但从消费者行为上看，都是人生中的一个十分集中的消费阶段。我国各民族有重视婚嫁仪式、讲究排场的习惯。近年来用于婚嫁的消费支出费用上升很快，这给企业带来了市场机会。一些企业近年来开办专门为婚嫁仪式服务的经营项目，大多取得了成功。

（三）价值观念

价值观念，就消费心理学的范畴而言，是指消费者用来评判衡量商品价值的心理标准。它因消费者的需求、兴趣、观念和消费目的不同而存在差异。例如，节约时间是西方国家消费者对商品评价的一项标准，方便商品就受到消费者的普遍欢迎。发展迅速的巨型超级市场是为了让消费者一次就能买齐所需的各种日常消费品，从而大大节约购买时间，自然会成为消费者乐意光顾的地方。在我国，商品的功能、价格却是消费者主要的价值观念，消费者决定购买商品前往往从商品功能、价格上进行反复比较，衡量后才会做出决定，当然这与目前人们的收入水平较低不无关系。

价值观念作为衡量、评判商品价值的心理标准，不是唯一的，而是存在着几个方面的标准。这些不同的标准一般不是平行的，而是呈梯级状态，有首要标准、次要标准等。消费者购买商品时，先要满足首要标准，继而再用其他标准来衡量。例如，一个讲究打扮的女士购买服装，自然首先要看服装的颜色、款式是否符合她的审美观。同时也会考虑价格、质地等其他因素。但如果商品连首要评判标准都不能达到的话，消费者是不会接受的。因此，企业应特别重视研究消费者价值观念中的首要标准。

价值观念本身属社会学的范畴，因此也同其他社会现象一样是在不断变化着的。价值观念的变化必然会演化为消费行为的变化，消费行为的不断变化就给企业带来新的市场机会和潜在威胁。一个成功的企业，通常就是那些能在不断变化发展的市场中，顺应市场发展，抓住机遇，及时推出符合时代价值观念的新产品，制定出新营销策略的企业。一切故步自封，不思进取的企业，是必定要失败的。

（四）宗教信仰

宗教属于社会意识形态范畴。世界上宗教派系很多，其中影响最大的有佛教、基督教和伊斯兰教。

宗教信仰对消费者心理的影响，主要是通过两种渠道实现的。首先，各种宗教对教徒的日常行为、重大仪式等方面都有规定或要求。其次，宗教对消费者的心理影响是通过宗教主张、宣传口号的感召力来实现的。如佛教主张普度众生，宣传因果报应，以此来告诫人们应宽以待人，多行善事；基督教则主张博爱等，这些无疑会对消费者的心理和行为产生重要的影响。

随着社会的发展变迁、不同文化的相互渗透，以及人类对自然界认识的不断深入，宗教信仰中的迷信成分正被逐渐淡化，一些宗教节日也渐渐失去宗教色彩而演变成风俗习惯。如圣诞节已由原来基督教的圣节演变成西方国家喜庆和亲友、家人团聚的节日。但这些传统宗教节日所遗留下来的消费习惯大多仍为人们所承袭，这又为企业销售节令商品提供了极佳的市场机会。

三、亚文化对消费者心理的影响

（一）亚文化的概念

文化环境是一个庞大的整体，在这个整体内部既存在一个为全社会成员所共有的基本文化因素——核心文化，同时又存在若干个亚文化整体。所谓亚文化，是存在于不同的社会群体之间为他们所独有的基本文化因素，是人们因民族、籍贯、地区、宗教、性别、年龄、职业等不同，而形成的具有各自特点的，共有范围相对较小的文化。从消费心理的角度来看，亚文化对消费者行为有着更直接的影响。属于不同亚文化影响范围的人，在消费方面存在着很大的差异；属于同一亚文化影响范围的人，在消费方面就有较多的相似之处。

（二）亚文化群的特点及对消费者心理的影响

亚文化群是指属于同一亚文化影响范围内的消费者。因人们的视角不同，因而存在多种亚文化群的分类方法。本书只从有利于进行市场细分的角度，选择国家亚文化群、民族亚文化群、地区亚文化群，对消费者心理的影响进行分析讨论。

1. 国家亚文化群及其影响

随着我国经济体制改革和对外开放的不断深入，国际性经济交往日趋频繁，进出口贸易不论在总体数量上，还是在国度范围上都在大幅度提高。因此，了解不同国度的亚文化特征，这是经营企业搞好对外贸易的前提条件之一。不同国家的人们由于分属不同的亚文化影响范围，因而他们的消费习惯存在着许多差异。如日本的年轻人习惯群体在一起活动，英国青年则喜欢男女成对的单独活动；中国以红色为大吉大利的颜色，北欧的一些国家却将红色视为凶兆、不吉利的颜色；中国人喜欢菊花，法国人则只在丧葬仪式上才使用菊花。若企业不了解这些，用红色包装商品出口北欧或用菊花作商品图案出口法国，无疑会导致营销失败。

2. 民族亚文化群及影响

一个国家往往由多个和平共处的民族共同组成。我国就有56个民族。各民族之间存在宗教信仰、崇尚爱好和生活习惯等方面的差异，形成相对独立的消费方式和具有民族特色的消费心理。例如，藏族人民喜欢象征幸福美好的几何、福寿图案的金边绸和彩色棉；而新疆的一些少数民族则喜欢条子花、迎春花的绣花缎料；哈萨克妇女喜欢穿马靴；朝鲜妇女则喜欢穿长裙等，这些都是具有民族特色的消费习惯。企业应该在调查研究各地不同民族生活习俗的基础上，努力组织生产能够满足各民族特殊需要和爱好的商品，扩大商品的市场销量，满足和繁荣各族人民的物质文化生活的需要。

3. 地区亚文化群及影响

地区亚文化群是指不同地区因自然环境、生产条件的差异而形成的地区性文化特点。其反映在消费心理上就表现为不同地区的人具有不同的消费观念和消费习惯。有句俗语叫"南甜北咸，东辣西酸"，说的就是不同地区人们的饮食特点，而八大菜系不仅反映了我国丰富的餐饮文化，更反映了不同地方的人们在饮食方面的不同偏好。

除了饮食，南、北方人民在生活习惯和行为方式上也有很多差别。营销商在推广产品和打开市场时，必须考虑到这种差别，否则很难达到预期的目的。

第五节 经济因素与消费行为

经济因素是影响消费行为的又一个主要因素。其中消费者收入因素和消费结构对消费行为影响尤为直接。

一、收入因素

收入因素同人口因素一样，是构成市场的重要因素，甚至是最为重要的因素。因为市场容量的大小，归根到底取决于消费者购买力的大小，一个消费者的需要能否得到满足，以及怎样得到满足，主要取决于其收入的多少。

从市场营销的角度计算消费者收入，通常从以下两个方面进行分析。

（一）国民收入

国民收入是指一个国家物质生产部门的劳动者在一定时期（通常为一年）内所创造的价值的总和。一个国家以一年的国民收入总额除以总人口，即得该国的人均国民收入。人均国民收入大体上反映了一个国家的经济发展水平和人民生活状况。例如，某些西方国家被称为发达国家，就是因为人均国民收入水平比较高，我国属于发展中国家，就是因为人均国民收入水平还不高。

（二）居民收入水平

居民收入水平是影响购买力大小、市场规模及消费支出结构的一个重要因素。

对居民收入水平的分析,应着重于区别"个人收入"、"个人可支配的收入"和"个人可任意支配的收入"。从人均国民收入中减去公司(或企业)所得税、公司盈余及社会保险等后所剩下的那部分收入,称为"个人收入"。个人收入减去应由个人直接负担的税收及其他费用后所剩下的那部分收入,称为"个人可支配的收入"。个人可支配的收入主要用来购买必需品,它是影响居民购买力和消费支出的决定性因素。从个人可支配的收入中减去用于购买生活必需品和固定支出(如房租、保险费、分期付款、抵押借款等)所剩下的那部分个人收入为"个人可任意支配的收入"。这部分收入可存入银行,也可用来旅游或购买耐用消费品等,它是影响消费结构的重要因素,使用这部分收入所购买的产品与劳务的需求弹性大。因此,提供这类产品的企业间竞争较为激烈,尤其在产品与品牌方面的竞争更是如此。

二、消费结构

消费结构指消费者在各种消费支出中的比例及相互关系。居民个人收入与消费之间存在着一个函数关系,而且在不同的国家和地区,个人收入与消费之间的函数关系是不同的。经济学家凯恩斯提出过边际消费倾向理论,德国统计学家恩格尔提出过著名的"恩格尔定律",认为:当家庭收入增加时,只有一小部分用于购买食物,用于衣服、房租和燃料方面的支出变动不大,但用于教育、医药卫生与闲暇娱乐活动方面的支出则增加较多。人们根据恩格尔论述的消费支出与总支出之比关系,把它称为"恩格尔系数"。恩格尔系数越小,食物支出所占比重越小,表明生活质量越高;反之,则生活质量水平越低。企业从恩格尔系数可以了解目前市场消费水平、变化趋势及对营销活动的影响。

随着我国经济的发展,在全国范围内基本上实现了小康目标,其消费结构的变化出现了以下特点:一是我国人均生活水平与发达国家相比差距较大,决定了我国当前的支出模式依然以购买吃、穿等生活必需品为主;二是随着住房制度改革,购买商品房和现有公房的家庭较多,用于购买住房和装潢布置上的开支大幅度增长;三是医疗制度的改革,增加了卫生保健方面的开支;四是用于子女上学、就业培训方面的开支上升较快;五是非物质性消费如用于旅游、交通、娱乐性活动的开支增加;六是家庭电器化、灶具电气化、电话普及、家庭电脑的使用等导致相应开支的大幅度上升;七是用于储蓄、证券投资方面的比重增大,其目的是为今后子女上学、购买住房、大件用品添置做准备。这既影响到企业的现实市场的规模,也为资金市场注入了大量资金,为企业融资提供了方便。

三、家庭收入

家庭收入是家庭支出的源头,是家庭消费的经济基础。它在很大程度上决定家庭的消费行为。

一个收入水平高的家庭,在满足了食物支出之后,剩余的可任意支配的资金较多,故而它就有较高的消费水平,决策过程较快。这类家庭在选择商品时多选择一些高品质、高档次的名牌商品。反之,一个收入水平低的家庭,在满足了食物支出之后,剩余的可任意支配的资金很少,故而它的消费水平较低,决策较慢,消费行为理智性较强，较难受到各种促销手段的影响。菲利浦·科特勒等人对亚洲各国的家庭收入和消费特点进行了研究，见表8-1。

表8-1 收入水平与消费特点（亚洲）

年收入/美元	消费特点
1 000 以下	主要集中在基本食品上，很少有可自由支配的消费开支
1 000～2 000	有某些消费品开支；开始在外吃饭；某些超级市场购物开支，但所购产品范围有限
2 000～3 000	在超级市场采购多种食品，娱乐或休闲的开支很显著，耐用消费品开支增加，购买个人使用的小型汽车或摩托车
3 000～5 000	多样化的饮食消费；多样化的休闲开支，包括旅游度假；耐用消费品开支范围很广，包括非必需的耐用品（如摄像机或高保真音响）；个人健身的开支增加；购买汽车的增多
5 000～10 000	在外吃饭的开支增加；基本食品已为冷冻的加工食品所代替；休闲开支包括海外度假与购买奢侈品；出现投资
10 000 以上	投资；购买奢侈品；家庭娱乐

本 章 小 结

本章着重讨论了影响消费者心理和行为的家庭、社会阶层、参照群体、文化、亚文化等因素。

家庭是社会生活组织形式和社会构成的基本单位。它与消费行为有着极为密切的联系。在营销活动中应该考虑家庭人口数、家庭生命发展周期、家庭消费角色分工等对消费心理和行为的影响。

社会阶层指的是某一社会中根据社会地位或受尊重程度的不同而划分的社会等级。常用的划分社会阶层的标准主要有以下几种：教育、职业、收入、权力。

参照群体指能直接或间接影响个体消费者的价值观念，并影响着他对商品和服务的看法、影响其购买行为的群体。

消费心理学中的文化是指社会意识形态同人们的衣、食、住、行等物质生活、社会关系相结合的一种社会文化。

亚文化是一种局部的文化现象，常见的亚文化分类主要有人种亚文化、民族亚文化、地域亚文化、宗教亚文化等。

复习思考题

1. 简述处于不同生命发展周期阶段的家庭的主要消费特点。
2. 研究家庭的消费角色分工对制定营销策略有何作用？
3. 对营销人员来说，了解每个社会阶层的总体特征有什么意义？

4. 访问3家有出口业务的企业，分析其在制定营销策略时是否恰当地考虑了跨文化问题。

 案例分析

星巴克咖啡

星巴克（Starbucks）是一个闻名世界的咖啡连锁店的名字。1971年吉罗·宝威（Gerald Baldwin）、戈登·鲍克（Gordon Bow. ker）和杰夫·西格（ZeV Siegl）三人在西雅图的Pike Place市场开办了第一家咖啡豆和香料的专卖店，星巴克公司。

1982年，霍华德·舒尔茨（Howard Schultz）加入星巴克。有一次，他去意大利出差期间，参观了米兰一些著名的意式咖啡馆，这些咖啡馆不仅买卖兴隆，而且还带给消费者以深厚的文化底蕴，由此他也意识到在西雅图开办这种形式的咖啡馆具有潜在商机。1986年霍华德·舒尔茨斥资400万美元重组星巴克，推动了星巴克向意式咖啡馆的转型，并完全以自己的理念来经营星巴克。20年中，星巴克先是在美国的其他地区开花，接着又走向了整个世界。其后，星巴克又率先向自己的兼职员工提供本公司股票的买卖权，成为公开上市交易的企业。时至今日，星巴克公司已经在35个国家开办了12 000多家连锁店。除了出色的咖啡以及浓缩咖啡饮料之外，人们还可以在星巴克享受到泰舒茶和星冰乐饮料。

星巴克之所以成功，表面上是它令人称道的咖啡、细致周到的服务和浪漫温馨的环境，而实质上是它用这些元素向消费者传递了星巴克的品牌核心价值，即给顾客难忘的消费体验。

体验是一种感觉，它是在一定的时空条件下，人们达到情绪、体力、智力、经验甚至是精神的某一个特定水平时，在意识层面所产生的感觉；体验是创造记忆的经历和过程；体验是个性化和互动的一系列事件和经历。

星巴克的品牌价值核心是"星巴克出售的不是咖啡，而是人们对咖啡的体验"。星巴克充分运用了"体验"作为其制胜的营销工具。因为咖啡的消费很大程度上是一种感性文化层面上的消费，而对于咖啡店来说，最重要的是用环境文化去感染顾客。星巴克人把咖啡作为一种载体，把一种独特的格调传送给顾客。这种格调就是"浪漫"。无论是室内风格的装修，还是仔细挑选的装饰物和灯具，或者是煮咖啡时的嘶嘶声，将咖啡粉末从过滤器敲击下来时发出的啪啪声，用金属勺子铲出咖啡豆时发出的沙沙声，都是顾客熟悉的、感到舒服的声音，都烘托出一种"星巴克特有的情景体验"。人们可以暂时摆脱繁忙的工作而得到精神和情感的补偿。在这里人们可以轻松自由地做自己的事情，聊天或打开电脑浏览资料。木制的桌椅、轻柔的音乐、考究的咖啡器皿都烘托了一种典雅悠闲的氛围，使星巴克式的浪漫在店内弥漫。

星巴克通过提供纯正口味的咖啡来创造产品体验。为保证星巴克咖啡一流，星巴克设有专门的采购系统。他们常年旅行在印尼、东非和拉丁美洲一带，与当地的咖啡种植者、出口商交流沟通，为的是能够购买到世界上最好的咖啡豆。他们工作的最终目的是让所有热爱星巴克的人都能体验到星巴克所使用的咖啡豆是来自世界主要的咖啡豆产地的极品。所有咖啡，都在西雅图进行烘焙。无论是原料豆及其运输、烘焙、

配制、配料的溶加、水的滤除，还是员工把咖啡端给顾客的那一刻，一切都必须符合严格的标准，都要恰到好处。星巴克为了满足顾客需要，除了星巴克咖啡外，还调制出各色口味：由甜酸果味的"女神天韵口味"；纯度饱满、口感厚重的"纳瑞诺咖啡"；香味诱人的"维罗娜咖啡"。如今的星巴克，在世界各地采取不同的产品策略，比如在中国提供茶饮的选择。甚至在中秋月圆之际，还有精致的月饼推出。月饼和咖啡，这看似不相干的两类食品，却被星巴克诠释成中西文化结合的经典。

星巴克通过"认真对待每一位顾客，一次只烹调顾客那一杯咖啡"来创造服务体验。这句取材自意大利老咖啡馆工艺精神的企业理念，贯穿了星巴克的服务秘诀。其服务主要分归为以下几种。

1. "定制式"服务

星巴克在对顾客进行细分的基础上将咖啡产品的生产系列化和组合化。根据不同的口味提供不同的产品实现一种专门定制式的"一对一"服务，真正做到真心实意为顾客着想。

2. "互动式"服务

星巴克深知每一个进入店中的顾客是最直接的消费者应该努力使之成为常客。为此星巴克对其服务人员进行了深度的培训使每个员工均成为咖啡方面的专家。就这样开始了和顾客的深度互动。工作人员和顾客可以一起探讨有关咖啡的各类知识包括种植、挑选、品尝还讨论有关咖啡的文化甚至奇闻轶事回答顾客的各种询问。顾客在享受服务和环境氛围的体验外，还可以得到很多有关咖啡方面的经验。而服务人员也借此机会把从顾客身上了解到的兴趣爱好、问题反映给公司，从而使得公司得到最准确的资料以更有效地制定和更改销售策略。星巴克还将咖啡豆按照风味分类让顾客可以按照自己的口味挑选喜爱的咖啡。使顾客对咖啡的体验成为有源之水、有本之木。这种互动使得双方关系更加密切。

3. "自助式"服务

星巴克十分强调自由风格。因此在它的服务体验中，也采用了自助式的经营方式。顾客在柜台点餐后可以先找个位置稍加休息，也可以到旁边等候区观看店员调制咖啡，听到服务生喊自己点的东西后就可以去端取，享受咖啡第一时间的芳香。在用品区还设有各式各样的调味品，如奶糖、奶精、肉桂粉，以及一些餐具，顾客可以自行拿取。自助服务让消费者摆脱了长长的等候队伍，减少了等候时间，并给了顾客更多的控制权。由于采用这种自助式消费方式，迎接顾客的不会是迎面的一声"请问您需要什么？"而是可以自行走到柜台前选取自己所需的饮料。这样的经营方式更有家的感觉，符合星巴克传递的一种自由、舒适的理念。

问题：

1. 星巴克咖啡在我国大城市的成功登陆，说明消费者消费心理出现了哪些变化？

2. 我国中小城市具备星巴克咖啡发展的消费者群体吗？

（案例来源：百度文库，http://wenku.baidu.com/view/6badfb4af7ec4afe04a1df75.html 编者进行了部分修改）

第九章
消费者的购买决策与行为分析

学习目标

- ▶ 了解消费者购买决策以及购买行为的类型；
- ▶ 理解消费者购买决策以及购买行为的定义及内容；
- ▶ 掌握消费者购买行为理论；
- ▶ 熟练掌握及运用消费者购买决策过程及其影响因素。

第一节 消费者的购买决策

一、消费者购买决策的定义和内容

（一）消费者购买决策的定义

意义上的决策，是指为了达到某一预定目标，在两种以上的备选方案中选择最优方案的过程。就消费者而言，购买决策是指消费者作为决策主体，为了实现满足需求这一特定目标，在购买过程中进行的评价、选择、判断、决定等一系列活动。

购买决策在消费者购买活动中占有极为重要的关键性地位。首先，消费者决策进行与否，决定了其购买行为发生或不发生；其次，决策的内容规定了购买行为的方式、时间及地点；再次，决策的质量决定了购买行为的效用大小。因此，正确的决策会促使消费者以较少的费用、精力在短时间内买到质价相符、称心如意的商品，最大限度地满足自身的消费需要。反之，质量不高或错误的决策，不但会造成时间、金钱上的损失，还会给消费者带来心理挫折，对以后的购买行为产生不利影响。所以，决策在购买行为中居于核心地位，起着支配和决定其他要素的关键作用。

（二）消费者购买决策的内容

人是有思想的动物，人的行为是大脑对刺激物的反应。对内外环境刺激变化的反应，促成了消费者的购买及其他行为。心理是行为的基础，购买行为则是思维和行动的结果。对购买决策的分析也要从环境对思维的刺激入手，要分析购买的主体——消费者、购买的客体——商品和购买等几个方面，其具体内容如下。

1. 原因决策

目标决策也就是为什么要购买的决策问题。消费者购买商品的原因多种多样，为了充饥御寒，消费者必须决定购买吃的、穿的这些生活必需品；为了社交结友，消费者又要决定购买礼品。此外，个人的兴趣爱好、收入的增加、商品价格的下调、新产品上市等原因也都会刺激消费者做出购买的决策。

2. 购买方式决策

购买方式决策即决定怎么购买的问题。消费者在购买商品时，要事先决定采用什么方式，是自己去买还是托人代买？是直接去买还是间接邮购、函购？是现金购买还是使用信用卡？是全部当时付款还是分期或延期付款，等等。购买方式的决策也还有赖于各种外界因素，比如卖方是否允许使用信用卡购买，是否允许延期或分期付款，等等。

3. 购买目标决策

购买目标决策也就是为什么买这种商品而不买那种商品的决策问题。消费者购买某种商品的决策，要受该商品自身特性，包括商品的型号、款式、颜色、包装等因素的影响，还要受市场行情、价格及商品的售前、售后服务等因素的影响。符合消费者意愿的商品便会刺激消费者做出购买该商品的决策。

4. 购买频率决策

所谓购买频率决策，也就是消费者决定多长时间购买一次。这方面的决策与商品的寿命、使用周期以及家庭状况有直接的联系。按照家庭结构、收入水平、商品使用情况，消费者总要决定大约多长时间购买一次。当然随着各种情况的变化，购买频率也在变，但在正常情况下，生活必需品和日用品的购买频率比较固定。

5. 购买时间决策

购买时间决策是指在什么时候去购买商品。购买时间的决策，一般同工作性质和生活习惯有关系。此外，商品本身的季节性、时令性也影响购买时间。一般来说，消费者选择工余或节假日购买商品的时候比较多。

6. 购买地点决策

购买地点决策是指消费者去哪儿购买的问题。消费者到哪儿去买与购买动机有关。这个决策受购买商品的性质，消费者居住的区域与商业网点设置是否一致，经营商店或单位的声誉、经营状况、售货方式、服务质量以及购买地点的交通状况等众多因素的制约。消费者在购买前一般也都要考虑上述因素，再做决策。

总之，一般人的购买行为是在各种条件下，通过各种信号对大脑的刺激，思维决定为什么要买、买什么、怎么买、到哪儿去买、什么时候去买以及需要多长时间买一次。当然，心理状况不同、生活习性不同、生活水准不同、生活能力不同、消费观念不同以及生活在不同环境下的消费者的购买行为，都是不尽相同的。但无论什么样的消费者的购买行为，都要对上述几方面进行决策，而后才能将思维与行动相结合。

二、消费者购买决策的类型

(一) 复杂型

复杂型的决策与传统型的决策观点最接近。如表9-1所示,促使复杂型问题解决过程发生的那种动机,通常对自我概念是相当重要的,而最终的决策也被认为带有一定程度的冒险性。消费者试图收集所有能够得到的信息,无论是来自记忆(内部搜索)还是来自外部刺激(外部搜索)。基于这种决策的重要性,每一种备选产品都被进行了仔细的评价。人们通常是通过考虑一个品牌在一段时间内的特性,以及每个品牌特性如何形成一些合意的特质集合来对品牌做出评价的。

表9-1 消费者购买类型

	简 单 型	复 杂 型
信息收集	很少搜索 被动地进行信息加工 更可能在商店里进行决策	广泛搜索 主动地进行信息加工 在去商店购买之前参考了多方面的信息
动机	低风险、低卷入	高风险、高卷入
购买	有限的购物时间;可能偏爱自助产品 选择经常受到店铺陈列的影响	如果有必要的话,会去很多商场 经常希望和商场工作人员进行交流
候选品牌的评价	信念很弱 只使用最主要的标准 候选品牌被认为是基本相似的 使用非补偿性策略	信念很强 使用多种标准 认为候选品牌有显著的不同 使用补偿性策略

(二) 简单型

简单型购买决策通常更加直接和简单。购买者没有进行积极的信息收集后,对每一个候选品牌进行严格的评价。不少人使用简单的决策规则来选择品牌。这种认识上的捷径使他们能够转而依靠一般的指导原则,从而避免了每次做决策都得从头开始的麻烦。

(三) 惯常型

无论是复杂型决策还是简单型决策,都涉及一定程度上信息的搜索和思考,虽然他们在信息搜索和精细加工的程度上有所不同。然而,这个选择连续体的另一端是那些需要极少甚至不需要意识努力的决策。许多购买决策是如此具有惯常性,以至于除非我们去看一眼我们的购物车,否则我们都可能会意识不到我们已经做出了购买行为。进行这种带有自动性特征的选择时,只需要最小限度的努力并且是没有意识控制的。虽然这种不假思索的活动可能看上去很危险或非常愚蠢,但它实际上在许多情况中是非常有效的。这种惯常性、重复性的行为使消费者能够把花在日常购买决策中的时间和精力减到最少限度。

三、消费者的决策过程

广义的购买决策过程是指包括决策程序本身在内和影响这个决策的各种内外因

素的整个程序。

狭义的购买决策过程是指顾客购买决策本身的过程，它将各类影响因素排除在外。狭义的购买决策过程通常由五个基本步骤所组成，即识别需要、信息收集、筛选分析、购买决策、购后行为。本书所采用的是狭义的购买决策过程。

（一）识别需要

识别需要即消费者受到某种刺激而对客观事物产生的欲望和需求。刺激是因为生命有机体中有某种需要所感到的缺乏或不足而产生不平衡，这种不平衡促使生命有机体采取一种具有某种目的的特别行动。此时，某人的行为直接朝向一种特殊目标，目标一旦达到之后，便可使需要得到满足，身心得到平衡。下次受到刺激时，又会努力完成目标，如此周而复始，便形成刺激的循环。这种刺激来自两个方面：一是来自消费者内部的生理及心理缺乏状态，如因饥饿而产生进食的需要，因干渴而产生饮水的需要，因寒冷而产生添衣的需要等；二是来自外部环境刺激，如食物的香气扑鼻，广告的宣传诱导，商品包装的精美设计，时尚领先者的示范作用等。内外部刺激共同作用的结果，也可以引发消费者的某种需要。这一过程即识别需要阶段。

（二）信息收集

消费者在购买目标已经确定的前提下，开始围绕目标广泛收集相关信息，以便寻找满足其消费需要的最佳目标对象。消费者可以从他们所处的环境中获取信息，这里的环境包括广告、售货员、朋友和邻居的口碑相传以及诸如《消费者报告》等公正的信息来源，等等。消费者为获取这种信息而使用的方法有下列三种，每一种方法都与消费者对产品的参与有关。

（1）持续不断的搜寻。例如，订有汽车发烧友杂志的车迷会注意到宽泛的汽车信息。

（2）在具体购买中搜寻。例如，向零售店或朋友询问有关汽车的情况。

（3）消极的获取。这部分消费者是在不经意、不付出努力的情况下获取信息，不是积极主动地获取产品信息。

（三）筛选分析

消费者在信息收集后就会利用新的或已经存在于记忆中的评估来选择产品、服务、商标或最能满足优良购物与消费的商店。消费者要根据自己的经济实力、兴趣爱好及商品的效用满足程度，对购买客体进行认真的分析、评价，对比他们的优、缺点，淘汰某些不满意或不信任的商品类型和品牌，然后对所确认的品牌进行价格、质量、售后服务的比较推敲，以便挑选最佳性价比和最大满足度的商品。假如消费者认识到他们所喜爱的品牌价格在上涨，他们会根据价格上涨的动机（消费者认为公司增加利润的程度是和公正与否密切联系的）来判断这个价格变化是否合理。如果他们感到不太合理，就会减少对该产品的购买意愿。

（四）购买决策

当消费者对掌握的商品信息经过分析、评价和筛选之后，就进入决定购买阶段。一般有三种性质的购买决定行为。

（1）试购。由于消费者没有实际消费经验，难免心存疑虑。为减少风险，购买者常常先购买少量商品试用，如少量的洗涤剂、小瓶的洗发液等，以证实商品是否货真价实。

(2) 重复购买。消费者对于以前购买且产生良好体验的商品会继续购买，这种重复购买行为会减少因决策不当而带来的购买风险，同时增强消费者对产品的忠诚度。

(3) 仿效购买。当消费者因为多种原因难以做出有效决策或对自身决策缺乏信心时，有可能采取从众行为，仿效他人或大多数人的购买选择，以减轻心理压力和避免不良后果。

（五）购后行为

在消费者的购买行动之后，仍然会有一些与消费行为相关的购后行为。在这一过程中，消费者会形成满意或不满意的感觉。消费者满意度是指消费者获得或使用产品（或服务）以后对其总的态度。消费者会根据自己的感受对产品或服务进行评价，来验证购买决策的正确与否。这里有两种情况：假如所购商品完全符合自己的意愿，甚至比预期的还要好，消费者不仅自己会重复购买，还会积极地向他人宣传推荐；相反，假如所购商品不符合其愿望或效用很差，消费者不仅自己不会再购买，还会发泄其购买后的不满情绪，竭力阻止他人购买。这是一个由特定的购买选择以及使用和消费的体验所带来的选择后评价。

四、影响消费者购买决策过程的因素

影响消费者购买决策过程的因素可以分为几大类。

（一）环境因素

消费者生活在一个复杂的环境中，他们周围的环境因素包括文化、社会阶层、家庭、个体影响和地位，等等。

(1) 文化。在消费行为学研究中所提到的文化指的是价值观、思想、人造物品，以及其他一些协助社会成员间沟通、交流、评价等有意义的符号。

(2) 社会阶层。即在市场细分中，具有相同的价值观、兴趣和行为的个体的总和。

(3) 家庭。具有复杂性、角色功能多变性的家庭往往是消费者决策的主要单元。

(4) 个体影响。作为消费者，我们在做购买决策时，经常会受到周围和我们有密切联系的人的影响，这就是个体影响。

(5) 社会地位。消费者的消费行为随着其社会地位的改变而改变。有时候，这些改变是无规则和不可预测的。比如自己突然被解雇等。有时候，这些变故是可以通过研究来预测的。

（二）刺激因素

人的心理活动与外界刺激有密切关系，刺激量大，心理活动也就大，反之亦然。刺激因素包括以下几个方面。

1. 广告的效应

广告是商品生产和商品交换发展的产物，是市场竞争的重要内容和主要手段之一，也是现代社会及其经济活动的重要组成部分。它不仅对消费者的购买行为产生极大影响，而且对消费者的消费习惯也会产生不同程度的作用。能否刺激消费者的注意，是成功的广告的最基本功能。例如，特大的标题、奇特的文字、惊人的报道、美丽的图片、悦耳的音响等，都能达到这种目的，一般来说，唤起注意的人越多，广告效果就越好。

2. 商品的价格

价格是价值的货币表现，是消费者心理中最敏感的因素。我们应当看到，在当今科技进步和知识爆炸的时代，消费者面对品种繁多、质地各异、五光十色的商品，很难一一分辨他们的内在品质，也很难全面掌握他们的具体性能，当然也就更难真正了解他们的实际价值。因此，在消费者心理上，价格就成为据以衡量商品价值和商品品质的尺度。

3. 商品的包装

商品的包装在现代化市场营销活动中的地位越来越令人瞩目。企业正是靠商品的包装才把成千上万的商品装扮得五彩缤纷，使它们更具有魅力。所以，包装的造型要新颖独特，图案要美观大方，色彩要协调鲜明。实践证明，优美的商品包装不仅能从直观上区别商品的性质和用途，更能刺激消费者的购买欲望。

除了上述刺激因素外，还有其他一些因素，比如商品的质量、性能、款式、服务、购买方便与否等，也是消费者的心理刺激因素。

（三）消费者个人及心理因素

消费者个人因素包括年龄、性别、职业、经济状况和个性因素。其中消费者的心理因素，因为不能直接看到，又被称做黑箱。而刺激因素则由企业出发，然后被输入消费者的黑箱，经过消费者的心理活动过程，变为有关购买的决策输出。消费者的心理因素包括以下几个方面。

1. 动机

任何购买活动总是受一定的动机支配，这种来自于消费者内部的动力反映了消费者在生理上、心理上和感情上的需要。

2. 感觉与知觉

两个具有同样动机的消费者，会因为各自的感觉和知觉不同而做出不同的购买决策。

3. 学习

学习是一种由经验引起的个人行为相对持久变化的心理过程，是消费者通过使用、练习或观察等实践活动逐步获得和积累经验，并根据经验调整购买行为的过程。企业应创造条件，帮助消费者完成学习过程。

4. 信念与态度

消费者在购买和使用商品的过程中形成了信念和态度，这些信念和态度又反过来影响其未来的购买行为，企业最好改变自己的产品以迎合消费者已有的态度，而不是去试图改变消费者的态度。

五、决策过程中的偏差

在消费者决策过程中存在两种偏差。

第一种偏差被称为滞留成本谬误。我们思考下面这个情节：假如有人送给你一张某场很重要的球赛的门票，然而在你临出门时，突如其来一场暴风雪，这时出门去看球赛多少有些危险，这时你还会出去吗？现在设想同样的情节和暴风雪天气，但这次的门票是你花了很大价钱买来的。那么在这种情况下你会冒着暴风雪出门吗？关于人们对这个情节及其他类似问题的分析，阐明了心理核算的原则，其内容是，决策受问题呈现方式和从其中是否受到收益或损失等因素的影响。在上述情节中，研究者们发现，如果人们是自己买票的话，就更有可能冒着暴风雪和人身安全出门，这种决策的不理智性，对于个人而言，自己在门票上花钱多少，他出门的风险都是一样。这种决策上的偏差被称为滞留成本谬误。

另一种偏差被称为损失厌恶。就是说，人们通常会更强调损失而不是收益。例如，对大多数人来说，损失前带来的不愉快，要大于获得前的愉快。前景理论是一种关于选择的描述性模型，该理论认为，效用是损失和收益的函数，并且当消费者面对设计收益的选择和设计损失的选择时，其中的风险是不同的。其中，不同就在于人们偏爱使用别人的资源，当人们意识到在使用别人的资源的时候，他们就更愿意冒险。因此，与理性决策观点相反，我们对金钱的重视程度取决于它的来源。这就解释了为什么人们会把一大笔红利花在无关紧要的购买上，而从来不会想到从他们的积蓄中拿出同样的数目来进行同样的购买。

第二节 消费者购买行为模式

一、国外购买行为模式介绍

（一）恩格尔模式

恩格尔模式也称 EKB 模式，是由美国俄亥俄州立大学三位教授恩格尔（J. F. Engel）、科拉特（D. T. Kollat）、布莱克威尔（R. D. Blackwell）于 20 世纪 70 年代在《消费者行为》一书中提出来的。这种模式强调了购买者进行购买决策的过程。在这个模式里，消费者心理成为"中央控制器"。在"中央控制器"中，输入内容与"插入变量"相结合，便得出了"中央控制器"的输出结果——购买决定，由此完成一次购买行为。

恩格尔模式可以说是一个购买决策模式，它详细地表述了消费者的购买决策过程，强调了购买决策的系列化，由此构成消费者对商品的初步认知，描述了一次完整的消费者购买行为过程。但是这种模式实际上是一个购买决策模式，而不是购买行为模式，且过于烦琐，不易掌握。

（二）尼科西亚模式

尼科西亚模式是于 20 世纪 60 年代在《消费者决策过程》一书中提出来的。该模式由四大领域构成。领域 I 称为"从信息源到消费者态度"。它又分为两个小领域，即小领域①和小领域②，小领域①包括企业属性与特点，小领域②包括消费者属性与特点，领域 I 表示企业通过推销活动把信息发送给消费者，消费者受其信息的影响,并经过自己的加工处理而形成对商品和服务态度的输出;领域 II 表示消费者形成对某商品的概念和态度后,就开始对该商品服务进行调查和评价,并形成购买动机的输出;领域 III 表示在购买动机的驱使下形成购买决策和购买行动;领域 IV 表示消费者在购买后,将购买经验(或者教训)反馈给大脑储存起来,以指导今后的购买行为,或者把购买后的感受反馈给企业。

综上所述,尼科西亚模式的四大领域是:I. 从信息源到消费者态度;II. 对信息的调查和评价;III. 购买行动;IV. 反馈。

尼科西亚模式对市场营销理论作出了贡献。该模式推理比较严谨,并简单明了。但它也有不可避免的缺陷,在该模式中没有外界环境作用的说明,所以它是不完整的。此外,四大领域中的内容也不易把握。

(三)霍华德-谢思模式

霍华德和谢思认为,影响消费者决策程序的主要因素有:输入变量、知觉过程、学习过程、输出变量、外因性变量等。模式中的输入变量(刺激因素)包括刺激、象征性刺激和社会刺激。购买者受到刺激物和以前购买经验的影响,开始接收信息,产生一系列购买动机,做出对可选择产品的一系列反映,形成一系列购买决策的中介因素,或者制定出一系列使其动机与满足动机相配合的规则。这些动机、选择方案和中介因素相互作用,便产生了某种倾向和态度。

霍华德-谢思模式与前面阐述的恩格尔模式有许多相似之处,但也有诸多不同点。两个模式的主要差异在于强调的重点不同。恩格尔模式强调的是态度的形成与产生购买意向之间的过程,认为信息的收集与评价是非常重要的方面;而霍华德-谢思模式更加强调购买过程的早期情况,即知觉过程、学习过程及态度的形成。同时,它也指出了影响消费者购买行为的各种因素之间的联系是错综复杂的,只有把握多种因素之间的相互关系及联结方式,才能揭示出消费者购买行为的一般模式。

由图 9-1 可见,霍华德-谢思模式利用心理学、社会学和管理学的知识,从多方面解释了消费者的购买行为。该模式通过刺激或投入因素、外在因素、内在因素、反应或产出因素等四大因素来描述消费者的购买行为,相对于前两个模式而言,其结构最严密、内容最完整,但由于它没有考虑到消费者的购后感受和购后行为,因而它仍然是不够完整的。

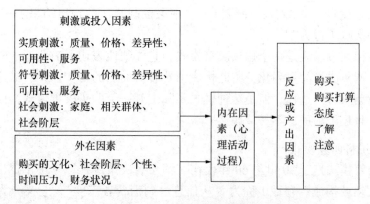

图 9-1 霍华德-谢思模式

通过比较以上几种国外模式，我们更深刻地认识到，目前亟须找到一种模式来解决消费者购买行为中的疑问。在这里，我们又一次提到"黑箱"这个概念。那么，怎样解除我们的困惑，打开那个神秘的"黑箱"呢？

二、刺激-反应模式

消费者的购买行为其实是在寻求"净价值最大化"，他所得到的价值包括形象价值、人员价值、服务价值与产品价值等；他所付出的成本则包括金钱、时间、精力甚至心理成本。价值与成本之间的差价就是所谓的净价值。当你住在一家公寓式的酒店里，房间中有一张物品单，如果你想购买其中的某几件，只需在物品单上填写各物品名称，便有工作人员去代买，当然你要为此支付一些费用。这样做的好处是能让消费者节省时间与精力，这就是消费者想要的净价值。

了解了消费者所追求的净价值后，就可以对消费者的行为进行分析，即打开消费者"黑箱"。所谓消费者"黑箱"，即市场营销学中的"刺激-反应"模式（S-R公式）。

为研究消费者购买行为，专家们建立了这一模式来说明外界营销环境刺激与消费者反应之间的关系。消费者"黑箱"由两部分组成：其一为消费者特征，它会影响消费者对外界刺激的反应；其二是消费者的决策过程，它会影响消费者的最终决定。

平时，我们只能看到外部刺激与消费者的反应，由于消费者具有不同的文化心理，因此就有不同的确认问题、收集信息、评估方案等决策过程，这些过程就是一个"黑箱"。作为企业，最关键的就是要了解这"黑箱"里面装的东西是什么？（参考本章案例分析2）

第三节 消费者购买行为类型

区分不同类型的消费者购买行为，找出不同购买行为的差异，是研究消费者心理的重要途径。在消费者购买活动中，没有任何两个消费者的购买行为是不存在某些差异的。现实中，消费者的购买行为类型可采用的分类标准很多，每一种分类方法都可以从不同侧面反映消费者购买行为的特点。

一、按消费者购买目标的选定程度区分

（一）全确定型

此类消费者在进入商店前，已有明确的购买目标，包括产品的名称、商标、型号、规格、样式、颜色以及价格的幅度，都有明确的要求。他们进入商店后，可以毫不迟疑地买下商品。

（二）半确定型

此类消费者进入商店前，已有大致的购买目标，但具体要求还不甚明确。这类

消费者进入商店后，一般不能向营业员清晰明确地提出对所需产品的各项要求，其购买目标，需要经过较长时间的比较和评定阶段才能达成。

（三）不确定型

此类消费者在进入商店前没有明确的或坚定的购买目标，进入商店后一般是漫无目的地看商品，或者随便了解一些商品销售情况，碰到感兴趣的商品也会购买。

二、按消费者购买态度与要求区分

（一）习惯型

消费者对某种产品的态度，常取决于对该产品的信念。信念可以建立在知识的基础上，也可以建立在了解或信任的基础上。属于此类型的消费者，往往根据过去的购买经验和使用习惯采取购买行为，或长期惠顾某商店，或长期使用某个品牌、商标的产品。

（二）慎重型

此类消费者的购买行为以理智为主，感情为辅。他们喜欢收集产品的有关信息，了解市场行情，在经过周密的分析和思考后，做到对产品特性心中有数。在购买过程中，他们的主观性较强，不愿意别人介入，受广告宣传及售货员的介绍影响甚少，往往要经过对商品细致的检查和比较、反复衡量各种利弊因素后，才做出购买决定。

（三）价格型（即经济型）

此类消费者选购产品多从经济角度考虑，对商品的价格非常敏感。如有的消费者从产品价格的昂贵来确认产品的质优，从而选购高价商品；有的消费者从价格的低廉上来评定产品的便宜，而选购廉价商品。

（四）冲动型

此类消费者的心理反应敏捷，易受产品外部质量和广告宣传的影响，以直观感觉为主，新产品、时尚产品对其吸引力较大，一般能快速做出购买决定。

（五）感情型

此类消费者兴奋性较强，情感体验深刻，想象力和联想力丰富，审美感觉也比较灵敏。因而在购买行为上容易受感情的影响，也容易受销售宣传的诱引，往往以产品的品质是否符合其感情的需要来确定购买决策。

（六）疑虑型

此类消费者具有内向性，善于观察细小事物，行动谨慎、迟缓，体验深而疑心大。他们选购产品从不冒失仓促地做出决定，在听取营业员介绍和检查产品时，也往往小心谨慎和疑虑重重；他们挑选产品动作缓慢，费时较多，还可以因为犹豫不决而中断；他们购买商品需"三思而后行"，购买后仍放心不下。

（七）不定型

此类消费者多属于新购买者。这种人由于缺乏经验，购买心理不稳定，往往是随意购买或奉命购买商品。他们在选购商品时大多没有主见，一般都渴望得到营业员的帮助，乐于听取营业员的介绍，并很少亲自去检验和查证产品的质量。

三、按消费者在购买现场的情感反应区分

（一）沉实型

此类消费者由于神经过程平静而缺乏灵活性，反应比较缓慢而沉着，一般不为无所谓的因素而分心。因此，在购买活动中往往沉默寡言，情感不外露，举动不明显，购买态度持重，不愿与营业员谈些离开产品内容的话题。

（二）温顺型

此类消费者由于神经过程比较薄弱，在生理上不能忍受或大或小的神经紧张，选购产品时往往尊重营业员的介绍和意见，做出购买决定较快，并对营业员的服务比较放心，很少亲自重复检查商品的质量。这类消费者对购买产品本身并不过多考虑，而更注重营业员的服务态度与服务质量。

（三）健谈型

此类消费者神经过程平衡而灵活性高，能够很快适应新的环境，但情感易变，兴趣广泛。在购买商品时，能很快与人们接近，愿意与营业员和其他顾客交换意见，并富有幽默感，喜爱开玩笑，有时甚至谈得忘掉选购商品。

（四）反抗型

此类消费者具有高度的情绪敏感性，对外界环境的细小变化都能有所警觉，显得性情怪僻，多愁善感。在选购中，往往不能接受别人的意见和推荐，对营业员的介绍异常警觉，抱有不信任态度。

（五）激动型

此类消费者由于具有强烈的兴奋过程和较弱的抑制过程，因而情绪易于激动，暴躁而有力，在言谈和举止、表情中都有狂热的表现。此类消费者在选购商品时表现有不可遏止的劲头，在言语表情上显得傲气十足，甚至用命令口气提出要求，对产品品质和营业员的服务要求极高，稍不如意就可以发脾气。这类消费者虽然为数不多，但营业员要用更多的注意力和精力接待好这类顾客。

四、按购买者在购买时介入的程度和产品厂牌差异的程度区分

（一）复杂的购买行为

如果消费者属于高度购买介入者，并且了解现有各厂牌产品存在显著的差异，则消费者会产生复杂的购买行为。如果购买活动属于昂贵的、不常购买的、冒风险的和高度自我表现的，则消费者属高度介入购买者。通常，这是在消费者对此类产品知道不多且需要了解的地方又很多的情况下发生的。比如，一个购买电脑的人可能连要找什么样的电脑的产品属性都不知道。事实上，许多产品属性是不具有什么意义的，如"磁碟储存量""BASIC 语言"等。在这种情况下，这个购买者将经过一个认知性的学习过程。其特征是首先逐步建立起对此产品的信念，然后转变成态度，最后做出谨慎的购买决定。营销者必须了解高度介入的消费者的信息收集与评估行为，必须制定各种策略以帮助购买者掌握该类产品的属性、不同属性的相对重要性，以及其厂牌具有的较重要的属性等。同时，营销者必须使其厂牌特征与众不

同，善于运用主要的印刷媒体和详细的广告文稿来描述其厂牌的好处，并发动其商店的售货员和购买者的朋友来影响消费者对厂牌的最终决定。

（二）减少失调感的购买行为

有时，消费者高度介入某项购买活动，但他看不出各厂牌有何差异，这种高度介入的原因在于该项购买活动是昂贵的、不经常的和冒风险的这样一个事实。在这种情况下，购买者将四处察看以了解何处可以买到该商品，但由于厂牌差异不明显，故其购买行为将极为迅速。购买者可能主要因为商家的价格或某时某地方便而决定购买，比如说选购地毯就是其中一例。购买地毯属高度介入的决策，因为地毯的价值昂贵而且与个人的自我认同有关，但购买者可能认为在某一价格范围内的大多数地毯是没有什么区别的。但在购买之后，消费者可能会感到购买后的失调，因为他可能会发现该地毯的某些缺陷或听到其他地毯的一些好处。这时，该消费者将着手了解更多的东西，并力图证明其原决定是有道理的，以降低失调感。在这个例子中，消费者首先采取某种行动，然后获取一些新信念，最后以形成同类态度而告终。在这种情况下，营销通报的主要作用在于，提供能有助于购买者在购买后参考其选择感到心安理得的信念与评价。

（三）习惯性的购买行为

许多产品是在消费者低度介入和厂牌没有什么差异的情况下被购买的。比如，盐的购买就很能说明这一问题。消费者很少介入这类产品，他们走进商店随手拿起一种厂牌的盐就买下了。如果他们一直在寻找某一厂牌，比如说莫顿牌（Morton），则是出于习惯，并没有强烈的厂牌忠诚感。实践证明，消费者对大多数价格低、经常购买的产品介入度比较低。

在此情形下的消费者行为并不经过信念—态度—行为的正常顺序。消费者并未深入地寻找与该品牌有关的信息，并评估其特性，以及对应该买哪一种厂牌做最后的决定，相反，他们只是被动地接受报刊、电视媒体或印刷广告所传递的信息。结果，广告的重复只造成他们对厂牌的熟悉而非被厂牌所说服。也就是说，消费者选择某种产品并非是由于他对该种产品持有什么态度，而只是一种熟悉程度而已。

对于低度介入且厂牌差异极小的产品而言，营销人员发现利用价格与促销手段作为产品试用的诱因是一种很有效的方法。因为购买者并未对任何厂牌有高度的承诺。在为低度介入产品做广告时，我们必须注意许多问题。比如，广告词只能强调少数几个重要的论点；视觉符号与形象应容易被记住并易于与厂牌联系起来；广告的信息应简短有力且不断地重复。电视媒体比印刷媒体有效，因为它是低度介入的媒体，容易引起他人的模仿。广告规划应以古典控制理论为根据，这种理论认为，通过不断重复代表某产品的符号，购买者就能从众多的同类产品中认出该种产品来。

市场营销人员也可以尝试将低度介入产品转换成某种较高度介入的产品。比如说将某些相关论点与产品联系起来，例如将佳洁士（Crest）牙膏与保持牙齿健康联系起来。产品也可以与一些个人的相关情境联系起来，例如在早上，当消费者寻找消除睡意之物时，可以把某厂牌的咖啡广告与之联系起来。产品可以借助能引出与个人价值观或自我防卫相关的强烈情绪的广告来吸引消费者，也可以在一个不重要的产品中加入一个重要的特性。例如在一种清淡、好喝的饮料中加入维生素的成分等。然而，必须指出的是，这些策略最多只能将消费者的介入从低度提高到中度的水平而已，它们无法推动消费者达到复杂的购买行为。

（四）寻求多样性的购买行为

有些购买情境的特征是低度消费者介入但有着显著的厂牌差异，此时可误导消费者经常转换厂牌。比如，饼干的购买就是一例。消费者有一些信念，不过没有做太多评估便选择了某种厂牌的饼干，然后在消费时才加以评估。但消费者可能在下一次购买时会因为厌倦原有口味或想试一试新口味而寻找其他厂牌。厂牌转换是因为消费者寻求多样性而不是对产品有什么不满意之处。

这类产品的市场领导者的营销策略和其他二三流厂牌的营销策略是不同的。市场领导者将企图通过占有货架、避免脱销和提供能提醒消费者购买的广告来鼓励习惯的购买行为。反之，欲挑战市场领导者的产品的公司则以提供较低的价格、折扣、赠券、免费赠送样品和强调试用新东西的广告来鼓励消费者寻求不同种类的产品。

五、消费者购买行为三种类型

美国市场学家霍华德和谢思认为，消费者购买行为可分为三种类型。

（一）常规反应行为（Routinized Response Behavior）

这是最简单的购买行为，一般指价值低、次数频的商品的购买行为。购买者已熟知商品特性和各种主要品牌，并在各种品牌中有明显的偏好，因此购买决策很简单，如每天买一包香烟，每月买一支牙膏，等等。但由于缺货、商店的优惠条件或喜新尝鲜心理的影响，购买者有时也会更换品牌。但一般来说，这类购买行为如同日常的例行活动，不需要花费太多的时间和精力。

营销者在此种情况下的对策是，质量和价格尽量保持稳定，以便保住现有顾客；同时宣传自己的品牌较其他品牌优越的方面，尽量吸引其他品牌的顾客。

（二）有限解决问题（Limited Problem Solving）

消费者熟悉某一类商品，但不熟悉所有的品牌，要想买一个不熟悉的品牌产品时，购买行为就较为复杂。例如，有人想买一辆自行车，尽管也懂行，但他对某一新牌号尚不熟悉，这就需要进一步了解情况，解决有关这个新牌号的问题，然后才能做出决策。对此，营销者应通过各种促销手段，加强信息传递，增强消费者对新品牌的认识和信心。

（三）广泛解决问题（Extensive Problem Solving）

消费者面对一种从来不了解、不熟悉的商品，购买行为最为复杂。例如，第一次购买微波炉的消费者，对微波炉的品牌、型号、性能等一无所知，这就需要广泛解决有关该商品的一切问题。营销者必须了解潜在购买者如何搜集信息和评估产品，多方设法介绍产品的各种属性，使消费者增强对产品的了解，便于做出购买决策。

消费者购买行为没有固定不变的模式，随着社会经济的发展，人们的消费习惯和购买行为也必然随着发生变化。

第四节 消费者购买行为理论

消费心理学是伴随着商品经济发展而产生的一种经济现象,自消费心理学问世以来,就一直有专家学者从事有关消费者心理与行为的研究,并积累了不少实证资料,由此产生了一些消费者购买行为理论。

一、认知理论

(一)认知理论的定义

认识理论是指过去感知的事物重现在主体面前的确认过程。该理论认为,从消费者接收商品信息开始,到最后做出购买行为结束,自始至终都与信息的加工和处理直接相关。例如,消费者在某商店选购商品时,能准确辨认出同一种商品在不同商店陈列的情景。消费者认知的形成是由引起刺激的情形和自己内心的思维历程所造成的。

(二)消费者的信息处理过程

消费者对商品信息的加工、处理过程,就是储存、提取和使用商品信息的过程。它包括注意、知觉、记忆、思维、学习、期望、经验等范围十分广泛的内容。在整个过程中,认知理论可以把消费行为看成一个信息处理过程,提示了品牌策略中的品牌设计和品牌传播的信息要切实能引起消费者的注意,以诱发其思考,强化其记忆,影响其态度,促成其购买行为。

二、减少风险理论

所谓风险,是指消费者所承受的在购买商品之后可能遭受损失的危险。如购买了冒牌货或劣质品,致使消费者在经济上蒙受损失;商品功能少而差,与广告宣传的根本不符,不能满足消费者使用上的需要;商品有害于人体健康;等等。风险直接影响着消费者的购买行为,营销者的策略是应当设法降低消费者的购买风险,满足消费者的需求,扩大商品销售。减少风险理论认为:由于消费者在购买过程中冒有某种程度的风险,消费者的消费行为就是想方设法寻求减少风险的途径,而购买名牌商品就是人们为减少风险做购买决策时常用的方法之一。这可能会使经营品牌商品的企业窃窃私喜,但在高兴的同时不能忘品牌对企业不良行为的约束。具体地讲,这种风险的主要内容如下。

(1)消费者为了避免由于冒险而造成的损失,在做出购买决策时总是试图采取一些办法,比如说购买那些由朋友、同事和亲戚使用过并予以推荐的商品;去信誉度高的商店买;多逛几家商店,然后择优选购;多搜集有关目标商品的信息;选择多数人购买的品牌;专门买同类商品中价格最贵的那种,等等。但是,在市场行为不规范和消费者能力、信息等处于弱势的市场环境下,消费者要完全避免风险是很难做到的,需要依靠社会、企业、顾客三方面的共同努力,才能真正避免或减少消费者的购买风险。

（2）消费者在购买商品时，风险程度的大小与购买后可能造成顾客的损失大小以及实际造成消费者的损失大小有直接关系，给消费者造成的损失愈大，则风险性愈大。

（3）消费者在购买某种商品时遭受的损失风险大致有六种类型，即金钱风险、时间风险、身体风险、功能风险、社会风险和心理风险。所以，企业在制定营销策略时应设法避免或减少消费者的购买风险。

三、习惯养成理论

（1）消费者对商品的喜好与兴趣是在重复使用该商品的过程中建立起来的。消费者之所以产生对某种商品的习惯性购买行为，是因为人们在使用过程中能感受到商品质量可靠、服务信誉有保障等诸如此类的"强化物"的促进。例如，某位顾客经常使用某品牌的洗发水，就可能产生对该品牌洗发水的爱好，就发生经常购买这种品牌洗发水的行为。实验结果发现，消费者对重复购买品牌喜好的程度完全是由于重复购买造成的，所以，在排除认知过程作用的情况下，商品信息的长期重复接受和商品的长期使用，确实可以导致消费者喜好与兴趣的产生。这不仅解释了形成品牌忠诚意识的基本原因是产品的吸引力，而且也告知了企业实施品牌策略的首要任务。

（2）"强化物"促进习惯性购买行为的形成。此观点认为，从心理学的角度看，购买行为是一种习惯建立的过程，也就是新购买行为建立的过程。根据巴甫洛夫的条件反射学说与斯金纳的操作条件反射理论，任何新行为的建立和形成都必须使用"强化物"。而且，只有通过"强化物"的反复作用，才能促使消费者形成新的购买行为习惯。可见，及时而适当的使用"强化物"，能有效地促进消费者的习惯性购买行为。例如，某企业的商品不但物美价廉，而且服务周到，每一个产品的质量都过硬，消费者购买使用后，就会亲身感受到它的质量和功能完善，对它加以肯定和赞赏。久而久之，这种商品的良好形象，就会牢牢地树立在消费者的行为中，使消费者逐渐形成认准该企业产品购买的习惯。在这里，商品的质量就是消费者购买行为的强化物。

四、象征性社会行为理论

象征性社会行为理论认为，任何商品都是一种社会语言，具有某种特定的社会含义，特别是某些专业性很强的商品，其社会含义更为明显。由于商品本身所具有的社会意义，使得购买行为成为一种象征性的社会行为。比如，消费者购买某些高档商品或者具有某些特别功能的商品，往往能显示其经济地位、文化层次、艺术修养，等等。具有这种观念的消费者，往往通过购买类似产品来显示自己的社会地位。

购买行为之所以具有象征性的社会意义，其理由如下。

（1）某些具有特殊范畴的商品。例如，文房四宝、琴棋书画等与购买使用者的文化修养、专业特长、艺术功底等有密切联系。

（2）一些商品在某些情况下，可以作为个人身份的代表，可以表示个人身份和

社会地位的改变。一种商品之所以能发挥它的社会象征作用，是由于商品本身的一些特点决定的。有些商品具有时尚、潮流、新颖等特征，也容易吸引他人的瞩目。有些商品使用时能见度高，如汽车、服装、家具等，消费者在使用时，必然会引起其他人的注意。有些商品档次高，个别化程度高，与一般商品有着明显的价值差异、层次差异，也极易受他人关注。

（3）如果商品用作礼品馈赠或者与他人交换，以表达人际关系状况。这样，可以增进赠者与授者双方之间的友谊、情感。

上面概括性地介绍了目前在西方理论界广为应用的几个消费者购买行为理论，在这里已经可以发现，它们之间的有些内容是重叠的。目前尚没有一个一体化的标准模型来完整地解释消费者的购买行为。

本 章 小 结

通过本章的学习，使学生了解消费者购买决策，掌握消费者的购买决策包括哪些过程及其影响的因素，理解消费者购买行为的各种理论，掌握消费者购买行为的几个重要模式。

在消费者决策过程模型的帮助下，消费者的购买活动经历了以下几个阶段：识别需要、信息收集、筛选分析、购买决策、购后行为。鉴于消费者将会经历这些阶段，市场经营者有机会通过辨别这些阶段和影响它们的不同因素，进行有效的信息交流和制定有效的市场营销策略，以此来适应和影响这些行为。最终消费者购买与否，受一系列复杂因素的影响。

消费者的购买行为的各种理论，基本上是舶来品。在对这些理论的理解上，国内也存在着一些差异，加上这些理论本身的缺陷，所以在帮助我们分析消费者的购买行为时，或多或少会提出一些疑问。我们在学习时，只有博采百家之长，并结合自己的理解，融会贯通，才能最终得到自己的认识。学习这些理论，尤其作为消费心理学这一新兴的尚处在不成熟阶段的学科来说，更多的是一个不断提出问题、解决问题的过程。另外，我们还要强调的是，应该以一种理论联系实际的精神来学习这些理论。

复习思考题

1. 谈谈你对购买决策的定义的理解？
2. 购买决策的类型有哪些？
3. 分析并总结一下，消费者在购买过程中受哪些因素的影响？
4. 购买行为的类型有哪些？
5. 消费者购买行为理论对你有什么启发？

 案例分析

在曼哈顿购物

一个在美国纽约大学学习的中国学生,有一天走进了曼哈顿第五大道的一家阿拉伯人开的电器店。一个满脸堆笑的印度店员接待了这位中国学生,并殷勤地问她想买点什么。她刚脱口说出"摄像机"一词,店员立即示意她进入一间单独隔开的小屋。在小屋里,店员对她感兴趣的几种摄像机毫不理会,而是极力向她推荐他所谓性能极佳的型号。随着店员周到服务的热情不断升温,对摄像机知之甚少的这位中国学生已经完全没有了自己的主意。

尽管这位中国学生感到浑身不自在,希望尽快结束交易,但是面对店员热情的服务,她又不好意思说"不"并掉头走开。店员最后向她推荐了一个摄像机并报出1 200美元的价格,这个价位大大高出了她的承受范围。见她不同意,店员马上十分慷慨地提出给予20%的优惠。之后,为增加说服力,店员又慷慨地免费赠送了一个装摄像机的小包和两盒录像带。此时这位学生还能找出的唯一借口是带的现金不够,然而这也没有难倒那位店员,他立即叫来一个小伙计,跟随她,或者更正确地说是监视她一起去银行取钱。她虽然心里很不是滋味,但又没办法,只是鬼使神差地到附近一家花旗银行取了钱。

当她最终拿着摄像机走出这家商店时,一种被愚弄的感觉越来越强烈地浮现出来。回到住处她急忙翻出几页广告,打电话询问了几家电器商店,才知道这家商店的价格超出其他商店大约40%。愤怒与受欺骗感使她愤然而起,抄起摄像机又来到那家店铺,要求退货。但店老板声称发票上有明文规定该店只换货而不退现金,就是换货也只能换更贵的,她这时才发现发票上确实有这样的一行小字。她只好愤然而又无奈地走出该店。

第二天下课后,她将自己的遭遇告诉了同在纽约大学商学院学习的同学小黄。小黄听后拍拍胸脯,满脸侠气的样子安慰她说,他最善于对付此类奸商,为她换回一个价格合理的摄像机不在话下。下午课结束后,他们便直奔那家店铺。在门口小黄让她隐而不露,等他先进去把事办妥当。她紧张又不无疑惑地等在隔壁的咖啡店里,为他此去的运气担忧。似乎她的忧虑是多余的,不一会儿,小黄已经一脸得意地出现了,他说已经谈好了一台摄像机,和他进去换就是了。可是当她和小黄一起出现在商店时,大胡子店老板立即看穿了这一小把戏,矢口否认同意换摄像机的事,直气得小黄连连说应该把录音机带来。尽管小黄嘴里不断威胁,扬言要把全部中国人叫来搅乱他的生意,然而店老板黑胖的脸上那副轻蔑的样子表明他根本不在乎,他们只好愤然地离去。

过了两天上商法课,教授刚宣布下课,不甘心失败的小黄拉着她向教授请教。曾当过多年律师的教授建议他们去纽约消费者协会试一试。

在接下来的一周里,这位中国学生忙着和纽约消协联系,填写消协寄来的申诉表格,然后就是焦急地等待回音。几天后回执寄来了,但按照正常的程序需要等三周左右。可她早在几周前就已订好了回国探亲的机票,在纽约只有一周的时间了。报着试一试的心情,她再次拨通了消协的电话,她被告知,鉴于情况特殊可以带上

必要的证据直接去消协。

她邀好小黄，下午上完课就直奔华尔街。待他们急急忙忙赶到纽约消协门口时，表针已指向5点45分，离下班还有仅仅15分钟了。一位值班老人问清他们的来由后，又加了一句"你们希望用什么语言来谈此事？"她不假思索地说"中文，我们希望找一位中国人"。

按照老人的指点，他们走进了一间工作室，一位个子不高的王先生接待了他们，从王先生的口音可以断定他来自香港。她用几分钟的时间简短介绍了一下情况，听完她的陈述，王先生简单问了几个问题并拿过发票看了看。当听说她一周后就要回国，他的眉头一皱，略略沉思片刻，便在计算机中查看起什么，接着他便拨通了那家商店的电话，在和店老板短短几句的交锋中，他一开始便展开了咄咄逼人的攻势，并且步步紧逼，他首先责问店老板，他的店员是否采取了顾客指东他拿西，将顾客引入单独的小屋，以及派人跟随顾客前往银行取款等一系列方法，他严厉指出这纯属胁迫顾客购货的不正当行为。接着，他提出根据这些事实，店主应退还全部货款。

对方仍继续以该店不退款为由负隅顽抗，拒绝退货。可是对方的狡辩立即遭到了王先生更有力的反击，他警告对方，据查证对该店的投诉绝不止此一起，目前正值圣诞节前销售的黄金时节，如果他不在乎的话，将通过法律程序正式对他提起诉讼，短短几句话，字字击中要害，那店老板显然被彻底击垮了。王先生转过身来对她说，可以去退货了，如果有变故，她可以立刻打电话通知他，他会在此等候。

走出纽约消协的大门，她低头看表，6点整。这真是一场干脆利落的歼灭战。她心里十分清楚，如果真的与店老板对簿公堂，她第一没有时间，第二诉讼所需的各种费用也将是一个棘手的问题。

当她再次走进那家电器铺时，店老板似乎还未从刚才的打击中恢复过来。他黑胖的脸上挤出一丝讨好的笑容，一五一十地将钱点清递给她。她立即给消协的王先生打电话，告知一切顺利，并衷心地表达她的谢意。

尽管她最终在纽约消协王先生的帮助下要回了钱款，但是这件事使她进行了深刻的思考。她后来意识到是她的个性在她与店员的谈判中起了决定性的作用，同时，她也意识到了自己个性中的弱点并在以后的谈判中有意识地克服自己性格中的不足。

问题：

1. 中国学生在电器店与店员谈判失利的原因是什么？你认为她是哪一种性格类型的人？
2. 比较她的性格类型与纽约消费者协会王先生的性格类型有何不同？
3. 你认为那位中国学生的行为表现在中国人中很普遍吗？

（案例来源：白远. 国际商务谈判 [M]：理论案例分析与实践. 北京：中国人民大学出版社，2002）

第十章 商品因素与消费心理

 学习目标

▶ 了解商品的名称、商标、包装及商品价格的基本概念；
▶ 理解商品因素构成中的特点及影响因素；
▶ 掌握商品因素与消费心理的关系；
▶ 熟练掌握及运用新产品设计、商标设计和商品定价心理策略在实际营销活动中的应用技巧。

第一节 新产品设计与消费心理

商品是消费者购买活动的主要对象，它本身的各种特征对消费者的心理活动会产生一定的影响，进而导致消费者的购买行为。因此对于企业来说，消费者对新产品的购买是消费者行为上很重要的一环。当今世界上许多国家的企业都非常重视新产品的开发，一些经济发达国家用于研究新技术、开发新产品的费用占到国民生产总值的2%左右，但其开发的成功率仅为20%。也就是说，80%左右的新产品没有被消费者承认和接受。因此，企业要根据消费者心理来研制新产品，在对产品进行定位、命名及包装的同时，也在商品的特点、名称、商标、包装装潢、品牌策略等方面对消费者的消费心理和行为施加影响。

一、新产品的概念

当我们在讨论新产品的购买行为时，首先面临的问题就是：什么是新产品？能产生惊人洁白效果的洗洁剂是新产品吗？含氟牙膏是新产品吗？"液晶电视"是新产品吗？依照多数学者的看法，认为只要消费者以为产品或构想是新颖的或创新的，即为新产品。但是，因为每个消费者对新颖或创新的看法不一定一样，因此该定义中含有主观的成分。

巴奈特认为：凡是思想、行为或事物在本质上与现存者不一样的，就称为创新。在消费行为上，所谓新产品大概就是指产品特性的翻新。也就是说，产品的特性与旧产品不同，即为新产品。新产品通常是指质上的改变，而非量上的不同。

由此可见，新产品的定义仍众说纷纭，没有统一。因此，我们必须从操作层面上对新产品进行定义。凡是最近流行于市面的任何产品形式，均可称为新产品。例如，以前北京市面上没有现代汽车，现在有了，就算是新产品；而且将车改头换面，使它以新的面貌出现，也是新产品。这样，该定义的范围太广泛了，我们不能将所有产品扩散的过程混为一谈。必须将产品的类别划分清楚。从新产品对社会结构的冲击以及社会接受新产品的程度来看，创新分为以下三种。

1. 连续创新

这种创新即对消费者原来的消费形态影响不大，甚至比消费者更换品牌的改变还小，它只是一种产品的更换及替代而已，而非发展新的产品。例如，网络电脑、新款式的汽车等。

2. 动态连续创新

这种创新必须改变旧有的方法，但还脱离不了原来产品的模式及本质。例如，电动牙刷、按键电话等。

3. 非连续创新

这种创新必须重新建立行为模式，并对个人生活的影响力极大。例如，电脑、汽车、汽车旅馆等，均为非连续创新。

新产品的概念，在现代营销理论中是从"产品整体"的角度来理解的。即在"产品整体"中任何一个层次的更新和变更，使产品有了新的结构、新的功能、新的品种或增加了新的服务，从而给消费者带来新的利益，与原产品产生了差异，即可视为新产品。

二、新产品的类型

（一）按照产品的改进程度划分

1. 全新产品

全新产品一般是指运用新技术创造的整体更新产品或为满足消费者某种新的需要而发明的产品。全新产品无论从设计原理、工艺流程、性能结构以及外观造型等方面都和原有产品完全不同，一般是本国和其他国家都没有过的首创产品。例如，电子计算机、微波炉、MP3等产品的研制成功，即属于全新产品。全新产品的上市会引起消费者消费方式和心理需求的变化。以电冰箱为例，由于它具有保鲜功能，消费者购买后，对食品的购买方式和购买需要会发生变化。比如，购买次数减少，购买数量增多，对小包装食品、分割食品、半成品、熟食品的需求大大增加，等等。

2. 革新产品

革新产品是指运用现代科技对市场上已经出售或普及的产品进行较大的革新，使产品性能有了重大突破，或将原有的单一性能产品发展成多种性能及用途的产品。例如，洗衣机从半自动过渡到全自动电脑控制，性能有了重大突破；手机由单一的通话功能发展到具有照相和打印的多种功能，等等。革新产品的出现，往往给消费者带来新的利益上和心理上的满足感。

3. 改进产品

改进产品是指在原有产品的基础上进行某种改进，如对原来的产品成分、结构、性能或款式、规格等方面做出改进而成的新产品。它是由基本型派生出来的改进型产品。例如，从普通的洗发水改进成药物洗发水。由于改进产品的基本用途没有变化，且性能更加完善，因此消费者一般都愿意采用改进产品，心理接受程度较高。

（二）按照空间范围划分

1. 世界范围内的新产品

这是指在全世界首次试制成功的新产品。例如，101毛发再生精在运用中医药理祛病强身、治疗脱发方面属于世界首创，在世界上赢得了很高的声誉。开发这种新产品可以吸引广泛的消费者，有着巨大的市场发展潜力。

2. 国家范围内的新产品

这是指在国际市场上已经出售过，但在本国则属于首次试制成功并投入市场的产品。例如全部国产化的汽车。发展这种新产品对于开拓本国市场，引导和创造新的需求，减少产品进口，促进国内市场与国际市场接轨具有重要作用。

3. 地区范围内的新产品

这是指某个局部地区范围内首次出现的新产品。它可以是本地区首次研制成功并投放市场的产品，也可以是首次进入本地市场的进口商品或外埠商品。对于本地市场来讲，后者也给消费者带来了新的利益，因而也属于新产品。

总之，无论哪种类型的新产品，虽然"新"的程度不同，但是它的"新"特点都会得到消费者的认可，即消费者认为它能够给自身带来新的利益或新的心理满足，才能称之为新产品。如果消费者认为这种产品没有任何新的特点，没有给消费者带来任何新的利益或新的心理满足感，就不能称之为新产品。

三、消费者对新产品的心理要求

新产品完成设计、生产后，并不意味着开发成功了。新产品开发的成功体现在产品能够在市场上为消费者所接受。当然，消费者对新产品的接受需要有一个由不知到需要的过程。影响这一过程的长短因素是多方面的。其中，最主要的是消费者的心理因素。新产品将成为畅销品还是滞销品，关键在于它是否满足了消费者以下的心理要求。

（一）时尚、流行的心理要求

时尚、流行是指一定时期内受社会广泛欢迎并在广大社会阶层中传播，形成当时风尚，构成一股崇尚某一商品或某种行为观念的潮流。消费者对商品时尚、流行的心理欲求，是普遍存在的社会消费现象。它反映了消费者渴望变化、趋同从众、顺应时代、完善自我等多种心理需要。当一种新商品在市场上出现的时候，总会有一部分好奇求新的消费者能敏锐地觉察到新产品的新特色而率先购买，成为消费的先驱。经过他们的示范与宣传，引起其他消费者的模仿，形成消费时尚。据此，企业设计产品时应当突出一个"新"字，只有"新"才能激起消费者"先买为快"的欲望，继而兴起时尚潮流。当然，这种"新"不仅表现在产品的用途、功能、材料、结构等方面，更重要的是，要善于把它与原产品不同的新特点用创新的营销手段有效地传播给消费者，营造出消费时尚流行的气氛，为时尚流行推波助澜。

（二）便利、高效的心理要求

由于社会生活节奏日益加快，人们的生活压力日趋繁重，许多人越来越认同和追求便利、高效的新产品，希望从繁杂的生活中解脱出来，以便有时间从事自己喜爱的其他活动。美国未来学研究专家阿尔温·托夫勒在其名著《未来的冲击》一书中预言："人-物的关系正在变得越来越短暂，社会已进入'用即弃'的时代。"顺应这一趋向，各种一次性消费的产品层出不穷。使用便利、高效的产品越来越受欢迎。比如，日本的企业创造了"自煮方便面"食品，台湾的企业开发出了可自动张开和关闭的雨伞，等等。

（三）舒适、享受的心理要求

消费者购买、使用某些商品，在追求便利、高效的同时，也十分关心商品的安全程度，要求商品无毒、无害，符合国家安全标准并不对周围环境造成污染，有利于消费者身体健康和生命财产的安全。消费者在关心商品使用价值的同时，也希望商品能满足自己舒适、享受的心理要求。即新产品能否适应人体生理结构的比例，给人以舒适感，有利于减少疲劳，有益身心。如日本的汽车制造商根据西方人体结构的特点，设计出了特别宽敞舒适而且座位可以自动调节的汽车，在美国市场推出后大获成功。近年来，西方发达国家的企业为适应消费者追求舒适、享受的心理要求，推出"休闲产品"系列。如家具设计从造型、色彩到风格，强调"人情味"，与办公室用具的冰冷、坚硬、厚重、严肃的风格形成鲜明的对照，以缓解紧张的工作给人带来的疲劳感、压抑感和紧张感，使家里显得温馨而舒适。因此，企业在创意设计新产品时，应注意满足消费者追求舒适、享受的心理要求，以加快新产品的市场扩散速度和拓宽新产品的市场扩散范围。

（四）追求艺术美感的心理要求

"爱美之心，人皆有之"。消费者购买商品时之所以挑选款式、花色、造型等外观形式，就是为了在使用这些商品时，既满足物质需要又得到精神享受。尤其是女性消费者更为显著。随着文化素质的提高，消费者对商品与环境的欣赏和鉴别能力也不断增强，这就要求企业在新产品设计上必须适应消费者的求美需要，赋予新产品时代感与美感，使一件具体的产品不但具有实实在在的使用价值，而且具有一定的欣赏价值。

（五）追求显示其地位、威望的心理要求

消费者为了提高其社会威望，表现其事业成功，体现自己所属的某一阶层，体现某种身份或地位或追求与同一阶层成员保持一致性而购买某种产品。企业可以以满足消费者这种心理的要求作为目标进行新产品的生产。比如手表类产品，尽管电子表走时精确、方便，但名流贵族们不屑一顾，他们倾心于名表，以稀有的昂贵显耀其身份与地位。据此，瑞士的一些名牌手表商就专门设计出以超硬合金为材料、镶嵌珠宝的高级手表，有的款式只设计一只，并且是由技艺高超的工匠手工制作的，需要花费数月的时间精雕细刻而成。这样制造出来的名表堪称富有永恒的价值与魅力的精美艺术品。因而，受到社会成功人士的青睐。

(六) 追求突出个性特征的心理要求

在现代社会里，个性消费越来越突出，许多消费者开始抛弃千篇一律的生活模式去追求自我。他们按自己的性格、气质、年龄、兴趣等去选择自己喜欢的商品。为了适应消费者追求突出个性特征的心理要求，新产品设计一定要构思新颖，富于创造性，具有鲜明突出的象征意义，即能显示使用者的性别、年龄、知识、兴趣、性格、气质、能力等特征。比如，有些新产品设计独特，款式新颖，可能被看做是超群脱俗、富于革新的象征；有些新产品价格昂贵，数量稀少，可能被看做是权利和地位的象征；有些新产品结构简单，风格粗犷，可能被看做是男性用品的特征等特征。例如，美国最大的制鞋企业麦尔·休·高浦勒斯公司，为了使它的产品具有个性，要求设计人员要设计出能满足消费者个性心理要求、激发其购买欲望的鞋子。该公司的鞋子除了被赋予各种新奇的分类（如"男性"、"女性"、"优雅"、"轻盈"、"年轻"、"野性"等）外，还被赋予各种稀奇古怪的名字，如"笑"、"眼泪"、"袋鼠"、"愤怒"、"爱情"等，好像是有生命之物，引人联想，招人喜爱。这些充满个性特征的新产品加上广告宣传中着意渲染的感情色彩，在不同消费者群体中引起了强烈的心理反应，也给公司带来了可观的利润。

四、新产品购买者的类型及心理分析

当某种新产品投放到市场时，有的消费者立即购买，有的消费者在别人购买使用后再购买，有的消费者在产品处于普及状态时购买，有的消费者在产品趋于饱和时才购买，有的消费者则根本不买。就其原因而言，在于消费者心理需求、个性特点及所处环境的差异。据此，我们可以把消费者大致分为以下五种类型。

（一）最早购买者

即新产品刚上市，便最先实施购买的消费者，又被称为新产品消费的带头人。这部分消费者求新、求奇、求美的心理需求非常强烈，具有创新和冒险的精神。他们大多经济条件较好，有较强的承受风险的能力。一般来讲，最早购买者的人数较少，但可以起到示范、表率、带动其他消费者的作用，是新产品推广的首选对象。

（二）早期购买者

即新产品上市初期，继消费带头人之后，马上就购买的消费者。他们往往对新生事物感兴趣，对新产品有比较强烈的消费欲望，是新产品购买的积极分子。他们虽然人数不多，但对于带动其他消费者购买新产品也有重要作用。

（三）较早购买者

这类消费者是指经过"最早购买者"和"早期购买者"对新产品的特点、性能、用途等证实之后才实施购买行为的消费者。他们的购买行为基本上发生在产品生命周期的成长阶段。他们在消费中具有明显的同步和仿效心理，乐于接受新生事物，但又比较慎重。当他们一旦证实新产品的特点之后会马上实施购买行为，成为形成某一消费流行的推动力量。这部分消费者数量较多，是促成新产品在市场上趋向成熟的主要力量，他们对于其他消费者购买行为的发生也有促进作用。

（四）晚期购买者

即在大部分消费者接受并使用新产品之后才开始购买新产品的消费者。他们态

度谨慎，对新生事物反应迟钝，总是被动地顺应消费。当看到购买和使用新产品的人越来越多，并已证实新产品的优越性及由此带来新的消费趋势后，他们才开始购买。他们对于新产品在市场上达到成熟和饱和状态起着重要作用。

（五）最晚购买者

即最后购买和最终拒绝购买的消费者。有些消费者受保守心理、传统观念、文化水平及所处环境的约束，当新产品处于饱和状态或衰退状态时，才开始购买。严格地讲，他们此时购买的已经不是新产品了。另外，有少数消费者最终也不愿意购买新产品。随着市场经济的发展和受教育水平的提高，这部分消费者的人数会越来越少。

五、新产品推广的心理策略

新产品一旦上市即面临着两种命运——成功或失败。为了保证新产品在市场上获得成功，除了要设计出能满足消费者生理需要和心理需要的产品外，还要运用正确的策略去推广。

（一）遵循消费者接受新产品的心理过程，开展相应的推广工作

消费者接受新产品的心理过程大致包括知晓、兴趣、评价、试用和采用等阶段。在不同的阶段，消费者的心理活动也不同，企业应有的放矢进行推广。在知晓阶段，由于消费者对新产品不甚了解，略知一二。对此，企业推广的重点应是全面详细地介绍新产品，介绍新产品从功能到效用能满足消费者的哪些需要，从而激发其购买兴趣。评价阶段的重点应放在解答消费者疑惑的问题上。当消费者少量购买试用并亲身体会和验证了新产品的质量、功效、用途等实际效果之后，企业要注意跟踪服务，正确处理消费者的各种异议，进行信息反馈，利于新产品的改进和完善。采用阶段要进一步提高消费者的满意度，培养其忠诚度，使该商品树立良好的品牌形象，让它成为新产品的义务宣传者，起到消费示范的作用。

（二）瞄准最先和早期购买者，培养积极的消费示范作用

虽然最先和早期购买者在消费者中占的比率较小，新产品的推广仅靠他们难以形成销售高潮。但他们的消费示范作用对中晚期购买者有很大的影响力。企业要善于利用这种资源，可以在该群体中优选影响力大、有一定威信的消费者作为重点对象培养，给予他们有关新产品的更多知识，提高其满意度；加强与他们的沟通，解决他们的异议，总结他们的体会，增强他们的兴趣，使他们成为新产品的舆论引导者，从而加速新产品的推广。

（三）重视新产品的潜在的购买者，推动新产品进入销售高潮期

企业可以从购买次数、购买数量、购买者心理的稳定程度和对新产品品牌态度等方面对潜在的购买者进行分析，建立好顾客档案，加强市场研究，尽快推动新产品的销售。

（四）采用灵活多样的推销方式

在新产品的推广过程中，许多企业总结出了许多有效的推销方法。比如，示范表演法、样品试销法、合作推销法、印刷品推销法、网络推销法等。企业要根

据新产品的特点、目标群体的特征及分布等，采用灵活有效的方法，进行新产品的推广。

第二节　商品名称、商标与消费心理

消费者在购买商品的过程中，商品的名称、商标会直接作用于消费者的感觉器官，产生较强的消费刺激。据此，企业应当根据消费者的心理特点，利用适当的商品命名策略与商标策略，促进商品的销售。

一、商品名称与消费者心理

(一) 商品名称的一般作用

商品名称即生产企业赋予商品的称谓。在现实生活中，消费者对商品的认识和记忆不仅依赖于商品的外形和商标，而且还要借助于一定的语言文字，即商品的名称。在接触商品之前，消费者常以自己对特定名称的理解来判断商品的性质、用途和品质。由此可见，商品名称具有先声夺人的心理效应。所以，生产企业把商品生产出来后，赋予它一个恰如其分的名字，对推动商品进入市场、得到消费者的认可是十分重要的。其作用主要表现在以下方面。

1. 标志作用

商品名称与实体结合起来就成了产品标志。取名得当就能产生名副其实、闻名如见物的效果。例如，"人参蜂王浆"就标志着该产品是由名贵中药——人参和高级滋补品——蜂王浆为主要原料制成的。

2. 显示作用

商品的名称通常与商品的功能和用途结合在一起，从其名可知其用，如"金嗓子"喉宝、"克咳"胶囊等。

3. 记忆作用

商品的名称通常都是简单、易于记忆的，消费者只需记住商品的名称而无须记住商品的形体就可以知道商品。例如"全聚德"，提到此名，消费者都知道它是北京的著名烤鸭。

4. 传递作用

商品的名称是语言文字符号，所有的企业要传递商品信息，不管用何种媒体、何种方式都必须借助商品的名称来完成。

5. 激发作用

商品的名称能恰当地对商品的形象进行描述，容易使消费者产生注意和兴趣，产生好奇心，从而激发其购买动机，如"驴打滚"、"老头乐"等。

(二) 商品命名的心理要求

给商品命名在任何时候都是一个十分棘手的问题。它不仅应当是易懂、一目了

然和引人注意的,而且还要能表现出产品的内在关系,且能够压倒竞争对手。在美国,一项关于饮料名称的调查研究,曾对消费者就"迪克西可乐"这一假想名字的联想性进行过调查。大多数被测者看到"迪克西可乐"时,都自然而然地想到了"可口可乐"和"百事可乐",而当人们看到"百事可乐"时,实际上只想到"可口可乐",只有10%的被测者在见到"可口可乐"时想到"百事可乐",这表明"可口可乐"的名字在美国已是家喻户晓。企业如何能做到这一点,需要研究消费者对商品命名的心理要求。

1. 名副其实

商品命名时要用概括简洁的文字语言表达商品称谓、用途和特点,使其名称与实体特征相符。达到使消费者一目了然地了解商品用途的作用。例如,"热得快"电加热器,能使人一望而知其用途和特点是在短时间内迅速加热的电加热器。

2. 便于记忆

一个易读易记、言简意赅的名称会减轻记忆的难度,缩短记忆的过程,有利于消费者记忆的保持。名称一般以3～5个字为宜,发音要易读、响亮、有韵味,文字要通俗易懂,尽量符合商品的使用范围和相关消费者的知识水平。例如,"娃哈哈"饮品给消费者的记忆就很深刻。

3. 引人注意

注意就是把心理活动指向并集中于特定对象的状态。当商品名称瞬间能引起消费者注意时,就会产生强烈的心理效应,促使其进一步去了解商品。所以生产者应根据商品适应范围内消费者的年龄、职业、性别、知识水平等所产出的不同心理要求,给商品命名,使消费者产生良好的印象,以引起他们的注意与兴趣。例如,女性商品的名称应柔和优美,高雅大方;男性商品的名称要刚柔相济,浑厚朴实;儿童商品名称则要活泼可爱,充满童趣。比如,中年女性的保健品"太太口服液"的名称就比较柔和易记。

4. 诱发联想

诱发联想是商品命名的一项潜在功能。它是通过文字与发音使消费者产生良好的联想,从而刺激其购买欲望。如可口可乐公司的"SPRITE"饮料的中文译名为"雪碧",该名称使中国的消费者联想到纷纷的白雪、清凉的碧水,产生晶莹剔透、清爽宜人的感觉。

5. 避免禁忌

不同的国家、民族由于社会文化传统的差异,有着不同的消费习惯、不同的偏好和禁忌。所以,在给商品命名时,一定要考虑到消费者的民族风俗禁忌的心理要求。

(三) 商品命名的心理策略

1. 以商品的主要效用命名

依据消费者购买商品时的求实心理,在商品的命名时从其功能用途出发,突出其本质特征直接命名,如"竹盐牙膏"、"蛇油护手霜"等等。

2. 以商品的产地命名

这主要是依据消费者的信任感而命名的。由于历史文化的沉积使某些地方出产的产品名声显赫，历史悠久，具有较高的知名度。因此，用产地命名的商品既能突出地方风味和特色，又能迎合消费者慕名购买的心理，能刺激消费者的购买欲望，产生良好的效果。如"北京烤鸭"、"贵州茅台"、"杭州丝绸"等等。

3. 以商品的主要成分命名

其目的是为了突出商品的主要成分和主要材料，达到让消费者信任的感觉。如"人参蜂王浆"、"枸杞酒"等。消费者从商品的名称中就能了解商品的原料构成，既方便了选择需要的目的，又给人以货真价实的信任感。

4. 以商品制作方法命名

从商品制作的加工过程出发，突出商品精良的工艺，以上乘的质量来增强消费者的信任。如北京著名的"二锅头"酒，既让消费者了解了商品研制的艰辛和严谨，同时也满足了消费者的求知欲。

5. 以名人命名

借用历史人物、当代知名人士或商品发明者、制造者的名字来命名，使消费者把商品与特定的人物联系起来，突出商品的品牌历史悠久、质量可靠、工艺独特、受名家推崇等，从而产生敬慕感、信任感。如"孔府家酒"等。

6. 以外来词语命名

以此来满足消费者求奇、求新、求异的心理要求。此命名多用于外来进口的商品。值得注意的是，在为商品命名时不管是直译还是意译，都要注意到不同民族的情感和民族传统文化，并要通达顺畅、寓意良好，使消费者见而不忘。

7. 以商品外形命名

在商品的命名时，结合商品的外在形象来命名，以此突出商品造型新奇优美的特点，达到吸引消费者注意和兴趣的目的。如"棒棒糖"、"喇叭裤"等。

二、商标与消费心理

商标是商品的标记。它是企业为使本公司的商品与其他公司的商品相区别而采取的一种标记，表示了商品独特的性质、质量、规格和特征。商标一般由文字、字母、图形、数码、线条、颜色及组合构成。商标经过工商管理部门注册登记后，具有专利，并受到法律保护。假冒、伪造商标要受到法律的制裁。

现代企业资产构成中，商标已被公认为是企业及其重要的无形资产。消费者所熟知的"可口可乐"商标，价值360亿美元，是世界上价值最高的商标。它对消费者的心理活动产生重要的影响。

（一）商标的心理功能

1. 识别功能

商标是商品的一种特定标志。它有助于消费者在购买商品的过程中，辨认出他们所需要的商品，并便于消费者了解、记忆商品的生产经营单位，对同类商品进行

比较，确定商品的质量、性能，寻找自己中意的品牌。在现实购买活动中，许多消费者就是根据商标来购买商品的。

2. 保护功能

商标一经注册登记后，就具有受法律保护的专利权。这就可以防止其他制造商或经销商生产和经营同种产品。这样既保护了企业的合法权益，也保护了消费者免受假冒商品的损害。

3. 强化功能

一个具有特色的商标常常会使人过目不忘，给人留下深刻的印象，再加之商品本身的优良品质，会使消费者形成品牌忠诚度，从而坚持多年乃至终生购买和使用该商标的商品。反之，一个与消费者心理不符甚至相悖的商标，会强化消费者对商品的摒弃心理。

（二）商标设计的心理要求

1. 设计要新颖独特

商标作为消费者购买行为的提示物，让消费者在纷繁复杂的同类商品中，迅速认知自己偏爱的品牌商标，在设计时要力求新颖独特，给人以鲜明的个性，才能强化人的感官，引起人们的注意，给人留下深刻的印象。为了获取新颖的构思，企业要善于集思广益、博采众议。例如，美孚石油公司为了设计出一个在世界主要语言中都寓意良好、呼叫响亮的商标，就聘请了心理学家、语言学家、社会学家、统计学家等各界人士，用了6年时间调查世界55个主要国家的语言和消费者的心理，设计出了千万个商标方案，最后确定下了"埃克索"（EXXON）的商标，他们为此支付了140万美元。在商标扬名后，该公司也获得了数十亿美元的厚利。

2. 简便易记，形象生动

商标是供人们呼叫和识别用的，也是提高商业广告效果的有效手段之一。因此，商标的文字必须简练，形象必须生动，能够使人一目了然，易懂易记。要选用简洁明了、易于拼读的字词和单纯醒目、容易识别的图案，以此来组成商标所要体现的各种意向集合体，以便在短暂的视听传播过程中，比较准确地传递商品的有关信息，给人以清晰的印象。这里的形象不仅指纸面上的图文形象，还应包括通过图文来表现的商品形象，达到图文形式和商品内容的完美结合。例如，"企鹅牌"羽绒服、"小天鹅"洗衣机的商品名称，非常形象生动，很容易使人望文知义、看图知义、过目不忘。

3. 体现企业和商品的特色风格

商标设计不是文字图案的随意组合，而是要根据企业和商品的特色，用文字、语言、图案进行恰如其分的概况和组合，达到扬名、达意、知物的目的。比如，当人们在炎热的夏季看到"北冰洋"的商标，立刻会联想到降温解暑的汽水饮料，给人以凉爽舒适的感觉。再如，"奔驰"商标可以使消费者联想到高档轿车的性能卓越，奔驰如飞。相反，我国南方的某一鞋厂把秀美别致的女鞋商标设计成"大象"牌，给人以粗大笨重的感觉，自然影响到女性消费者对产品的印象。

4. 造型优美，赏心悦目

为了提高消费者对商标的喜爱程度，树立商品美好的形象，企业要努力创作出富有艺术魅力、造型优美、构图平衡的商标形象，使其能够在瞬间为消费者的视觉所捕获，达到让消费者流连忘返、百看不厌的效果，从而满足消费者的审美需求。例如，"可口可乐"商标的美术体字母设计得如同龙飞凤舞、行云流水，它的流畅的线条又与其作为软饮料的物质特性相匹配，给人以美的享受。

5. 兼顾习俗，避免歧义

由于不同国家、民族有不同的宗教信仰和风俗习惯，所以商标的设计也要入乡随俗，不能违反民族的禁忌。例如，日本人忌讳荷花，意大利人讨厌菊花，法国人视孔雀为祸鸟，印度人认为新月是不祥之兆，等等。以这些图文命名的商品再便宜也不会受那里人们的欢迎。有些容易产生歧义的名称也要注意，比如在中国使人感觉芳香美颜的"芳芳牌"化妆品，其拼音"Fangfang"中的"Fang"在英语中却成了令人望而生畏的狼犬的尖牙、毒蛇的毒牙之意。再如，英国人不喜欢山羊，因为山羊的英文名称"Goat"还有"色鬼"、"替罪羊"的意思。

第三节　商品包装与消费心理

俗话说"货卖一张皮"。对于不同性质的产品来说，包装的作用大小不一。这在发达国家企业的市场营销中体现得尤为突出。根据美国的一项调查，有50%～60%的消费者是受产品包装的影响而产生购买欲望并付诸购买行动的。曾经有一位进口商想把一种来自某一非洲国家的茶叶投入到德国市场上，它的质量和价格通过预测很清楚地证明，这种茶叶具有很好的销售前景。因此，进口商没有再去对德国消费者进行产品包装可接受性的测验，而保留了这种茶叶进口时原料的包装形式，可是这种包装太不吸引人，也太使人感到陌生，因此，其结果是消费者走过柜台时连看都不看一眼。因为它的包装并没有很快地给消费者留下什么印象，而只是在包装上用醒目的大字写上了厂商的名称。虽然各种茶叶使用不同颜色的包装，但却使人想不到这会是茶叶。该进口商在包装上所用的符号和图案，尽管会使人想到非洲大地上的原始土地，但绝不会想到这种茶叶有什么独具的美味。可见，包装对产品销售的重要作用是不可忽视的。

美国销售心理专家路易斯·切斯金是研究消费者对商品包装的心理反应的先驱。他曾把两个同样的产品装在不同的盒子里，甲盒用许多圆环作装饰，乙盒则用三角形状装饰。结果参加试验的1000人中，80%以上的人选择盒上有圆圈图案的产品，他们认为装在用圆环装饰的盒子里的产品品质更高。而且他们试用过这两个包装有异而品质相同的产品后，绝大多数人仍是偏爱圆圈图形盒子里的产品。这一试验说明，包装对消费者心理有强大的影响，甚至可以左右他们对产品的认识和感受。对此，企业要对商品包装的心理功效进行深入的研究。

一、包装的作用及心理功能

商品包装的最初功能是承载和保护商品，使之避免损坏、散落、溢出或变质。随着人们生活水平和审美情趣的提高，消费者对商品包装的要求也越来越高，不仅要求它能妥善地保护商品，还能美化商品，有效地展示商品的特性，使其达到实用化、艺术化和个性化的效果。尤其在日用消费品中，包装是一种"沉默的售货员"，它承担着一种特别重要的任务，用感觉心理学和行为心理学的术语表示就是，它必须具有一种"刺激特性"。说明包装上的所有内容，无论是一个苹果、一幅油画、一张广告以及一种装潢，都要对消费者具有吸引力，使他们想要购买或至少对此产生很大的兴趣，使人看到就会激动。相反，有的企业把商品包装弄得令人讨厌，以至于人们对它根本不屑一顾，甚至走近它都感到恶心，这样的商品怎能受消费者青睐呢？由此可见，包装是商品的脸谱，它对消费者的购买行为有很大的影响。

（一）识别功能

当今市场，同类商品的同质化水平越来越高，商品的质量、性能、价格甚至款式也无多大的差异，因此，包装就成为商品差异的主要因素之一。一个设计精良、富于美感、独具特色的商品包装会在众多商品中脱颖而出，以其独特的魅力吸引消费者的注意力并给消费者留下深刻的印象。由此可以有效地帮助消费者对同类商品的不同品牌加以辨认。同时，规范的商品包装要有文字说明和图形，使消费者能详细地了解商品的效用和特点，达到指导消费的目的。例如，出产于宾夕法尼亚州西部小镇的"罗林洛克"啤酒在20世纪80年代后期为扭转销售中的不利局面，决定让啤酒的包装发挥更大的作用。设计者把包装变成品牌广告，设计了一种绿色长颈瓶，并漆上显眼的艺术装饰，独特而有趣，很引人注目。人们愿意把它摆在桌子上，并坚持认为里面的酒比别的酒更好。绿色长颈瓶突出了"罗林洛克"啤酒是用山区泉水酿制的这一事实，同时改进了的包装上印有放在山泉里的这些绿瓶子的照片，照片的质量很高，色彩鲜艳，图像清晰，人们很容易从30英尺外认出"罗林洛克"啤酒，这一设计成为该企业产品从此深受顾客青睐的关键。

（二）便利功能

一个牢固、结实、适用的商品包装，可以有效地保护商品。安全可靠的包装有利于商品的长期存储，有利于延长商品的使用寿命。开启方便的包装，便于消费者使用。总之，根据实际需要，设计合理、便利的商品包装，能使消费者产生安全感和便利感，方便消费者购买、携带、存储和消费。

（三）美化功能

为了有效地刺激消费者的感官引起注意，现代商品包装越来越注意艺术性，让消费者赏心悦目，得到美的享受。俗话说"三分人才，七分打扮"，就是指外部形象对于人们的心理影响具有十分重要的作用。好的包装会给商品披上美丽的色彩，起到锦上添花的效果，从而有效地推动消费者的购买；而制作粗劣、形象欠佳的包装会直接影响消费者的选择，甚至抑制消费者的购买欲望。美国杜邦化学公司通过长期的市场调研和销售实践提出，有63%的顾客是根据商品的包装做出购买决策的。由此说明，消费者想购买商品时，往往处于一个模糊状况，具体买哪一品牌商品，心中目标并不明确，他们带着一个模糊的悬念进入商店、超市，先接触商品的包装，后接触商品的实体。因此，商品包装就给消费者形成第一印象，精美的包装就成为促进消费者购买的重要诱因。

（四）联想功能

好的商品包装能使消费者产生丰富的想象和美好的联想，从而加深对商品的好感。例如，柯达胶卷的黄色图案包装，让人想起温暖的阳光或金色的太阳而精神振奋。富士胶卷的绿色包装则让人联想到层峦叠翠或碧绿草原而心旷神怡。此外，商品包装高雅华贵，可以大大提高商品档次，使消费者的受到尊重、自我表现等心理得到极大满足。

（五）体现价值的功能

商品价值的高低主要由核心商品决定，一般作为外行或尚不明商品功效的社会大众并不知晓核心商品所具有的价值，消费者选购商品时对商品价值的感受往往是从包装开始的。包装具有重要的象征意义，豪华的包装可以体现高档商品的高贵价值。例如，如果把一支吉林长白山野山参用旧报纸随意地包裹出售，恐怕谁也不会接受它的高价。2004年3月，在第24届法国巴黎图书沙龙中，中国代表团为了活跃展场气氛，选派了三位艺术家现场表演书法和雕版印刷。由于缺乏适当的包装，缺少隆重而高雅的表演仪式，结果反而使得中国传统艺术形象遭受损失。

二、商品包装设计的心理要求

一件商品要获得消费者的喜爱，除了它的内在的品质外，需要综合运用心理学、美学、社会学、市场营销学及物理学、化学等知识，在充分理解商品内涵和消费心理的基础上，设计出富有感染力的商品内外层包装。对此，要在商品包装的设计中考虑以下特性。

（一）安全实用，便于携带

商品包装设计要从消费者的角度出发，考虑它的实用性、方便性和安全性，体现科学性和便利性的要求。外层包装以商品的物理形态、化学性质为出发点，选择适当的材料，设计不同的形状。内层包装要根据不同商品的特点，分别采用不同的形式。比如食品饮料，关系到人体的健康，常采用密封式包装；而软饮料为了便于人们外出饮用，则多采用密封加拉环式包装；休闲食品制造商为方便人们在外食用休闲食品，除使用小包装外，常在坚韧的塑料包装袋边开一个小缺口，顾客可不费劲地用手撕开包装袋食用，有的食品还在塑料包装内加一个可反复开启关闭的拉口，既方便了食用又可以使食品保存新鲜和卫生。

（二）新颖别致，艺术性强

为了满足消费者求新、求变的心理特点，同时适应社会经济的快速发展，商品包装的设计就要新颖别致、与众不同，达到吸引消费者眼球的目的。当一种商品的包装使用了较长一段时期后，也要考虑推陈出新，加以适当变换，以满足消费者求新的心理。当然，在考虑新颖的同时，还要充分运用装饰艺术的表现手法，使包装的造型做到美观大方、图文生动明快、色调清新宜人。例如，可口可乐问世虽已百

年，但由于它包装上的文字和构图艺术感强，使人赏心悦目。同时，该公司不时改变自己的包装和图案，丝毫没有给人以老态龙钟之感，而始终给人留下青春活泼的年轻形态，吸引了无数青年和其他年龄层次的消费者。

（三）诱发联想，有针对性

由于消费者的收入水平、生活方式、消费习惯、购买目的及个性的差异，在购买商品时不仅要求商品性能、效用不同，而且对商品包装的要求也不同。因此，包装设计要高度重视这一现实，综合考虑目标市场的各种因素，了解不同购买对象的爱好和忌讳，加强包装设计的针对性。同时要采用顾客所喜闻乐见的风格，诱发他们的美好联想。例如，在包装的设计中可以运用不同的色彩，达到联想的目的。像红色是一种温暖兴奋的色调，可使人产生热烈欢快的联想，适用于喜庆的商品、礼品的包装；绿色调比较宁静和平，给人以充满生机之感，适用于作保健品的包装；白色素雅高洁，黑色沉稳庄重，可以与多种颜色相配，单独使用白色或黑色，很容易给人以不吉利的感觉。另外，在外部造型方面，对不同性别的消费者也应该有针对性地进行设计。比如，男性产品应突出造型大方、别致洒脱、容量充足的特点；女性产品则应以线条流畅、造型优美、小巧精致为主。

（四）统一和谐，大方得体

美的关键在于和谐。商品包装设计要体现出形式与内容的一致性、包装形象与商品形象的一致性。不同档次的商品宜采用与其身价相匹配的包装装潢、包装材料和包装结构，以满足不同消费者的心理需求。消费者自己消费的日用商品，包装一般可相对简约一些，常用作礼品的商品，包装要充分体现物品的价值，并能够适当反映购物者的美好祝愿之情。另外，要防止包装过度。过度的装饰，使人感到华而不实，喧宾夺主，这是不可取的。

三、商品包装的心理策略

（一）尊重习惯的包装策略

尊重消费习惯的商品包装策略以顺从消费者的习惯为出发点，它能方便消费者使用商品，而且消费者能通过包装识别商品和记住商品。这主要包括以下几个方面。

1. 配套包装

即适应消费者对商品连带使用或匹配使用的习惯，将相关商品组合起来包装。如少儿文具盒，将相关的学习用具——铅笔、橡皮、小刀、尺等同时装入。再如，新生婴儿系列用品的"宝宝包"、女性的化妆品包等，均属于配套包装，这种包装既方便购买也方便使用。

2. 系列包装

即将用途相似、品质相近或者同一品牌的商品，采用同一图案、色彩、形状的包装。这种不同商品的同一包装，能强化人的视觉，同时也可以借用某一商品的知名度来打开其他商品的销路。因此，它能产生容易识别、便于记忆商品的心理效应。常用于食品、护肤品、洗涤用品等包装，如"大宝"牌化妆品系列包装等。

3. 分量包装

根据消费习惯、消费特点和家庭规模大小差异而设计不同容量的包装。如奶粉用大包装，内有小包装，一小包就是一天的食量；又如食用油有0.5千克、1千克、3千克、5千克等多种规格包装。这种包装既能适应不同消费者的消费习惯，又能给消费者一个比较精确的数量和价格信息，满足消费者追求方便使用的心理效应。

4. 惯用包装

即尊重消费者的传统观念，采用消费者喜欢并容易接受的包装。例如各种酒类的包装大多数用透明的高颈玻璃瓶等。一般来说，家喻户晓的包装不要轻易改变。

(二) 差异性包装策略

消费者因收入水平、生活方式、消费习惯及购买目的不同，对商品包装也有不同的要求。因此，包装设计应强调对特定消费者群的针对性。

1. 简易包装

这是一种低成本、设计简单的包装。要求经济实惠、价格低廉，以满足消费者求实、求廉的心理。如青岛生产的一种"钙奶饼干"以单层纸作为包装，并配以"省钱省在包装上"的广告宣传，迎合了众多讲究实惠、生活节俭的消费者心理，占领了一部分市场。

2. 高级包装

将商品分为高档、中档、低档，分别设计与商品价值相适应的包装，适应不同消费能力、社会地位和不同购买目的的消费者需求。它可分为精装和简装。例如在销售茶叶时，一、二级茶叶可以听装，三、四级茶叶可以盒装，五、六级茶叶可以塑料袋装，其他碎茶或茶末可以散装等。

3. 特殊包装

这是针对某些特殊商品而专门设计的包装形式。这种包装造型结构独特，制作精细，保护性强，它甚至可以成为艺术品。例如一些名贵药材、珠宝首饰、古董字画、艺术品都采用这种包装。其目的在于，既能体现商品价值不菲，同时也满足消费者艺术欣赏的特殊需要。

4. 复用包装

这是指能周转使用或具有多种用途的包装。当消费者把原商品用完后，这种包装可以为消费者提供其他用途，满足消费者一物多用的心理。同时也为企业提供更多宣传商品的机会。这类包装应有不同程度的使用性和耐用性，还要有一定的艺术观赏价值，才能激发消费者的购买兴趣。

(三) 个性需求包装策略

由于消费者年龄、性别、性格、气质等个性的差异，就在生理上和心理上形成很大的差别。所以在包装的设计上要突出个性特征，满足消费者个性需求的包装策略。

1. 男性化包装

为适应男士的刚劲、庄重、坚毅、粗犷等心理需求，使包装体现出强度、力度和男性阳刚气质。这类包装主要用在男性用品上，往往受到男士们的欢迎。

２．女性化包装

为适应女性追求温柔、典雅、纤秀等心理需求，使包装线条柔和、色彩别致、造型精巧，体现女士特点，往往容易博得女性的青睐。

３．童趣包装

根据少儿天真、活泼、幼稚和形象思维较强的个性，商品包装注意生动、趣味，把知识性和形象融性为一体。如将童话、历史故事等相关片断用图案方式反映到包装上。此包装便有利于激发儿童的购买兴趣。

４．青年用品包装

青年人具有追求新颖、时尚、美观、变化、求奇、求趣、体现个性等心理需求，因此，青年用品适宜于时尚性和实用性相结合的个性包装，以体现他们朝气蓬勃的精神风貌。

５．中老年用品包装

由于中老年人主要以求实、求廉为主，其个性主要表现为庄重、朴实、淳厚。因此中老年用品包装应注重实用性和传统性，以满足其求实心理和习惯的心理需求，要避免华而不实的包装。

（四）情感性包装策略

情感是人们对客观事物是否符合自己的需要而产生的一种主观体验。消费者对商品和劳务的消费过程能否满足他们的需要，都会产生不同态度体现，如满足时就会高兴、喜欢、满意，不满足时就会不高兴、沮丧甚至愤怒，这就是消费者对商品和劳务产生的情感体验。当然，消费者在长期的购买商品活动中接触各色各样的包装，相应也会产生一种较为定势的情感体验。企业根据消费者不同的情感心理需求选择和策划商品包装，可以激发消费者的情感，达到促销目的。

１．礼品包装

这是一种用于馈赠他人商品的包装形式，消费者对这类商品的包装习惯上要求华丽、典雅、体面，赋予一定的情意和社会象征意义，如喜庆情调、祝愿好兆头等。它可以满足消费者爱情、友情、亲情感的需求，增加礼品的价值。

２．趣味包装

即在包装上增加趣味性和幽默感的包装形式。为了满足人们对趣味、幽默的情感需要，企业在包装上采用比喻、夸张、拟人等手法来体现趣味性和幽默感，以吸引消费者购买。例如，利用"嫦娥奔月"的故事，在月饼包装盒上印上"月中的嫦娥与玉兔"，就很受消费者的喜爱。我国有悠久的历史文化，许多历史典故、成语都与当代商品文化息息相通，只要企业善于挖掘和发挥人的联想作用，一种包装就会给消费者一种情有独钟的感觉，就会有很大的发展前景。

３．怀旧包装

这是为了迎合消费者追求返璞归真、怀念过去的商品包装形式。现代商品发展是历史的进化和继承，因此消费者在消费过程中总有一种怀旧的习惯，特别是一些历史悠久的有名商品更是如此。企业利用消费者这种心态进行怀旧包装，如古色古香的茶叶盒、原形原样的竹筒、木柳编织盒等配装适当商品，既体现出传统风格，又体现出包装的独特性，从而满足消费者怀古情调的心理需求。

4. 名牌包装

即把包装与名牌商品的品牌商标联系起来加大视觉感受、满足消费者求名心理的包装。这种包装从选料、造型、图案、色彩等都比较考究。在包装上，其品牌名称与商标占画面比重很大，以突出商品个性和企业形象，给消费者留下深刻的印象。

（五）错觉包装策略

错觉是人们感觉器官在感知事物中，偏离事物的本来面目产生的一种歪曲形象。如长短错觉，垂直线与水平线的长度相等但人们总觉得垂直线较长；色彩错觉，黑色给人一种重、窄的感觉，白色给人一种轻、宽的感觉。企业可将色彩、线条、图形巧妙地组合使消费者产生各种错觉，以满足其某种心理需求。

1. 色彩错觉包装

色彩是商品包装中很重要的因素。我们生活在缤纷色彩之中会形成各种偏好和禁忌，而且色彩能引起人们不同的视觉和联想，产生不同的心理感受和错觉。利用这种现象，科学地选择色彩进行商品包装，有意识地掩饰商品的缺陷或突出商品的特点能引起消费者的购买兴趣。例如一些笨重的商品用浅色包装使人感到轻巧，而轻小商品用深色包装给人以庄重、结实感；药品包装用白色给人卫生、清洁、疗效可靠的感觉；食品包装用红、黄、橙等暖色给人以色、香、味俱全的感觉，增加食欲；酒类包装用浅色，以体现香醇浓厚的特点。

2. 图形错觉包装

包装形状用得恰当给消费者造成商品数量多、体积大等错觉。如同样容量的酒把它分别装在扁平状和圆柱状的包装瓶里，前者就给人一种容量多的感觉，后者就显得轻巧。包装上的图案也会给人错觉，如两个同样形状的包装盒，一个图案简单、色彩明快，另一个图案复杂、色彩暗沉，给人看起来前者显得大，后者显得小。

第四节　商品价格与消费心理

毫无疑问，价格是影响消费者购买决策的一个十分重要的因素。价格主要在消费者特殊运行的决策过程中具有非常重要的作用，即当一种新产品投入市场的时候，消费者不会自发地去购买，而先对各种选择的可能性进行十分谨慎的权衡。在这种情况下，价格水准更要以消费者的观念为基础，不能只从产品本身来考虑。当然，在现代市场经济条件下，价格的制定、调整和价格总水平的涨落，既调节着市场供求和企业的经营活动也影响和制约着消费者的消费活动。

一、商品价格的心理功能

（一）衡量商品价值的功能

商品价格是消费者购买活动中最重要、最敏感的因素。消费者在购买活动中的各种心理反应，都与商品价格密切相关。在现实生活中，人们用价格作为尺度和工具来认识商品。所谓"一分价钱一分货"，就是这种心态的反映。同样两件毛衣，质地看上去相似，款式也相差无几，如果其中一件用漂亮的盒子包装，标价300元，另一件只用塑料袋包装，标价200元，顾客的第一反应就是300元的那件品质好，200元的那件相对品质差、价值低。根据经济学原理，商品价格是价值的货币表现，商品价值是价格的内在尺度，价格以价值为中心上下波动。商品价值凝聚了生产过程和流通过程中物化劳动和活劳动的消耗。商品价值越大，商品价格也就越高；反之，商品价值小，商品价格就低。但在现实生活中，由于科学技术的迅猛发展，生产技术和方法的日新月异，新产品层出不穷，商品种类急剧增加，商品品质日益提高，一般消费者难以了解商品的真正价值。他们在选购商品时，总是自觉或不自觉地把价格同商品品质和商品价值联系起来，把价格作为衡量商品价值大小和品质高低的标准。

（二）自我意识比拟功能

消费者在购买商品时，除了进行价值衡量之外，往往还会通过想象和联想，把商品价格与自己的气质、性格等个性心理特征联系起来，与自己的愿望、情感、兴趣、爱好结合起来以满足心理上的欲望和要求。

1. 社会地位比拟

有些人在社会上具有一定地位，穿着用品追求高档、名牌，认为穿着一般衣物有失身份，当然不愿出入折价商品市场。即使经济收入有限，其他方面节俭一些，也要保持自己良好的社会地位形象，并以此获得心理满足。

2. 经济地位比拟

有些经济收入较高的人追求时尚欲望强烈，是社会消费新潮的倡导者。他们往往以率先拥有高价的摄像机、私人轿车、高档商品房等为消费追求目标，对低价商品不屑一顾。

3. 文化修养比拟

有些人喜欢购置、收集、储藏古董物品，作为家庭摆设，希望通过昂贵的古董来显示自己崇尚古人的风雅，乐在其中。

4. 生活情操比拟

有些顾客以具有高雅的生活情趣为荣，即使不会弹钢琴，也要在居室里摆放一架钢琴，即使不十分爱好音乐，也要购置高档的音响器材，以获得心理上的满足。

（三）调节需求功能

商品价格对消费需求有巨大的影响。通常，在其他条件不变的情况下，当市场上某种商品的价格下降时，其消费需求量会增加；反之，价格上涨，需求量会减少。即价格的变动与消费需求量的变化呈相反的方向。这是由于消费者会认为，商品价格上涨意味着购买这种商品会给他带来损失，而价格下降则意味着购买这种商品会给他带来更多的利益。例如，非生活必需品如奢侈品，价格稍有变动，需求量就会发生较大的变化；生活日用品，价格变动很小，需求量变化很小，需求对价格变化反应增强；生活必需品如粮食、食盐等，需求对价格变动无反应。价格对需求的调节，还与消费者需要强度和预期心理有关。消费者对某种商品的需求越强烈、越迫切，对价格的变动就越敏感；反之则相反。当某种商品价格上涨时，消费者认为还会上涨，他就会去抢购，这就是生活中常见的"越涨越买"、"买涨不买跌"的现象。

二、消费者价格心理与价格判断

（一）消费者的价格心理特征

1. 习惯性心理

这种心理是由于消费者在长期、多次购买某种商品后，通过对某些商品价格的反复感知而逐步形成的。这种习惯心理一旦形成，就会直接影响消费者的购买行为。这是因为在现代市场条件下，由于各种因素的影响，消费者很难对商品的价格等客观标准了解清楚，而只能以逐步形成的价格习惯判断所购商品价格的合理与否。如果他们认为某一商品的价格在其认定合理的范围之内，就乐于接受，超出了这一范围，则难于接受。例如，由于原材料价格的上涨，火柴单价由曾经的 0.02 元一盒上涨到 0.12 元一盒，许多消费者长期以来已经形成了 0.02 元一盒的价格习惯心理，以致在调价初期，消费者难以接受新的价格。

2. 敏感心理

敏感心理是指对商品价格变动的反应程度。消费者对价格变动的敏感心理，既有一定的客观标准，又有多年购买实践形成的一种心理价格尺度，具有一定的主观性。一些与消费者日常生活密切相关的商品价格，消费者的敏感度较高，如食品、蔬菜、肉蛋等，这类商品的价格略有变动，消费者马上会做出反应；而那些高档生活用品，如彩电、音响、家具等，即使价格上调几百元，也不会引起消费者强烈的反应。

3. 倾向心理

倾向心理指消费者在购买过程中，对商品价格选择所表现出的倾向。商品价格有高档、中档、低档的区别。一般来说，价格高的商品品质优异；价格低的商品品质较差。不同类型的消费者由于社会地位、经济收入、文化水平、个性特点的差异，在购买商品时会表现出不同的价格倾向。既有追求商品款式新颖、功能先进、高档名贵的求"新"、求"名"心理，又有追求经济实惠、价格低廉的求"实"、求"廉"心理，还有居于两者之间的要求商品价格适中、功能实用的求"中"心理，此外还有满足情感、文化需要的求"情"、求"乐"、求"知"心理。

4. 感受性

价格感受性是指消费者对商品价格及其变动的感知强弱程度。消费者对商品价格的高与低的认识，不完全基于某种商品是否超过或低于他们认定的价格尺度，还根据与同类商品的价格进行比较，以及购买现场的不同种类商品的价格比较来认识。

这种受到情景刺激因素的影响，导致价格在感受上的差异，就形成了消费者对价格高低的不同感受，而这种感受会直接影响消费者的价格判断。

（二）消费者的价格判断

1. 消费者判断价格的三种途径

（1）与市场上的同类商品价格进行比较。这是普遍使用的最简单的一种判断商品价格高低的方法。

（2）与同一商场中的不同商品价格进行比较。例如，80元一件的商品，把它摆放在大多是80元以上商品的甲柜台，和摆放在多数都是80元以下商品的乙柜台，消费者的价格感受和判断是不一样的。多数消费者会认为甲柜台标价80元的商品便宜，乙柜台标价80元的商品贵。这是由于消费者在判断价格的过程中，受周围陪衬的各种商品价格的影响而产生的一种错觉。

（3）通过商品自身的外观、重量、包装、使用特点、使用说明、品牌、产地等进行比较。例如，商品是否名牌，包装是否精美，各种附件的说明是否完备等，都会使消费者产生不同的价格判断。

2. 影响价格判断的主要因素

（1）消费者的经济状况。这是影响消费者判断价格的主要因素。例如，同样一条标价300元的领带，月薪4000元的消费者和月薪500元的消费者对价格的感受和判断可能完全不同。

（2）消费者的价格心理。习惯性心理、倾向性心理、敏感性心理等价格心理都会影响消费者在购买商品时的价格判断。例如，商品价格一旦高于消费者习惯的价格，就会被认为太贵。

（3）出售场地。同样的商品以同样的价格分别放在精品店和集市上出售，消费者会感到后者的价格太高。因为消费者通常对集市商品价格的判断标准较低，而对精品店的判断标准较高。

（4）商品的类别。同一种商品因不同的用途，可归入不同的商品类别。消费者对不同类别的商品价格判断标准不同，因而对价格的感受也不同。一块手帕，既可用来擦汗，也可用作头饰。拥有前一种用途的手帕属于日用品，后一种属于装饰品。那么，10元一块的手帕，对前者来说太贵，对后者来说可以接受。

（5）消费者对商品需求的紧迫程度。当消费者急需某种商品而又无替代品时，价格即使高些，消费者的感受和判断也会趋于可接受。

三、价格制定的心理策略

制定合理的商品价格，是商品成功走向市场，取悦消费者的重要前提。在商品定价时，企业通常要考虑三个基本因素，即成本、需求和竞争。但是，仅仅以此为依据是不够的。一种商品价格的推出，只有经消费者认可并接受，才可称之为成功的定价。因此，还必须考虑消费者的价格心理，采用适当的心理定价策略，制定出令企业满意，消费者易于接受的合理价格。

（一）"求新"、"猎奇"的撇脂定价法

这种定价法是在新产品进入市场的初期，利用消费者的"求新"、"猎奇"心

理，高价投放商品，以期迅速收回成本，获得利润，以后再根据市场销售情况逐步适当降价的策略。所谓撇脂定价，原意是指在鲜牛奶中撇取奶油，先取其精华，后取其一般。其好处在于能尽快收回成本，赚取利润；高价可以提高新产品身价，塑造其优质产品的形象；同时扩大了价格调整的回旋余地，提高了价格的适应能力，增强了企业的盈利能力。缺点是在一定程度上有损消费者的利益；在新产品尚未被消费者认识之前，不利于开拓市场，还会因为利润过高迅速吸引竞争者的加入，加剧竞争而被迫降价。

（二）"求实"、"求廉"的渗透定价法

这种定价法是在新产品进入市场初期，迎合消费者"求实"、"求廉"的心理，以低价投入市场，给消费者以物美价廉、经济实惠的感觉，从而刺激消费者的购买欲望，等到新产品打开销路，占领市场之后，再逐步提价。其优点在于能迅速将新产品打入市场，提高占有率；物美价廉的商品有利于企业树立良好的形象；低价薄利信号不易诱发竞争，便于企业长期占领市场。不足之处是本利回收期较长，且价格变动余地小，难以应付在短期内骤然出现的竞争或需求的较大变化。

（三）利用心理错觉的尾数定价法

这种方法是指保留价格尾数，采用零头标价。如9.98元，而非10元。这样可以使消费者感到价格保留在较低一级的档次，给人有打折或特价的感觉而易于接受。同时，消费者会认为整数是一个概略价格，不十分准确，而尾数价格会给人以精确感和信任感。值得注意的是，尾数定价法并非在任何情况下都适用。例如，在超级市场，消费者并不喜欢标价0.98元、1.98元的商品，而宁愿取1元、2元整数价格的商品。对于高档商品，消费者更乐于接受整数价格。

（四）"求高"、"求方便"的整数定价法

与尾数定价法不同，整数定价法采用合零凑整的方法，制定整数价格，又称为方便价格，适用于某些价格特别高或特别低的商品。对于某些款式新颖、风格独特、价格较高的新产品，采用整数定价，如价值998元的定为1 000元，就可能以"千元货"的面目赋予产品以高贵的形象；而对于某些价值小的日用小商品，如定价0.20元较之0.19元，对消费者而言在购买时会显得方便。

（五）"求名"的声望定价法

这是利用消费者的"求名心理"，制定高价的策略。一些在市场上久负盛名的产品，可以以高价销售。高价一方面与名牌产品的优良性能、上乘品质相协调；另一方面与产品的形象相匹配。多数消费者购买名牌产品不仅仅看重其一流的质量，更看重名牌所蕴涵的社会象征意义，以高价显示自己的社会地位。

（六）习惯定价法

这是指按照消费者的价格习惯心理定价的策略。日常消费品的价格，一般易于在消费者心目中形成一种习惯性标准，符合其标准的价格易于被消费者接受，偏离其标准的价格则易引起消费者怀疑。高于习惯价格常被认为是变相涨价；低于习惯价格又会使消费者怀疑是否有质量问题。因此，这类商品定价要力求稳定，避免因价格波动带来的不必要损失。

（七）理解价值定价法

这是根据消费者对某种商品的价值观念或对商品价值的感受及理解程度进行定价的策略。消费者在购买商品时，总会在同类商品之间进行比较，选购那些既能满足消费需要又符合其支付标准的商品。企业应突出产品的差异性特征，综合运用市场营销组合中的非价格因素来影响消费者，使他们在头脑中形成一种觉察价值观念，然后据此定价。

（八）折让定价法

这种方法是在特定的条件下，为了鼓励消费者购买商品，以低于原定价格的优惠价格销售给消费者。条件不同，折让价格的形式也不同。

（1）数量折让价格。即根据消费者一次或累计购买的商品数量或金额给予折扣。

（2）季节折让价格。即为了鼓励消费者在淡季购买季节性商品而给予的价格优惠。

（3）新产品推广折让价格。即为了打开新产品的销路，鼓励消费者积极购买新产品而制定的优惠价格。

（4）心理折扣。即企业把某种产品的价格定得很高，然后大力宣传大减价。例如，某商品"原价759元，现价299元"。

（九）处理价格

在企业营销过程中，由于各种原因，出现商品滞销压库和商品品质下降的现象。对此企业可以采取处理价格策略。为了制定合理的处理价格，需要考虑消费者对廉价处理商品的心理反应，以期到达降价的目的。

（1）处理商品时，降价的幅度要适宜。幅度太小，引不起消费者的注意；幅度太大，容易让人产生怀疑。

（2）价格要保持相对稳定，切记连续波动。如果连续降价，消费者会产生等待进一步降价的心理预期而推迟购买。

总之，处理价格的确定既要实事求是，又要注意消费者的心理要求，切实把握好降价幅度和时机。

本 章 小 结

随着社会的不断发展，消费者对新产品有追求时尚流行、安全舒适协调、艺术美感、突出个性和实际效用等心理要求；对商品的命名、外形的设计、价格和包装技术等的重视度越来越高。本章对商品的各种属性及对消费者的心理影响逐一、系统地进行了分析与说明，只有把商品的品牌、包装设计、价格等看成企业营销决策与战略策划的重要组成部分，牢牢把握消费者心理及其变化，企业才能在激烈的市场竞争中立于不败之地。

复习思考题

1. 简述新产品设计的心理策略。
2. 新产品推广的心理策略有哪些？
3. 商品命名的心理要求和心理策略是什么？
4. 商品包装的心理功能是什么？消费者对包装有哪些心理要求？
5. 比较几个品牌的手机，分析其定价的策略。
6. 列举一个商标，分析其功效的发挥情况。
7. 商品营销过程中可采用哪些定价策略？请举例说明。

 **案例分析**

案例1　　　　　　　　　给汽车起个好名字

汽车制造厂家都想为生产的汽车起个好名字。美妙的商标名称能取悦用户，打开销路。

德国大众汽车公司的桑塔纳高级轿车，是取"旋风"之寓意而得名的。桑塔纳原是美国加利福尼亚一座山谷的名称，该地因生产名贵的葡萄酒而闻名于世。在山谷中，还经常刮起一股强劲的旋风，当地人称这种旋风为"桑塔纳"。该公司决定以"桑塔纳"为新型轿车命名，希望它能像桑塔纳旋风一样风靡全球，结果好名字带来了好销路。

汽车的商标名称也有因疏忽而受到"冷遇"的，往往使其销路大减。20世纪60年代中期，美国通用汽车公司向墨西哥推出新设计的汽车，名为"雪佛莱诺瓦"，结果销路极差。后来经调查发现，"诺瓦"这个读音，在西班牙语中是"走不动"的意思。又如，福特公司曾有一种命名为"艾特塞尔"的中型客车问世，但销路不畅，原因是车名与当地一种伤风镇咳药（艾特塞尔）读音相似，给人一种"此车有病"之感，因此问津者甚少。

更有趣的是，美国一家救护公司成立30年来，一直把"态度诚实"、"可靠服务"作为宗旨，并将这4个词的英文开头字母"AIDS"印在救护车上，生意一直很好。然而，自从艾滋病流行以来，这种车的生产一落千丈。因为印在救护车上的4个英文字母恰恰与艾滋病的缩写（AIDS）完全一致，患者认为这是运送艾滋病人的车而拒绝乘坐，行人也时而嘲笑司机。这家公司最终只得更换了30多年的老招牌。

问题：
1. 试从心理学角度，分析为什么要给汽车起个好名字。
2. 请运用心理学原理，对现实中的一些商标进行分析，并提出建议。

案例2　　　　　　　　　"佳佳"和"乖乖"的不同命运

"佳佳"和"乖乖"是台湾地区市场上两种香脆小点心的商标，在20世纪70年代，曾相继风靡，掀起一阵流行热潮，致使同类食品蜂拥而上。然而率先上市的

"佳佳"在轰动一时之后却销声匿迹了,而竞争对手的"乖乖"却经久不衰,为什么会出现两种截然不同的命运呢?

"佳佳"上市前作过周密的准备,其销售对象是青少年,尤其是恋爱男女还包括失恋者。其广告中有一句话是"失恋的人爱吃佳佳",显然把希望寄托在"情人的大嘴巴上",并采用大盒包装。

"乖乖"上市时则是以儿童为目标,用廉价的小包装,去吸引孩子们的小嘴。为了刺激消费者,其广告直截了当地说:"吃,吃得个笑逐颜开!"

同类商品两个品牌,从商品包装规格大小、消费对象的设计、宣传语言的选择都给消费者产生不同的刺激。然而,"佳佳"好景不长退出市场:从其包装看,采用大盒包装违背了消费者接受新商品的基本心理定势,即"试试看",面对一大包不知底细的食品,消费者踌躇不决,往往不予问津;从目标市场范围看限于恋爱中的人,这又赶走了一批消费者;广告中的"失恋者"爱吃"佳佳"又让一部分消费者在"与我无关"的心理驱动下,对"佳佳"视而不见。"乖乖"的设计就颇让人回味,一是廉价小包装,消费者在"好坏不论,试试再说"的心理指导下愿意一试,量小品尝不佳,损失也不大;二是广告突出"吃"字,吃得开心,开心地吃,正刺激了消费者食欲的兴奋点。两者相比,"乖乖"以适度、恰当的刺激引起了消费者的兴趣,在市场竞争中最终击败了"佳佳"。

问题:
1. "乖乖"、"佳佳"一胜一败的原因是什么?通过此案例你有何启示?
2. 如何有效地推广新产品并使其市场范围不断扩大?

第十一章
营销沟通与消费心理

 学习目标

- ▶ 了解商品广告、购物环境研究的主要内容；
- ▶ 理解广告与购物环境与消费者心理的关系；
- ▶ 掌握广告设计与购物环境设计的方法及影响因素；
- ▶ 熟练掌握及运用营销活动中的沟通技巧。

第一节 商业广告与消费心理

面对激烈的市场竞争，企业要使自己的产品从博大的商品海洋中脱颖而出，赢得消费者的喜爱和信任，就必须以撼人心弦的力量把有关承诺传递给消费者。广告承担了这一任务，它是传播信息的工具，更是开拓市场的先锋。

然而，并非所有的广告都能收到良好的效果，往往会出现一些收听（视）率极低或从邮筒直接扔到废纸筒的"广告悲剧"。事实证明，只有那些把正确策略和完美技巧结合起来的广告，才能获得成功。究其原因，是因为正确的广告策略有效的把握和运用了广告心理的知识，遵循了消费者心理活动规律的结果。

一、商业广告的种类和特点

广告一词从字面的解释就是"广而告之"，即告知广大公众某种事物。它与现代信息社会相联系，已经成为维持、促进现代社会生存与发展的大众信息传播工具和手段。广告有广义和狭义之分。广义的广告概念解释很多。例如，《美国时代广告时代周刊》在1932年曾经征求广告的定义，最后确定为：个人、商品、劳务、运动以印刷、书信、口述或图画表现手法，由广告者出资做公共宣传，以促成销售、使用、投票或赞成为目的。2010年，我国出版的《辞海》给广告的注解是："通过媒体向公众介绍商品、劳务和企业信息等的一种宣传方式，一般指商业广告。从广义来说，凡是向公众传播社会人事动态、文化娱乐、宣传观念的都属于广告范畴"。狭义的广告即指商业广告。所谓商业广告是指特定的广告主（企业）有计划地以付费方式通过大众传播媒体向其潜在顾客传递商品或劳务信息，以促进销售的公开宣

传方式。在企业的市场营销活动中,广告是促进销售的一种手段,是企业营销活动的有机组成部分。

(一)商业广告的分类

按照不同标准给商业广告分类,有利于商业广告的创作和使用。

1. 按传播的信息内容划分

(1)商品广告。宣传的是企业能满足消费者需求的某种或某几种产品或劳务。

(2)服务广告。宣传的是企业能提供给消费者的纯粹的服务或优惠。

(3)公关广告。宣传的是企业精神、实力、规模等,旨在同广大消费者沟通,塑造良好的企业形象。

(4)启示广告。通知某种非促销性信息,如企业更名、迁址等。

2. 按广告诉求划分

(1)感性诉求广告。采取感性的说服方法,向消费者诉之以情,使他们对所宣传的商品(服务)产生良好的情感和态度,进而采取购买行动的广告。

(2)理性诉求广告。采取理性的说服方法,有根有据地介绍产品的优越之处,让顾客依据自己的思考判断,进而做出购买决策的广告。

3. 按广告媒体划分

(1)印刷广告。以报纸、杂志等印刷品为媒介的广告,包括产品目录等直接邮寄广告。

(2)电波广告。以广播、电视等为媒介的广告。

(3)其他广告。以其他媒体如车体、橱窗、灯箱等为媒介的广告。

(二)商业广告的特点

(1)公众性。商业广告是一种高度大众化的信息传递活动,是把商品或劳务信息向非特定的广大消费者作公开宣传,以说服其购买的传播技术。

(2)渗透性。商业广告是一种渗透性很强的促销手段,它已影响到社会生活的许多领域。

(3)表现性。商业广告借助文字、音响以及色彩的艺术化应用,通过一定的媒体,不仅生动形象地表现出产品的特性,而且富有感染力。

(4)非人格性。商业广告是一种非人员的推销行为,听(观)众没有义务去注意广告并对广告做出反应。

(5)有偿性。商业广告是一种付酬的宣传活动。

二、商业广告的心理机制和心理过程

(一)商业广告的心理机制

科学的广告诉求应该符合心理学的法则。在广告策划时,要注意心理因素,动之以情。一个成功的广告,在于积极地利用有针对性的诉求,把广告主所需传播的信息进行加强,传递给消费者,从而引起消费者的注意,使消费者对广告主的产品发生兴趣,并进而刺激消费者的欲望,促使其产生购买行为。由此可以看出,广告发生作用的机制和构成完全是心理性的。有关广告的心理机制,一些学者曾作过各种描述，其中影响比较大的主要有以下几种。

1. AIDA 模型

此模型是由莱维斯（Lewis）提出的，他认为广告作用于人们心理的过程由四个步骤组成，即注意、兴趣、欲望和行动。这一模型认为，广告作用于受众的心理过程首先是注意，即由周围事物指向和集中于特定的广告，使广告内容可以进入人们的视觉或听觉；然后开始对注意到的广告发生兴趣，这种兴趣能使人们产生继续了解有关内容的热情或耐心；接着形成占有广告产品的心理渴求和愿望，即欲望；当欲望积累到一定程度，最后将导致顾客采取行动购买该产品。注意，在广告影响的层级递进过程中，受影响的顾客则呈层级减少的状态。例如刊播的某个广告，假设有 80% 的人注意到，而注意到的人中只有 80% 的人感兴趣，感兴趣的人中有 80% 的人产生了欲望，而产生欲望的人中只有 80% 会实际采取购买行为。

2. DAGMAR 模型

20 世纪 60 年代，美国学者科利（Russell. H. Colly）在他的名著《为测量广告效果而确定广告目标》一书中提出，广告作用的心理过程分为四个阶段，即从未知到知晓、从知晓到了解、从了解到信服、从信服到行动。即广告首先可以使潜在的顾客知晓某个品牌或所属公司的存在；在此基础上，广告要使受众了解所推介的商品是什么、商品的效用是什么；要通过广告进一步使人们形成一定的心理倾向，认可这一商品，产生去购买这一商品的心理欲望；购买商品的心理欲望得到保持和加强，最后顾客会采取购买行动。

（二）商业广告的心理过程

商业广告的心理过程主要包括以下环节。

1. 引起注意

通过广告引起消费者的注意，使其意识转向广告商品，并对有关信息加以注意。注意是人们对一定事物的指向和集中，是广告心理过程的起点。当然，广告所提供的信息如具备以下的特性就更能引起消费者的注意。

（1）信息的刺激性。人们每天通过各种媒体可接触到成百上千的广告信息，这些信息中的大部分都被忽略了，据研究只有 5% 的信息才能引起人们的注意。这些信息首先是对人们的感官有较强的刺激，从而引起人们无意或有意的注意。

（2）信息的趣味性。人们对有趣味的信息会表现出兴趣，更加注意。据统计，美国某刊物的广告阅读者中，男性读者阅读汽车广告的比例比阅读女性服装广告的比例要高出四倍，而女性读者阅读女装和电影广告的比例比阅读旅游和男士服装广告的比例要多出一倍。这是由于男性、女性读者对不同种类物品的兴趣具有明显差异的缘故。

（3）信息的有用性。凡是能够帮助人们做出满意购买决策的信息就是有用的信息。尤其是当商品的价格比较高，人们对它又不熟悉的时候。例如，保健品种类繁多，功效各异，人们往往不知如何挑选。交大昂立公司就是注重对商品性能效用的恰如其分的客观宣传并开展知识营销，加强消费者对其产品的了解，从而在激烈的市场竞争中脱颖而出。

2. 传递信息，增强记忆

通过传递给受众的信息，使人们对广告商品增进了解。只有产生记忆才能增进对产品的了解。记忆是以往经历过的事物在人脑中的反映。它有助于人们加深对广告商品的认同。记忆的保持受以下因素的影响。

（1）重复程度。心理学家研究证明，人的感觉记忆时间只能保持0.25～2秒，受到注意的感觉记忆可转化为短时记忆。重复可以使短时记忆转化为长时记忆。长时记忆的保持可超过1分钟甚至记忆终生。

（2）形象化程度。一般来说，直观的、形象的、具体的事物比抽象的事物容易给人留下印象，加强记忆。直观形象是人们认识事物的起点，它有助于掌握事物的概貌，使人一目了然，增强知觉度，提高记忆效果。例如，20世纪30年代，上海祥生出租汽车公司成立之初无人问津，后来不惜用重金买到了一个40 000的电话号码，叫车电话以"四万万同胞拨四万号电话"的广告语进行宣传，使得其号码妇孺皆知，因此生意很兴隆。

3. 产生联想，诱发兴趣

通过广告，进一步产生记忆、表象与想象、联想交互作用的心理过程。由此产生积极的感受以后，引起兴趣，诱发情感，增强购买商品的欲望和做出购买决策的动力。联想是由一事物的经验想起另一事物的经验。一般包括：接近联想、相似联想、对比联想和关系联想四种类型。广告受众引起何种联想，主要受两个方面的影响：一是联系的强弱，二是人们的定向兴趣。

4. 诱发情感，采取购买决策

使消费者形成一个良好的商品形象，产生对商品积极的态度评价，形成购买意向，最终诉诸购买行动。消费者采取购买行为以后，感到使用满意或获得他人的赞美，会进一步加强对该商品的记忆、联想和情感，进而形成品牌忠诚度。消费者在购买活动中，情感因素对最终购买决策起着至关重要的作用。广告要注重艺术感染力，讲究人情味，才能诱发人们积极的情感，抑制消极的情感。一般说，积极的情感有利于强化购买欲望，坚定购买信心。当然只有那些与消费者需求有关、能满足需要的商品，才能引起消费者积极的情感体验，成为产生购买行为的动力。2000年年底，作为上海本土品牌一直销量第一的力波啤酒因日本三得利啤酒在上海的强大攻势而退居第二。力波的奋起并不顺利，一波三折。1999年6月，力波曾以"上海男人的故事"来演绎"上海男人本色"，但广告中父亲在元宵节为孩子扎兔子灯的情节给人的感觉过于温情、软弱，作为目标消费群的上海男人并不认同这一"软"的形象，市场效果不佳。一年后，力波不惜重金，聘请有"上海真男人"之称的足球名教练徐根宝为力波啤酒广告代言人，企图把日益淡化的口味再度引领到重口味上。结果证明，"重口味"、"硬朗人物"的定位是错误的，与年青一代的距离更远，力波仍然没有打好翻身仗。第三年，上海亚太取代民乐进行控股，亚太中国区总经理认为：啤酒应该是区域性很强的一类商品，啤酒消费越来越侧重于感情。于是力波挖掘品牌精髓，打出"上海品牌"的概念，广告策略定为"力波啤酒，喜欢上海的理由"，格调定为"求新求变"，展现新上海人的生活形态，并推出与众不同、透明包装的超爽型啤酒。力波终于抓准了上海消费者的真实情感和想法，市场份额在次年增长了20%以上。

三、商业广告策划与设计心理

（一）广告定位心理

广告定位是在销售环节中使消费者认定这一产品与众多同类商品不同，使产品对目标群形成吸引力。所以，广告定位的心理要求应包括以下几点。

1. 满足消费者的需要

广告定位首先要考虑消费者的需要是什么，怎样通过商品广告加以满足。例如，电子词典与函数性计算器同样都是以学生为主要销售对象，但在功能上有明显的不同，前者主要是用于英语学习，后者用于代数、三角函数等数学运算。广告定位要充分展现它能满足学生英语学习或数学运算的特殊需要，使受众一目了然。

2. 面向特定的人群

广告定位的基础是市场细分，即把目标市场按一定要素分成若干个总体需求不同、购买习惯与行为有异的组成部分，有针对性地进行构思，向特定的人群推介适合他们的产品，以占有这部分市场为最终目的。

3. 强化在消费者心目中的相对优势

在浩如烟海的商品市场中，占有绝对优势的商品毕竟是少数，广告定位要着眼于相对于竞争者的优势。

（二）广告设计与策划心理

不同的生产厂家可根据自己的不同市场地位，采取不同的广告定位心理方法，具体如下所示。

1. 卓越超群，舍我其谁

该方法适合市场领先者采用。这类厂商原有商品已在市场上占据难以动摇的地位，在消费者心目中留有无可挑剔的美好印象。通过广告要在消费者心目中加深印象，保持领先地位；同时要利用已拥有的地位，以新的产品来取胜，或以更广的产品范围来保持自己的地位。如美国可口可乐公司以"只有可口可乐，才是真正的可乐"来暗示消费者，可口可乐是衡量其他可乐的标准，使它在消费者心目中占据了"真正的可乐"这一独特的心理位置。

2. 攀龙附凤，增强号召力

该方法适合市场追随者采用。在尚不为人熟悉或未引起人们足够重视的商品寻找市场的时候，一般采用类比的手法，以已在人们心目中有不可动摇地位的商品或品牌为参照，强调诉求商品的重要性。如北京恒基伟业的商务通全中文掌上手写电脑为寻求其在信息产品领域中的地位和市场，曾以"呼机、手机、商务通，一个都不能少"为标题，提出"跑生意，呼机不能少，因为呼机可以让别人找到你；谈业务，手机不能少，因为手机可以让你找到别人；干事业，商务通不能少，因为商务通可以把你的工作安排得井井有条，无论是出差旅行还是开会谈判，随时随地把握全局"。

3. 寻找空隙，突出包围圈

此法旨在寻找人们心目中的空隙，然后加以填补。比如人为地对同类商品进行

分类,以在激烈的市场竞争领域转移人们以往对其他商品的注视,转而关心广告商品。在 20 世纪 60 年代美国竞争异常激烈的可乐市场上,可口可乐、百事可乐和荣冠可乐分割了绝大部分市场份额,七喜汽水公司的处境十分尴尬。1968 年七喜汽水运用广告定位的心理方法,把自己生产的柠檬饮料定为非可乐饮料,并不断强调,可口可乐是可乐型代表,七喜汽水则是非可乐型代表,以此方法把自己的产品塑造成与强大竞争对手相并列的另一种类型,巧妙而有力地使自己从硝烟弥漫的可乐战场中摆脱了出来,成为非可乐型饮料中首屈一指的品牌。

4. 强调特色,求得一席地

此方法适合在市场竞争中地位较弱者采用。即把视角集中于人们关注的某一问题,利用自己在潜在消费者心目中所拥有的某一方面地位,努力加以巩固,在消费者心目中确立其在同类商品中的独特位置。

5. 区别对象,找准切入点

此方法适用于首次进入人们心目中空白领域的情况。厂商对商品主张的内涵可以是多方面的,但对于受众来说,在他们心目中第一次感知的信息会留下最深的印象。广告定位要区别自己产品的特定对象,以他们最为关心的、注重的内容作为切入点。美国宝洁公司在进入中国大陆市场时,从大陆受众尚未接触到的一些概念出发,对原有产品进行本土化改良。如根据中国的水质和消费者发质的不同,将产品的成分作了调整,设计出符合受众心理需求的新概念:海飞丝洗发精——去头屑;飘柔洗发液——洗发、护发二合一,令头发飘逸柔顺;潘婷——含有维他命原 B5,兼含护发素,令头发健康、加倍亮泽。这些手法征服了受众的心。这三个广告曾列北京国际广告研究所 1994 年 3 月公布的北京人最喜欢的电视广告中的第七名、第一名和第三名。宝洁的海飞丝、飘柔、潘婷以及沙宣四种洗发水在 1999 年占领了中国大陆洗发水市场 60% 以上的份额。

四、商业广告传播的心理技巧

商业广告是极富技巧性的传播活动。正确策略、完美技巧相结合的广告有着"不由你不信"的魅力,而缺乏技巧的平庸广告只能做到"信不信由你"。在丰富的广告实践中,人们总结出许多优秀的心理技巧。

(一) 以奇取胜

好奇心理是人类与生俱来的。消费者往往都富于幻想,渴望变化。"以奇取胜"的广告技巧正是利用了消费者的好奇心,运用一些突破常规和出人意料的特殊手法,以此来刺激消费者的好奇心,引起他的兴趣和注意,并留下深刻印象,从而达到良好的宣传效果。例如,法国驰惟普斯汽水的电视广告:在美国某太空基地,静寂中透出阵阵紧张的气氛,高耸的火箭即将点火发射。随着倒记秒数的口令声结束,火箭呼啸着跃入天穹。借助太空的影像画面,观众看到火箭已进入太空,正向月球接近。可以看到空旷荒凉的月球表面了。咦!怎么月球上有人?!屏幕上显示出一个身穿轻松夏装的法国人正躺在帆布椅上,仿佛在海滩度假般舒适。他打开身边的驰惟普斯汽水愉快地品尝,时而看看表,时而望望天空,像是在疑惑美国的火箭怎么还没到?美国人终于在月球上着陆了,这位早先等候的法国人一边摆着法国的三色旗,一边用驰惟普斯汽水热情地招待他们。这则广告惊人的离奇，将事情夸张到违反客观事实和情理的地步。大家都知道是美国人第一个登上的月球，怎么法国人在广告中却捷足先登了？月球上缺氧，无法饮用东西，法国人怎么能自豪热情地与美国人分享汽水？种种离奇情节刺激了消费者的好奇心，促使他们探寻这种汽水到底怎么样，最终促成了购买行为。

（二）以新取胜

创新是广告的生命线，尽管有些企业做了不少广告，但收效甚微，原因就是没有新意。没有创新的广告在市场竞争中根本展现不出风采，吸引不了消费者。所谓"新"就是要避免雷同，使广告个性化。从新角度发现独特的问题，从宣传的产品和劳务不同于其他产品或劳务的地方去寻找表达重点，给消费者以新颖别致的心理感受。例如，一则联邦快递的广告，描述的是在运送快递的路上，遇到交通事故大桥无法通过，这时，联邦快递员直接从桥下的水面通过，走到河对面，水中有人喊住他，原来是由一批潜水员搭的浮桥从水面下出现，帮助快递员把货物及时地送达到目的地。此广告构思非常巧妙和新颖，给人留下了深刻的印象。

（三）以巧取胜

根据不同的市场目标，不同的消费对象，运用灵活的技巧，往往可以达到事半功倍的效果。美国派克钢笔的广告可称是抓住时机巧用名人的成功范例。罗斯福总统喜爱派克笔，常用它批阅公文。派克钢笔的广告用语流露着自豪之情：总统用的是派克！这使派克钢笔顿显华贵色彩，成为象征地位、身份的名牌。1977年，美国总统里根和苏联首脑戈尔巴乔夫签订销毁中程导弹条约，派克公司争取让两位领导人在签约时用上了派克金笔。随后，派克钢笔的广告用巨幅照片再现了这一世人瞩目的时刻，并用大号铅字标出醒目的标题："笔比剑更强！"从而成功地把派克笔的魅力和人们心目中渴望和平的愿望联想起来，大扬其名。

（四）以诚取胜

中国有句古话叫"诚招天下客，信为事业本"。广告宣传最基本的要求是向消费者传达真诚的信息。过分吹嘘自己产品的优势或提供不实承诺的虚假广告，给企业带来的只能是最终失去消费者的恶果。真诚意味着向消费者客观的介绍产品和服务，甚至不怕揭短扬丑。日本一家针织服装厂生产各色针织服装，消费者选购时会发现在这家厂的产品包装袋里附有一张小卡片，说明由于科技原因，褐色染料还做不到不褪色，但其他色彩可以保证不褪色，请消费者挑选时注意。该厂坦诚地把不足暴露出来并没有影响销量，反而坚定了消费者对厂家、对产品的信任，喜爱褐色的消费者对此表示理解，仍然有很多人选用褐色服装。

（五）以情取胜

广告的诉求对象是人，人具有各种欲望和情感，因此，广告的传播应充分注意广告的感情色彩。一册具有浓厚感情色彩的广告能以其亲切感人之处，对消费者产生强有力的心理冲击力，引起感情的共鸣，继而再用正确的消费理念去说服他们采取购买行动，即将情与理有机地统一，以情诱导，以理说服。美国豪尔马克卡片公司十分善用以情动人的技巧，从人间深沉的爱出发，反复强调其问候卡能带给人们感情上的慰藉和满足。其中，一则典型的广告以搬家的平常生活情节为背景：老祖

母在孩子长大离家后，要卖掉乡下小楼搬到出租公寓中去。正当她向庇护自己大半生的小楼依依不舍地告别时，她可爱的小孙子在陈旧的阁楼上翻出了一大沓亲友们寄给老祖母的豪尔马克问候卡。祖孙俩一起一张张地观看，这些精美的贺卡勾起老祖母许多幸福的回忆，他们全然不顾楼下催促搬迁的一阵阵呼唤声，完全沉浸在美好的情感岁月中。广告结束时，有一段充满感情的旁白："问候卡使您一生最美好的时光永驻长青。当您真正关心、怀念一个人时，请寄上一张最好的问候卡——豪尔马克问候卡！"这则广告打动了千千万万美国人的心，尤其是那些无暇照顾自己年迈父母而心存内疚感的中年人，因此，贺卡销量持续增长。

第二节 商店的购物环境与消费心理

消费者的购买行为通常在一定的购物场所或环境中得以实现。购物场所是消费者认识商品、选择商品、接受营业员服务和劝导的地方，同时还是消费者体验消费价值与营业员工作活动的场所。购物环境的优劣对消费者购买过程中的心理感受具有多方面的影响。因此，适应消费者的心理特点，提供良好的购物环境，是企业扩大商品销售必不可少的条件，也是消费者心理与行为研究的重要内容之一。

一、商店类型、选址与消费者购买心理

商店是消费者购买商品及劳务的主要场所，即使在销售方式趋向多元化，直销、邮购、电话订货、电脑购物、网络营销等无店铺销售方式迅速兴起的今天，商店因其品种繁多、现场选择、综合服务、功能齐全、能满足消费者多方面需要等优势，仍在各种销售方式中占据重要地位，成为消费者选购商品的首要渠道。

根据对消费者影响方式的不同，商店环境分为内部环境和外部环境。内部环境是商店内部建筑、设施、柜台摆放、商品陈列、色彩、照明等状况的综合体现。外部环境表现为一个商店的外观或外部容貌。它们是消费者在实际购买活动中首先感知的对象，往往给消费者留下极为深刻的第一印象，并作为经验保存于消费者的记忆之中，对继而发生的购买心理和行为产生直接影响。因此，必须对商店的环境进行精心的设计。

（一）商店类型与消费者购买心理

现代商店类型繁多，按经营规模划分有大型商店、中型商店、小型商店；按经营商品的种类划分有综合商店、专业商店、便利商店；按经营商品及购物环境的档次划分有高档精品商店、中低档大众商店等。对不同类型的商店，由于经营特色的差异，对消费者的心理需要也有不同的适应性。

1. 百货公司

百货公司一般坐落在城市最繁华的地段。其建筑富丽堂皇，营业场所宽敞，环境布置豪华气派，上下电梯方便，经营品种繁多，可提供人们吃穿用等几乎所有日常生活用品，使消费者有"走百家不如进一家"的便利感觉；其管理规范，实行明

码标价，在价格上有信任感；同时其营业人员训练有素，着装一致，待人彬彬有礼，和蔼可亲，使消费者有一种被尊重的满足感。但是，百货公司实行面对面的服务，顾客与营业人员之间的三尺柜台无形中是一道难以逾越的心理障碍。消费者购物首先要和营业人员打交道，难免会出现心理上的紧张和拘束，同时，可能因等候接待、频繁挑选，特别是营业人员的服务态度等问题产生隔阂和不快。

2. 超级市场

超级市场是一种自助售货商店，它淘汰了以往商场面对面售货方式中封闭式的柜台和货架，商品销售完全采用开架方式，已成为现代城市零售商业的一种主要形式。其优点是购物方便，节约时间；价格较低，超市由于可提供高于百货公司30%～50%的商品出样率、20%的商品投放率，场地利用率高，雇员相对减少，成本低，所以价格低廉；其自助销售方式使消费者从紧逼性推销的压力下解放了出来，可随心所欲的拿取自己喜爱的商品，使人心情舒畅。但不利的因素是超市的商品大多为大路货，即使是高档的商品也很难卖上价钱，同时没有营业人员的周到服务，受尊重的感觉不明显。

3. 连锁商店

连锁商店是经营同类商品、属于同一企业或同一经营体系控制的商店群，它实行商品标志、商品陈列、服务规范等方面的统一。其优点是既可实行规模经营，又可适应分散购物；其统一的店貌、标准化的商品和服务，可满足消费者认准服务品牌、方便消费、放心消费的心理；它还具有多种业态模式，能满足消费者的不同需求。不利因素是不同业态模式的连锁店差异较大，常给消费者造成一些认知上的障碍。如专卖店的高价位与连锁超市的低价位，可能使一些消费者产生错觉。

4. 专业化商店

专业化商店是经营特定类型同类商品的商店，如食品商店、家电商店、妇女用品商店等，它能在一个相对狭窄的商品门类范围内，提供前三类商场难以配齐的商品，以"专"取胜。专业化商店的另一种类型是专卖店，专门经营某一品牌的商品，提供相关的服务。

(二) 商店选址与消费者购买心理

商店的选址是从市场营销角度出发，权衡消费者需要与商业利益的商业布局安排。它直接关系到经营能否成功，与消费者心理密切相关。

1. 区域与选址心理

即考虑商店所在区域的人口、地理环境、地段等因素，特别是掌握消费者对商店选址的心理预期，主要包括以下几个方面。

(1) 商店积聚心理。即商店选址首先要了解人口是否密集，消费人数是否足以形成市场，规模性的目标顾客群是否存在。只有商店林立在繁华的商业街上，才能形成一个规模大、密度高的顾客群。依据马太效应，会使很多消费者产生浓厚的从众心理。

(2) 购买便捷心理。即商店要选择在交通较便捷、进出道路较通畅、商品运输安全省时、主要消费者购买路程不远或公共交通方便的地方。

（3）最佳地段心理。即在一条商业街内，街区两端购物的人要明显少于其他地段，其他地段则相对比较优越。

2. 商品与选址心理

商店选址还要考虑商品性质、消费者的消费习惯等。

（1）商品性质与消费者选址心理。商品性质与人们的消费心理是密切相关的。如日常生活用品超市应设在靠近居民区中间的地段，以方便方便日常购物的需要；黄金饰品、钢琴等贵重物品应设在与高档商店相毗邻的地段，达到适应消费者购买高档物品时对商店档次、信誉、外部环境的心理要求。

（2）商品价格与消费者选址心理。商品价格的高低与其周围居民消费品位、消费水平有直接的关系，应根据消费者对商品价格的需求心理选址。出售高档文化艺术类商品、豪华生活消费品的商店，应设在高收入顾客群生活地或商业街。

（3）消费习俗与消费者选址心理。即商店要根据商品的特性，考虑人们消费习俗的不同来选址。如北方毛皮商店兴盛，南方则不宜开设；西部地区的贵州、四川等地广设辣味食品专营店，而在其他地区则不宜多设。

3. 商店类型与选址心理

（1）业态分布与消费者选址心理。业态是服务于某一顾客群或某种顾客需求的销售经营形态，是目标市场进一步细分的结果。必须依据消费者对不同业态的需求心理来选址。标准食品超市应贴近居民区，以居民区的常住居民为主要顾客群，并与大型超市保持一定距离，其选址最好离大型超市 5 公里以外；仓储式会员店应优先考虑交通方便，不以靠近居民区为第一选择目标，因为它可以以低价来吸引顾客。

（2）竞争环境与消费者选址心理。即商店选址要考虑业种、业态分布，或与其周围的其他商店类型相协调，或能起到互补作用，或有鲜明特色。同类小型专业化商家接壤设店，可形成特色街，吸引人流，满足消费者到特定的商业街购物的特定心理预期。如北京的酒吧一条街。

（3）配套场所与消费者选址心理。消费者在某些商店购物时具有要求获得配套服务的心理。仓储式会员店一般停车场面积与营业场所面积之比为 1∶1，以方便频繁的进货与顾客运输用车停放；以低廉价格销售商品的大卖场可设在市郊结合部，以便在配备与营业面积相适应的宽敞的停车场的同时，降低地价成本，虽然路程较远，但可以满足消费者的求廉心理。

二、商店招牌与消费者购买心理

招牌是商店的名字，是用以识别商店、招徕生意的牌号。设计精美、具有高度概括力和吸引力的商店招牌，不仅便于消费者识别，而且可以形成鲜明的视觉刺激，对消费者的购买心理产生重要影响。

（一）商店招牌命名的心理要求

招牌的首要问题是命名。好的名字要便于消费者识别、注目、上口易记，要适应和满足消费者方便、信赖、好奇、慕名、吉利等心理需要，以便吸引众多的消费者。

（1）以商店主营商品命名，使消费者产生直观方便感。这种命名方式，通常能从招牌上直接反映出商店经营商品的类别。如"大明眼镜店"、"西四日杂商店"等。这种命名很直观，使消费者一目了然，在客观上起到了引导消费者购买的作用，能满足消费者求速、求便的心理。

（2）以商店经营特点命名，唤起消费者的信赖感。消费者总是希望购买到质量上乘、货真价实的商品，以经营特点命名，能反映出商店的良好信誉和优质服务。例如，"六必居酱菜园"突出了该店商品用料必精、加工必细等六大特点。从命名中易于使消费者对商店产生信赖的感觉。

（3）以名人、名牌商标或象征高贵事物的词语命名，满足消费者的求名、求奢心态。追求高级、华贵、高雅是某些消费者特有的心理倾向。随着人们收入水平的不断提高，现代消费者不仅追求"名牌商品"，同时也追求"名牌商店"。同一种商品，在"鳄鱼"、"杰尼亚"等专卖店的价格尽管比普通商店高几倍甚至几十倍，但依然能保持良好的销售状况。而"希尔顿"、"香格里拉"等高档饭店更成为消费者显示身份、地位和财富的标志。因此，能引起上述感觉的招牌会激发消费者享受和自我表现的动机，对求名、求奢心理强烈的消费者具有极强的吸引力。

（4）以新颖、奇特的表现方式命名，引起消费者的好奇心理。感情动机是一种最重要的购买动机，好奇心能引起兴趣、渴望、快乐、满足等情感，最易引发消费者的感情动机。日本有一家专售折价妇女内衣的商店，招牌上写着"芳迪挑选顾客"。这在奉行"顾客是上帝"的日本商界，自然耸人听闻，因而引起人们的好奇心。尽管店内有各种苛刻规定，如顾客挑选商品时，不准乱翻；试穿后的衣服必须叠好放回原处等，但是上门的顾客还是络绎不绝。

（5）以寓意美好的词语和事物命名，迎合消费者的喜庆吉祥心理。追求喜庆吉祥是消费者受民族文化传统的影响而产生的一种重要的心理需求。以寓意美好的词语、数字或事物命名，可以给消费者以吉祥如意的心理感受，平添一份对商店的好感。如北京的老字号"全聚德"、"稻香村"就因其美好的名称而给消费者留下了深刻的美好印象。

（二）商店标志的心理功能

商店标志是指以独特造型的物体或特殊设计的色彩附设于商店的建筑物上而形成的一种识别载体。例如，麦当劳快餐店上方的金色"M"。在现代商店外观设计中，标志具有多方面的心理功能。

（1）标志是一家商店与其他商店的主要区别物。由于标志通常要求设计独特、个性鲜明，为一家商店或企业所独有，因而使消费者能通过标志辨认和区别各种商店。尤其在连锁经营店中，标志更成为连锁组织的统一代表物，无论地点、时间、环境如何变化，消费者都能根据统一的标志迅速辨认出来。

（2）标志是商店或企业形象的物化象征。其往往蕴涵着丰富的内涵，是企业或商店经营宗旨、企业精神、经营特色等理念与识别形象的高度浓缩和象征。通过标志的视觉刺激，可以向消费者传递有关企业理念的多方面信息，使消费者对企业获得进一步的了解，从而留下深刻的印象。

（3）标志是特殊的"广告"。它如同招牌、橱窗等外观要素一样，还具有重要的广告宣传功能。设计新颖、独具特色、鲜明醒目的标志，本身就是良好的形体广告。通过对消费者不断的强化刺激，引起他们的注意，从而成为招徕顾客的有效宣传手段。

三、商店内部设计与消费者购买心理

商店的内部装饰设计包括商品和货架的陈列、购物场所的音响与温湿度控制、内部照明与色彩的安排等。理想的内部设计不仅能为消费者提供方便购物的条件，而且能使消费者在购物现场感到心情愉悦、兴致勃勃，获得最大的满意，达到促进购买行为的目的。

（一）商品陈列与消费者购买心理

商品陈列是商场内部设计的核心，也是直接激发消费者产生购买行为的重要因素。其设计的基本要求要做到如下几个方面。

1. 层次清楚、高度适宜

消费者进入商店后，无论其有无购买计划，大多都要对陈列的商品进行环视浏览，以作出所看到商品的属类判断。当发现自己感兴趣的商品后，就会停下来仔细寻找、观察和挑选。因此，这就要求商品的陈列必须做到：醒目、形象突出、有美感，到达吸引消费者的目的。同时，在陈列中不仅要讲究造型美观新颖，还要摆放的整齐，错落有致，给消费者以品种齐全、数量充足的感觉。例如，要尽量做到商品的裸露摆放，价格、货号、产地、规格、性能、质量等级要齐全，便于消费者通过观看、触摸和比较，获得对商品更多的感性认识。在商品的摆放中还要注意位置的高度。因为商品摆放位置的高低会直接影响消费者的视觉注意和感受范围及程度。据瑞士学者塔尔乃教授的研究，消费者进店后无意识展望高度为 0.7～1.7 米，上下幅度为 1 米左右，与人的视线大约成 30°以内的物品最容易被消费者感受到。因此，商品摆放高度要根据商品的大小和消费者的视线、视角来综合考虑。一般来说，摆放高度应以 1～1.7 米为宜，与消费者的距离约为 2～5 米，视场宽度应保持在 3.3～8.2 米。

2. 适应习惯、便于选购

对不同种类的商品，人们有不同的购买习惯。为顺应消费者的购买习惯，商品的陈列要体现一定的规律。对"低值易耗"的商品，由于它们在人们的日常生活中消耗量大、需求弹性小、价格比较低廉，诸如蔬菜瓜果、清洁用品、油盐酱醋等一般没有明显的消费层次，并且使用频繁，同类商品性能接近，选择余地小，人们希望购买方便、交易便利，因此，可以陈列于最明显、易于速购的地方，如商店的底层、过道和出入口。据国外估计，85%的口香糖是在无计划的冲动型购物中购买的。所以，在超级市场中，往往把口香糖摆放在付款处附近。而对于衣着出行类商品如时装、皮鞋、提包等能显示个人气质与审美、消费层次的商品，由于其有一定的使用期、款式、价格差异较大，人们在购买时往往要进行仔细地比较，对价格、款式、色彩、质量进行综合性的思考后才做出购买决策。所以这类商品要陈列于商场内空间比较宽敞、光线比较充足的地方，便于消费者接近或接触商品进行比较和思考，从容进行决策。另外，一些居家使用的高档生活消费品，例如电视机、电冰箱、空调机、组合音响、高档家具等，由于其使用周期长、占有空间大、售后服务要求高，所以消费者在购买前必须要花较长的时间进行比较，考虑购买的时机、商家和品牌。

因此，商场应选择店内比较深入、冷僻、优雅的地方，设立专门的区域，提供咨询服务，以满足消费者慎重决策、求信誉、求放心的心理需求。

3. 清洁整齐、疏密有致

商品的陈列不仅要讲究层次、部位，而且要给人以干净、整洁的感觉。货物上如有积灰应随时清除，否则会使人"倒胃口"。同时要注意商品陈列与货架的疏密要得体，错落有致。货架上商品的陈列必须丰满，随时填补货物销售后留出的空间，给人以丰富、充实的感觉，但也不能塞得严严实实，以免使人感觉沉闷、压抑。货架之间的通道应畅通，宽窄要适宜，给人留下思索的余地和想象的空间。

（二）购物场所的环境与消费者购买心理

购物环境无论是对消费者的购买行为还是营业员的工作效率都具有极大的影响。良好的购物环境可使人感到心情舒畅、悠闲自如，促成购买行为；反之，则会使人产生厌烦、焦躁、抵触情绪，急于离开现场。

1. 音乐

用音乐来促进销售，可以说是古老的经商艺术。旧中国一些商号用吹号敲鼓或用留声机放歌曲来吸引消费者，小商小贩利用唱卖或敲击竹梆、金属器物等招徕生意。心理学研究表明，人的听觉器官一旦接受某种适宜音响，传入大脑中枢神经，便会极大地调动听者的情绪，造成一种必要的意境。在此基础上，人们会萌发某种欲望，并在欲望的驱使下而采取行动。因此，购物场所中的音响设计是十分重要的。

（1）背景音乐。在商场中，适度的背景音乐可以调节消费者的情绪，活跃购物气氛，给购物环境增加生机，还可以缓解少数消费者的紧张心理。当然，背景音乐的基本要求要音质清晰，音乐的题材要适合特定场所的购物环境。如商场销售的商品地方特色明显，可播放一些民族音乐；若商场的现代气息较浓，可播放一些现代轻音乐；若主要消费对象是青年人，可多播放一些流行音乐；而若以中老年消费者为主，可播放一些怀旧金曲。总之，背景音乐的音量不宜太大。

（2）语音信息播放。语音信息主要包括商品广告信息、各种提示、寻人启事等。注意其音色要柔和，使人有亲切舒适的感觉。由于语音较容易受到环境噪声的干扰和掩盖，会影响人们对所含信息的接收，因此要求清晰度高，音量略大于背景音乐。由于人们对语音信息的敏感度要高于音乐信息，接收中需要更多的注意力，时间长了易产生疲劳的感觉，所以，播放的时间长度要掌握好，并保持一定的间隔；同时，要注意限制数量和长度，减少重复。有的商家想招徕顾客，在商店门口反复播放广告，且音量过高，往往适得其反，不仅没多招徕客人，反而吓跑了要光顾的顾客。

2. 色彩

色彩是指商店内部四壁、天花板和地面的颜色。心理学研究表明，不同的色彩能引起人们不同的联想和情绪反应，产生不同的心理感受。例如，黑色给人以严肃、庄重感；红色给人以热情、喜庆、燥热感；白色给人以纯真、圣洁感；绿色给人以青春、生命、新鲜感；紫色给人以高贵、神秘感；淡蓝色可以抑制人的情绪发展；各种浅色会造成扩大的感觉；各种深色会产生缩小的感觉；色彩可以把高的房屋变"低"，也可以把低的房屋变"高"等。营业场所在色彩的设计中要做到以下几点。

（1）因地制宜，扩充视野。即根据商场的不同空间，采用恰当的色彩，扩充消费者的视野。在一般购物场所中，消费者总是希望空间比较宽敞。即使营业面积较大的商场，如果层高接近于中小型商场的高度，也会令人感觉太低，产生压抑感。所以，一般商场宜采用亮度较高的浅淡的冷色调作为基本色彩，而咖啡厅、茶室等一些营业场所，色调暗些可使人产生接近感。

（2）因"时"制宜，调节感受。即不同季节与不同气候，人们对色彩的感受也有差异，商场可据此来改变色彩，调节人们的感受。如春季用嫩绿色，给人以春意盎然的感觉；夏季用淡蓝色，给人以凉爽舒适的感觉；秋季用橙黄色，给人以秋高气爽的感觉；冬季用浅橘红色，给人以温暖如春的感觉。此外，商场可根据需要，在白色墙面上借用彩色灯光照射产生的效果来达到目的。

（3）因"物"制宜，相得益彰。根据商场主要经营商品的不同特点来配色，可以突出主营商品的形象，使其给人更加美观的印象，刺激消费者的购买欲望。如服装和卧室用品销售场所，用淡黄色加以装饰，会使面料的色彩显得更加鲜艳有生气。

3. 照明

照明直接作用于消费者的视觉。营业场所明亮、柔和的照明，可以充分展示店容，宣传商品，吸引消费者的注意力，引发良好的购物情绪，具有明显的心理作用。商场内部照明一般分为自然照明、基本照明和特殊照明，它们对消费者的心理具有不同的功能。

（1）自然照明。即商场中的自然采光，通过天窗、侧窗接收户外光线来获得。自然光柔和、明亮，使人心情舒畅，是最理想的光源。商场设计中应考虑最大限度地利用自然光，增加玻璃顶面、玻璃墙面的面积。但自然光受季节、营业时间和气候的影响，不能满足商场内部照明的需要，因此要有其他照明补充。

（2）基本照明。即指在天花板上安装荧光灯为主的一种照明方式，为整个营业场所而设置。这种照明灯光是模拟自然光的光谱频率的，因此光色比较柔和，只是紫光的成分较多，一般人们也乐意接受。当然，照明光度的强弱要以经营商品的品种和销售对象的特点而定。对于衣着和出行用品，光度可适当强些，便于人们仔细挑选；对于"低值易耗品"，光度可以弱些，因为人们不会认真挑选。以老年人为主要销售对象的商品，应比以青少年为主要销售对象的商品照明光度强些。营业场所的里端应比外端更亮些，以吸引人们走过更多的货架。一般来说，照明光度强些，可调动人们的情绪，使人产生开朗、兴奋的感觉。但是在餐饮场所，特别是情侣会面的咖啡店、茶室等，灯光则要适当暗淡些，使人们能平静地进行交流。

（3）特殊照明。即为了突出部分商品的特性而布置的照明，目的是为了凸显商品的个性，更好地吸引消费者的注意力，激发其购买的兴趣。特殊照明大多采用聚光灯，实行定向照明，常用于金银首饰、珠宝玉器、手表挂件等贵重精密而又纤巧的商品，不仅有助于消费者仔细挑选，甄别质地，而且可以显现商品的珠光宝气，给人以高贵稀有的感觉。

4. 微气候

微气候是指在商场范围内特有的气候条件，主要包括气温、湿度和空气质量。

它们的状况也会对消费者和营业员的购销情绪产生影响。

（1）气温。这是评价营业场所气候条件的主要因素，对人们的影响最为直接。商场的气温受季节和客流量的影响。气温过高或过低都会引起人们的不舒适感。在骄阳似火、汗流浃背的夏日，人们无心在闷热的店堂里多留片刻，除了注意急需的特定购买目标以外，没精神来浏览商品，自然无法形成购买冲动。而在寒冷的冬日，人们更不会有耐心挨冻去购物。现在，商场里都安装了空调，使得商场里的温度非常适宜，有助于人们形成良好的购物情绪和欲望。

（2）湿度。这是表明空气中水分含量的指标。人们一般对湿度的注意程度要远远低于对气温的注意。湿度与季节和地区有密切的关系。夏季的南方气候异常潮湿，冬季的北方气候非常干燥。如果是在高温季节里，再加上潮湿的空气，会使人觉得更加不舒服，购买欲望荡然无存。空调制冷过程中，可以有效地降低空气中的水分，提高人们的舒适度。

（3）空气质量。营业场所是人群集中的地方，空气污染是商场需要重视并加以解决的问题。在有限的空间内，大量积聚的人们呼出的二氧化碳，加上营业过程中产生的各种灰尘，会使空气受到污染，空气质量明显下降。结果导致人们感官受到有害的刺激，引起烦闷、焦虑，影响正常购物活动的进行。商场就此应安装必要的设施，保持空气的流通，以清新宜人的空气满足消费者的生理需要，使消费者拥有舒适、愉快的心理感受，也同时达到调节营业员情绪、提高服务质量的目的。

第三节　营销人员沟通技巧与消费心理

营销人员是企业经营活动的主体，是企业经营的心理过程的推动者和调节者。在营业活动的过程中，作为营销主导一方的营业员心理品质如何是实现商品销售的重要前提。如果我们把商品的质量、包装、价格等视为商品销售的"硬件"，那么营业员的心理品质和沟通技巧就是商品销售的"软件"。在市场竞争愈演愈烈的今天，从某种意义上讲，"软件"比"硬件"更具影响力。

一、营销人员的基本心理素质

（一）成功的欲望

人的活动是受自身的动机调节和支配的。强烈的成功欲望可以指引并维持人们向着某一特定目标行动。作为企业的代言人，面对每一个潜在的顾客，要能审慎地对待每一次机会，具体表现在以下几个方面。

1. 自觉性

自觉性，即在行动中有明确的目的性，并充分认识行动的社会意义，使自己的行动服从社会环境的要求。作为营业人员则体现在对营销行动目的合理性和社会意义上的自觉认识上，也表现在坚决实现营销目的而具有的合理态度和自觉行动上。

2. 顽强性

顽强性是指一个人能以充沛的精力和坚忍不拔的毅力克服一切困难和挫折，为

实现既定目标始终坚定不移。营业员的工作看似平凡和琐碎，对顾客迎来送往，但是却要面对各种各样的人，承受各种各样的态度，如果没有顽强的品质，要长年累月甚至一生一世做好这项工作是根本不可能的。

3. 自信心

自信心是指一个人对自己的积极感受，包括"自我接受"和"自我价值感"两个方面。作为营销人员衡量其是否具有自信心的标准为：是否真诚、坦荡，即为人真诚不说假话，为人直率，坦诚相见。例如，面对消费者充满自信，不做任何掩饰，并真诚地对待顾客；是否乐观、活泼，对生活和所面临的事物充满信心，有很强的乐观情绪和幽默感；是否宽容、大度，能容忍别人的缺点、过失、指责、伤害等；是否勇敢、果断，有胆有识地处理各种突发情况；是否谦虚、礼让，即为人虚心好学，文明礼让，对消费者彬彬有礼。

（二）认知能力

1. 敏锐的观察力

这是指发现事物典型特征的能力。营销人员的观察力是营销活动中所必需的内在能力。要通过对消费者表情的观察判断，了解其消费的心理，不仅要了解顾客所要购买的商品，而且要了解顾客的购买意图。由于人的心理活动是通过外部行为表现出来的，消费者的购买意图和对商品的态度会通过他进入商店后观看、挑选商品的表情动作、言谈话语表现出来。所以，营销人员要善于观察消费者的言谈举止、表情变化，从而把握消费者的心理变化过程，掌握他们的购买意图。

2. 灵活的反应力

这包括思维、联想及行为敏捷性的综合表现。营销人员的反应能力主要是以业务熟练程度为基础的行为能力。在日常工作中，营业员往往要同时接待多位顾客，而每位顾客有着不同的籍贯、性别、年龄、文化背景、思想观念、社会阅历、生活习惯和交往方式，也会有不同的要求。面对如此复杂多变的环境，要做到使每位消费者都满意，就要求营销员要有较为灵活和准确的反应能力，对消费者的不同要求及时做出准确的反应。

3. 良好的判断力

这是指营销人员能够准确地从观察到的外部线索中推知对方行为发生的真正原因，即归因。任何一个行为，其背后总有动机在推动，而动机又是由人的需要引起的，需要是心理活动的原动力，它和人后天形成的自我控制一起协调、控制内部心理活动和外部行为反应，归因就是揭开这一过程的神秘面纱，直接把握住事实的真相。了解了人的需要，就不难设计出相应的策略，完成双方的交往活动，达到预定的目的。神入能力是良好判断力的一种形式。神入能力是指营销人员凭借自己丰富的阅历、敏感的观察，根据对方的言谈举止、背景资料或身材相貌直接地、不假思索地把握对方的心态特征，有时人们用"直觉"、"第六感官"等名词来描述这种能力的作用。神入能力并不神秘。人人都具有，但不同的生活环境使人类的这种天性得到不同程度的发挥。在日常生活中，常见热恋中的情侣之间"心有灵犀一点通"，这就是神入能力的表现。我们可以通过"心理移情"的方法，对这种能力进行培养。

4. 言语表达能力

营销人员与消费者之间的沟通，是通过双方言语的交流来达到的，消费者对商品功能特征、价格因素的了解、分析比较和判断的一系列心理活动过程，是在言语交流和言语刺激中得以实现的。正是由于言语的交流作用，营销人员感知、接受了消费者的消费动机、欲望和具体的要求，并对此做出反馈，消费者又对营销员的反馈介绍做出思考、判断和抉择的反应，商品购买的活动才最终得以完成。

（三）人际关系能力

与人打交道建立和保持良好的人际关系是十分重要的。人际关系能力的体现主要包括以下两点。

1. 具有一定的面谈技巧

营业人员在与消费者交谈时，要注意运用各种技巧到达取得消费者信任的目的。营业人员可通过言谈举止以及产品的质量和声誉等取得对方的信任。营业人员在具体的交谈中应遵循一些面谈技巧，如微笑服务、目光接触、真诚关心等。

2. 说服别人的能力

当营销人员面对顾客的怀疑和不信任时，要能通过说服改变消费者的态度。根据态度构成理论，用提供事实、讲道理的方式，消除对方在认知方面的误区，通过分析和判断对方的需要和动机，在情感上感化否定的态度，取得对方的信任，尽量为对方的购买行为提供方便。

二、营销人员与消费者的沟通

（一）消费者的购买心理活动过程

消费者到商店购买商品，从接触商品、询问、挑选到成交，经过一系列有形的活动过程，也要经过一系列无形的心理进程。在这个过程中，消费者的心理活动是逐渐展开的，其表现又是多种多样的。营销人员的柜台接待心理与消费者的购买心理活动的关系是十分密切的，购买接待不同，消费者的心理反应就不同。营业人员的服务方法也应有区别，根据消费者外部表现的行为特征，可把他们的购买心理活动分为以下几个阶段。

1. 寻找目标

消费者进入商店，有意无意地都要环视陈列的商品，主要目的是寻找和发现其所需要和感兴趣的商品。当他们发现自己喜欢的某种商品时，就会停下脚步，集中精力注视这种商品，仔细观察，否则，会很快离开柜台。

2. 感知商品

当消费者发现购买目标后，就会把注意力集中在这感兴趣的商品上。他反复观察和评判商品的色彩、光泽、款式、质量、性能、价格及使用方法等，当对这种商品产生较浓厚的兴趣，还会向营业员进一步询问和了解。伴随着对商品的认识，消费者还会出现满意或不满意，喜欢或不喜欢的情绪反应。

3. 产生联想

当感知的商品给消费者留下满意的印象后，消费者就会对商品产生功能联想，深化对商品的认识。面对商品，可能联想起使用它给自己带来的种种便利，带来的各种愉快的情绪体验，以及商品的观赏价值等。联想的结果，能激发起对该商品的拥有欲望，促使其向购买该商品的方向发展。

4. 评价比较

该阶段消费者就会对可供选择的同类商品从各方面进行权衡鉴别，并根据自己的主导购买动机、以往的知识经验和购买能力综合评价购买的利弊得失。比较判断的依据是商品的价格、质量、颜色、造型、商标、包装等因素，这种比较可以是在同一商店同类商品之间进行也可以是在不同商店的同类商品之间展开。

5. 确定目标

通过比较，认真思考之后，消费者对商品有了清醒的认识，并产生信任，从而做出购买决策。购买决策一旦确定，立即导致购买行为。消费者会向营业员表达购买意图，认真挑选商品，付清货款，买卖成交。

6. 购买后的感受

消费者选购到了称心如意的商品，又受到营业员的热情接待，便会产生一种心理上的满足感。购后感受还包括消费者使用商品期间的心理反应。经过使用商品对商品感到满意与否，或预期的期望被满足与否，往往能使消费者对商品做出重新评价。

消费者购买心理活动过程的这些阶段，大多数是在短时间内连贯表现出来的，而且是就比较复杂的、选择性强的购买行为而言的。对于比较简单或经常性的购买行为，就不一定都经历这么复杂的过程。同时，由于消费者的个性特征、购买习惯、购买经验、文化程度的差异，其购买过程所表现出来的行为和阶段也不尽相同。只有根据消费者购买心理活动过程的发展变化规律，采用相应的接待步骤和沟通技巧，才能取得较好的效果。

（二）营销人员接待消费者的心理与方法

1. 分析消费者进店的动机

做好接待工作，首先要对消费者进入商店的意图做出准确的判断。当然，这就要求我们了解消费者光顾商店的动机有哪些。

（1）实现既定购买目标的动机。即这类消费者事先已经确定了购买目标，因此，其会表现出进店的步伐较快，目光集中，迅速走向所要购买商品的柜台，主动向营业员提出购买某种商品。营业员对此类消费者不必过多介绍商品的特点、性能、规格和使用方法，而是主动迎上前去，及时、和蔼地回答问题，成交后，帮助消费者包装好商品。

（2）了解行情的动机。这类消费者是抱着碰运气、希望能买到某种商品的想法进入商店的，事先没有明确的购买目标。因此，他们进入商店的步伐较慢，神态自若，东瞧西看，临近柜台也不急于提出购买要求。对此，营业员要把握接待的时机，视其心理状态伺机向其介绍商品的特点，注意说话的分寸，同时避免目光紧随顾客，不要过早地通报商品价格，以免使顾客不自在。

（3）进行消遣的动机。这类消费者大多数是为了满足精神需求而来。进入商店没有购买目的，甚至事先根本就没有购买的打算。因而，进入商店后，步履悠闲，边走边和同伴谈话，指指点点，由这一柜台走向另一柜台，偶尔也向营业员询问某些商品。对此，营业员要等到他们走近柜台时再打招呼，不必过早地进行接待，关键是要密切注意其动向。但是千万不要采取怠慢、应付的态度。

2. 与消费者沟通的心理与方法

（1）伺机接待顾客。营业员接近顾客并与他们打招呼要注意掌握恰当的时机。过早，容易引起顾客的反感和戒备，分散他们的注意力和观察商品的情绪，甚至他们会因为不好意思而立即离开柜台；过晚，又会使顾客感觉怠慢不热情，引起他们的不满，失去交易的机会。所以要抓住与顾客搭话的时机：顾客长时间地凝视某一商品时；顾客目光离开商品抬头时；顾客突然止住脚步，盯着某一商品时；顾客用手触摸商品时；顾客在四处搜寻什么时；顾客与营业员迎面相视时；顾客欲向营业员询问时。营业员应抓住这些机会，主动诱发顾客的购买行为。

（2）适时出示商品。营业员接近顾客了解到顾客的购买指向后，就应及时向他们展示介绍某一商品。展示介绍商品时要满足不同顾客对不同商品的选择要求，激发顾客对商品的兴趣，可采用以下方法：做成使用状态给顾客看，如打西装领带结；除易损易坏的商品外，尽量让顾客触摸；充分揭示商品的特征，例如，展示食品，尽量让顾客闻其味道，观其色泽，甚至品尝；多种类出示商品，让顾客挑选；从低档向高档逐档出示，以保护顾客的自尊心。同时营业员还应根据顾客的不同性别、年龄、职业以及个性特征进行介绍。

（3）诱导购买欲望。介绍商品特点后，一些顾客会很快产生购买欲望，并转化为实际的购买行动。也有一些顾客仍心存疑虑。对此，营业员应细心观察，积极进行说明诱导。① 深入说明与启发。对犹豫不决的顾客要找到其问题的关键，有针对性地对商品再进行展示、说明，充分提示顾客注意商品的某些特点，以及购买该商品所带来的好处，引导他们进一步肯定商品。② 让顾客进行商品比较。在介绍商品时，指出自己介绍的商品与其他商品的不同之处，让顾客自己进行比较、认可。③ 实际操作表演。即为了刺激顾客的购买欲望，营业员对商品可进行实际操作表演，让顾客亲自体验商品的功能和特点，以消除不信任的心理。④ 提供经验数据。营业员在服务中应把生产厂家对商品进行的性能测试数据或工商企业收集的客户使用产品意见，提供给欲购买该产品的顾客，使他们更准确的了解商品信息，从而消除对商品的疑虑和担心，促进购买。

（4）促使再次光临。顾客选定商品决定购买后，营业员首先应表示谢意，对其选择给予恰当的赞许和夸奖，增添达成交易带给双方的喜悦气氛，然后积极帮助顾客挑选商品，包扎商品。同时营业员要告诉顾客有关的一切售后服务事项，使消费者乘兴而来，满意而归，并且再次光顾商店。

3. 避免和消除与消费者冲突的方法

（1）提高思想修养，增强自我控制能力。自制力是一个人控制和支配自己行动的能力，一方面表现为善于迫使自己克服困难，采取行动去执行已经做出的决定；

另一方面表现为善于抑制自己的感情冲动,控制自己的行动。较高的自我控制能力对营销人员是十分重要的。这就要求营业员在任何条件下都能保持冷静的头脑,即使遇到消费者的无理指责和挑剔,也能使对方平静下来,避免冲突的发生。

(2)时刻为消费者着想,维护消费者的利益。能设身处地地为消费者着想,更好地理解消费者的心情,理解他们的处境,主动采取措施,消除双方的矛盾和不和谐。

(3)学会处理消费者不同意见的方法。在营销活动中,消费者表现出的不同意见主要有一般性不同意见、没有表达出来的反对意见、消费者自我表现的不同意见、消费者的偏见和成见、消费者的借口和恶意反对意见等形式。营销人员应当根据消费者意见的不同形式,灵活、慎重地加以处理。在处理不同意见时,要注意:弄清消费者反对意见的真实原因;争取主动;掌握火候,即在什么情况下反驳消费者的不同意见;量力而行。

总之,良好的沟通可以促使营销活动顺利进行。

本 章 小 结

广告不仅是一门艺术,而且是一门科学。成功的广告必然是遵循消费者心理规律的广告。无论其在设计还是推广的过程中时刻都要关注消费者的心理特征,力求以"奇、新、巧、诚和情"取胜。商店环境的设计要充分发挥其对消费者心理和行为的影响,适应消费者的心理特点,提供良好的购物环境,不断扩大商品销售。不断提高营销人员的心理素质与沟通技巧,促使营销活动的顺利完成,最终达到提高营销成效的目的。

复习思考题

1. 招牌命名的心理作用和命名的原则是什么?
2. 商品陈列的心理要求和基本形式是什么?
3. 营销人员应具备哪些心理素质?如何提高这些心理素质?
4. 从营销人员的心理素质出发,谈谈你对改善企业经营活动的看法。

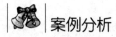案例分析

偏头痛药物广告:以情感人

治疗周期性偏头痛的药物 Zomig 的生产商阿斯特拉·塞内卡公司耗资 2 000 万美元,于 1999 年 10 月首播一则直接面向消费者的电视广告,描述一位被严重偏头痛所折磨的母亲努力照顾两个孩子的感人场景。

在广告片中,小儿子对母亲轻轻地说:"妈妈,你病了我很难过。"本片试图通

过此类生活场景表现偏头痛患者所普遍具有的沮丧心情：病痛使他们无法履行自己在生活中的责任。阿斯特拉·塞内卡公司的高级营销经理麦克说："我们的广告的确打动人心。我们走的是情感路线，表达了'我们理解你们的心情'。"公司的一项研究表明，偏头痛患者希望得到别人的理解，希望别人与他们使用共同的语言。这则广告专门面向女性，因为研究显示，75%的偏头痛患者为女性。广告画外音还使用偏头痛患者惯用的语言描述病情，以示理解。

这则由纽约KPR广告公司制作的广告，把Zomig定位为"全天候治疗偏头痛的药品"，广告语是：Zomig随时治疗偏头痛。这一市场定位意在与头号偏头痛药品葛兰素公司的Imitrex相区别。后者以片剂、针剂和鼻吸雾剂方式出现，1988年的市场占有率达到84%。但是，在Zomig的冲击下，Imitrex的市场份额下降到了76%，Zomig则由6%上升为11%。

问题：
1. 你认为现在我们的产品、服务和广告深入人心了吗？为什么？
2. 在中国的一些城市（如北京），哪些产品可以做类似的广告？为什么？

第十二章 消费者的满意度与消费心理

 学习目标

- ▶ 了解消费者满意的影响因素和品牌忠诚的形成原因；
- ▶ 理解消费者满意度和品牌忠诚的含义；
- ▶ 掌握消费者满意度的评估与分析及消费者品牌忠诚的培养方法；
- ▶ 熟练掌握及运用实现顾客满意的服务的有效策略，为企业的营销活动服务。

第一节 满意与不满意的形成

一、消费者满意度

消费者在做出购买产品或服务的行为后，就进入了购后过程。通过自己对产品的使用和他人的评价，消费者会对自己购买决策进行再评价，形成满意或不满意的感觉。消费者满意度是指购买和使用产品或服务以后对其总的态度。这是一个由特定的购买选择以及使用和消费的体验所带来的选择后评价。

在使用产品时或使用产品后，消费者会对该产品形成一个综合评价，可用图12-1来表示。

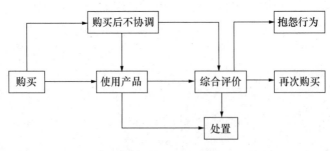

图12-1 购后评价

消费者在产品使用过程中或使用之后，会对产品的功能或表现形成感知，这种感知水平可能明显地高于期望水平，可能明显地低于期望水平，也可能与期望水平持平。

期望值是消费者在购买之前所形成的,主要包括以下内容:

(1) 产品的特点或工作特性,即直接从该产品中预期得到的利益;

(2) 获得该产品的利益所付出的成本和代价;

(3) 购买该产品之后对消费者所产生的社会效益和代价,以及预期这一购买行为对其他人的影响。

对购买的满意程度取决于最初的期望水平和实际感知水平的比较。如果实际感知水平高于期望水平,就会产生满意感;如果低于期望水平,就会产生不满意感;如果两者持平,消费者既不是很满意,也不是不满意,既没有失望,也不会有抱怨行为。

满意的消费者下次面临同样问题时会降低决策水平,有可能产生重复购买的行为,而且满意的消费者有可能会对所选品牌做正面的口头宣传。而不满意的购买会导致各种不利于产品销售的行为出现。

由于不满意从某种意义上说是由于期望水平和实际感知水平的差异所引起的,在推销过程中,应该尽量避免夸大和不切实际的宣传,因为它会促使消费者的期望水平提高,最终可能导致不满。

企业需要通过一定的方式来影响消费者的期望,主要有以下两种方式:

(1) 通过促销创造合理的消费者期望值;

(2) 保持质量的一致和稳定以达到消费者所期望的水平。

从长远看,维持并提高消费者的满意度是很重要的。市场研究人员最近调查了顾客对一家瑞士公司的满意度,结果表明,在长达五年的时间里,消费者满意度每提高1%,就会使公司投资报酬率上升11.4%,研究人员同时发现,感到满意的消费者对未来现金流有着积极的影响。

消费者对其购买的产品是否满意,不仅影响到以后的个人购买行为,还影响到周围人群的购买意愿。如果对产品满意,则在下一次购买中可能继续采购该产品,并向其他人宣传该产品的优点。如果对产品不满意,则会尽量减少不和谐感,因为人存在着一种在自己的意见、知识和价值观之间建立协调性、一致性或和谐性的驱使力。具有不和谐感的消费者可以通过放弃或退货来减少不和谐,也可以通过寻求证实产品价值比其价格高的有关信息来减少不和谐感。

二、消费者不满情绪的表达方式

傅浙铭、林宁在《营销八段——顾客心理与营销决策》一书中列举了引起消费者不满的主要因素:

> 质量方面:质量不合格、不可靠、易损坏;安全性差、事故率高;比预期或规定质量低。
> 性能方面:不稳定、使用寿命短;消耗大,使用成本高;产品污染大、不环保;与说明书内容不符。
> 形象方面:产品造型、包装差;与广告介绍有出入,与包装标志不一致;品牌形象差。
> 服务方面:服务态度恶劣,不兑现服务承诺;保修期短,服务项目少,收费偏高。

一旦消费者对自己所购产品或服务不满,就要表达出来。不同的消费者,表达不满的方式往往不同,但主要有以下几种表达方式。

（1）自认倒霉，不采取外显的抱怨行为。消费者之所以在存在不满情绪的情况下，采取忍让、克制的态度，主要原因是人为采取抱怨行动，需要花费时间、精力，所得的结果往往不足以补偿其付出。很多消费者在购买不满意的产品后，未见其采取任何行动，大多数人恐怕是抱有这种态度。尽管如此，但消费者对品牌或店铺的印象与态度，显然发生了变化。

（2）采取私下行动。消费者若是私下的行动，他会转换品牌、产品、商店，或者劝朋友们不要购买这种产品。一般情况下，消费者对消极的购买评价所做出的反应是转换品牌，并试图影响其他人不买这种品牌（或不从该零售商处购买），而很少向厂商或政府部门申诉。

（3）直接对零售商或制造商提出抱怨，要求补偿或补救。比如，写信、打电话、直接找销售人员或销售经理进行交涉，要求解决问题。但是有很多消费者在遇到不满时，常常不向制造商抱怨，而是针对销售商报怨。有研究发现，消费者80%的抱怨都是投向销售商，只有不到10%的抱怨是投向制造商的。因此对制造商而言，定期对购买了产品的消费者进行回访十分有必要，可以通过问卷形式或电话访谈来了解消费者对产品的意见及建议。对于销售商而言，不仅仅要了解消费者的不满，更重要的是解决他们的不满。

（4）要求第三方予以谴责或干预。如向地方新闻媒体写信抱怨，诉说自己的不愉快的经历；要求政府行政机构或消费者组织出面干预，以维护自己的权益；对有关零售商或制造商提起法律诉讼等。

可以看到，消费者在购买后，通过自己的体验来评价所购买的产品，这其实是消费者的再评价过程，决定了消费者对该产品或品牌的印象。对于企业而言，这是一个很重要的过程。首先，企业如果在购买过程中为消费者提供周到的服务，则有利于提高顾客的满意度，有助于为企业树立品牌形象。其次，要高度重视消费者的不满情绪，并妥善处理。消费者的怨言，可以为企业提供改进的意见，如果处理恰当，会使坏事变成好事，从而进一步提升企业的竞争力。可见，购买过程是提高顾客满意度和顾客忠诚度的重要阶段，所以企业应高度重视消费者的再评价过程。

三、影响消费者满意度的因素

（一）期望未证实模型

顾客满意或不满意的形成过程始于产品的使用，包括对其他品牌的同类产品的使用。由于这种使用行为，包括与公司以及其他人的交流，消费者对"该产品应该是怎样的"便有了一定的期望值。

这些性能预期会和产品实际性能（即对产品质量的认知）进行比较。如果质量不如预期的那样，不满情绪便会产生。如果超过预期，消费者便会产生满意情绪。如果产品性能与预期相符，消费者便会体验到期望证实。实际上，当预期与实际相吻合时，有证据表明消费者可能不会有意识地去考虑他们对产品的满意程度。因此，尽管期望证实是一种积极状态，但它通常不会引发强烈的满足感。强烈的满足感只有当产品的实际性能远远超过预期时才会体验到。

产品预期是评估产品的实际性能的标准。一件产品的性能的预期水平受到产品自身性质、促销因素、其他产品以及消费者特性的影响。消费者以前对产品的体验、产品的价格以及产品的物理特征都会影响到顾客对产品的预期。因此，如果产品是高价位的或者产品以往的性能极好，消费者便会预期该产品符合高标准。

公司如何通过广告和人员推销来推广产品，也会影响消费者对性能的预期。一个市场研究公司的顾问注意到，大肆宣传的广告会产生难以达到的期望值。

消费者对产品性能的预期同样受到他们对其他相似产品的经验的影响。例如，一个影响消费者对医疗服务质量的看法的主要因素是医疗救护的快捷性。医生与医院已经慢慢承认，消费者对快捷性的预期不仅源于他们对其他医疗单位的经验，还源于他们在银行和餐馆中的经历。

最后，性能预期受到消费者个人特性的影响。一些消费者会比其他人期望的更多。同样的，一些消费者比他人更易于接受。那些容忍度较小的消费者当然比那些胸襟宽广的顾客更易于产生不满情绪。

（二）公平理论与消费者满意

公平理论是在斯托夫（Stouffer）等人的研究基础上发展起来的。他们采用"相对剥夺"（Relative Deprivation）而不是"公平"（Equity）一词来形容个体感受到的现实情况与其认为应当存在的状况之间的不一致。这种不一致将导致个体产生一种满意或不满意的态度。霍曼斯在此基础上提出了"分配正义"的概念。所谓分配正义，是指个体的付出与所得保持平衡时的状态。亚当斯率先提出了"公正"一词。他指出，"对某人而言，公平是指他所感知的投入与产出之比与别人的投入与产出之比处于一种平衡状态。"研究人员发现，人们分析己方与他方的交易以判定这些交易是否公平。公平理论认为人们会把自己的收获与投入之比与交易中另一方的收获与投入之比进行比较，如果他们发现别人的比值高，他们就会体会到不公平。

根据公平理论，交易各方的准则是应该被公平对待的。当各方用于交易的收获与投入之比大约相等时，大家均感到满足。当买方认为他的收获与投入之比低于卖方时，买方会体会到不公平并导致不满。

对消费者而言，交易收获和投入各是什么？从消费者的角度来看，投入是信息、努力、金钱以及为达成交易而花费时间。消费者的收获是从交易中得到的利益及责任。收获包括从营销者那里得到的商品或服务、产品性能以及从交易中得到的感受。

许多研究者已经开始关注公平理论是如何被应用于消费者的行为中的。比如，一项研究关注了消费者与航空公司之间的交易过程。就消费者而言，交易的投入主要是买机票的钱，而收获则包括他们享受到的服务质量和航空公司让人们前往目的地的速度。研究表明，如果消费者由于支付了高于平均价的机票而觉得投入是巨大的，那么他们就易于对服务表示不满。同样，如果他们由于航班延误两个小时而觉得收获很小时，他们也容易流露出更多不满情绪。

另一项研究表明，人们考虑其他消费者的收获以决定自己对交易的满意程度。研究中的回答者模拟成汽车购买者。购完汽车后他们发现另一个人以更高或更低的价格买了同一种车。当其他人以低价买了同样的车，与当其他人以高价买到同样的车相比，前者让回答者对自己的交易和对汽车代理商产生的满意度要低。这项研究表明，除了产品性能之外的其他因素也会强烈影响消费者的满足感，尤其是对产品

交易公平性的总体评价。

公平理论在解释满意或不满意时有别于期望未证实模型。在期望未证实模型中，消费者是否满意是由产品实际性能与期望性能相比较而产生的。公平理论认为，满意同样是由一个人的投入和收获与其他人相比较而产生的。公平理论与期望未证实模型对消费者满意度的相对影响是怎样的呢？在对超过400个购车者的调查中，研究人员度量了对推销员感到满意的程度、交易公平或公正程度，以及推销员与购车者的投入与收获。买方是以自我为中心的，也就是说，他们觉得当买方的收获与卖方的投入都很高时交易才是公平的。进一步说，对公平与公正的认识与对期望未证实的认识相比，前者对总体满意度有着更大的影响作用。

公平理论在管理上的应用如下：首先，营销者应确保消费者认识到公司对交易的所有投入。其次，正如新车购买者研究的作者指出的："在买方眼里看来公平的交易似乎在卖方看来却是不公平的。"最后，消费者确实形成了对公平性的判断，而且这些判断与期望落空相比，对满意度有着更大的影响。这种复杂的情感使得销售人员的工作极其困难，因为它强迫销售人员设法造成这种印象：购车者相信自己做了一笔好买卖，而推销者为了达成交易而放弃了很多。不幸的是，要建立这种印象，推销人员不得不大肆宣传并使用虚假的描述以做成买卖。

（三）相关归因理论

所谓归因（Attribution），是指人们对他人或自己行为的原因的推理过程。具体地说，就是观察者对他人的行为过程或自己的行为过程所进行的因果解释和推理。

消费者所做的原因归属对他们关于某个产品或服务的购后满意度有很强的影响力。如果一个产品购买失败了（比如，实际性能低于期望值），消费者总试图寻找失败的原因。如果他们把失败原因归属于产品或服务本身，他们可能会感到不满意；如果他们把失败的原因归结于偶然因素或他们自身的行为，他们就不大可能感到不满意。

一项针对经常推迟航班的航空公司的消费者满意程度的研究发现，满意度取决于消费者所作的原因归属类型。如果消费者认为航班延误是由不可控因素（比如雾、冰等）造成的，他们往往并不生气。但是，如果他们把航班延误的原因归属于航空公司的职员的不负责或失职行为，他们往往会生气和不满意。总的来说，如果消费者参与体验产品或者服务的程度比较高的话，原因归属过程更有可能影响满意度。

（四）情感和满意度

情感和满意度是指这样一个概念：消费者满意程度会受到消费者在购买和使用产品或服务过程中对产品或服务的正面或负面感情的影响。一位研究人员调查了消费者对汽车和有线电视服务购买之后的满意水平，他发现有两种不同情感反应维度：正面情感和负面情感，这两种情感彼此独立。也就是说，消费者可能同时对一次购买产生正面和负面的感情。一个人可以在感觉快乐、有趣和兴奋的同时感受生气、厌恶和蔑视。比如，一个消费者购买过一辆汽车后，可能会为拥有这辆汽车而兴奋和自豪，同时，也可能对销售人员感到恼怒和不开心。

满意度的衡量受到消费者情感的直接影响。研究人员发现这样一种关系：购买带来情感上的反应，依次引起了满意或不满意的感觉。因此，除了验证是否和预期一致之外，围绕着购买过程的感情也会影响消费者对某个产品的满意程度。情感反应可以预示消费者的行为反应和消费者的认知看法（比如说对服务人员的礼貌、友好的看法等）无关。特别是在高参与的情况下，比如说购买汽车，消费者的满意度往往有一个较强的感情成分在内。

需要注意的是，情感和原因归属往往相互作用，以此来影响消费者的满意或不满意程度。比如，如果一个对消费者很重要的产品购买失败了，消费者很可能会迅速产生生气的情感反应。但是，生气这一情感也会受到消费者所作的原因归属的影响。如果人们把失败原因归结为公司无法控制的因素，不满意和生气的情感很可能会变得非常轻微。因此满意或不满意的程度是由原因归属和产品性能评价的情感反应相互作用的结果。

随着购买参与程度的提高，对购买满意或不满意的程度往往会被放大。因此，如果结果超过预期，消费者在高度参与的情况下，会有一个较高的满意度。相反的，如果结果低于预期，消费者在高度参与的情况下，会有一个较高的不满意度。

第二节　顾客满意度的评估与分析

一、顾客满意度的效用分析

市场营销的基本理论认为，顾客的市场行为产生于顾客的各种动机，而动机源于顾客的需求。顾客之所以愿意付出钱和精力来进行消费，首先在于有这种消费的需求，而他只购买某企业的产品或服务的直接动力是他对该企业的产品或服务的预期总价值大于预期总成本。

从经济学的消费效用角度分析，顾客满意度可以表示为顾客消费服务而获得的总价值与消费服务所付出的总成本之比。用公式表示为：

顾客满意度＝顾客购买的总价值/顾客购买的总成本

顾客购买的总价值是指顾客在消费服务过程中得到的一组利益。这一组利益可归纳为：技术服务价值，职能服务价值，员工价值和企业形象价值。顾客购买的总成本是指顾客为了获取这组利益而不得不付出的货币成本、时间成本、信息成本、精神成本和体力成本的组合，如图12-2所示。对这些总价值和总成本的权衡决定了顾客对服务效用的满意程度。

（一）顾客消费服务的总价值分析

1. 技术服务价值

技术服务价值是指服务过程产出的服务结果的质量或效用。消费者能从所购买的服务中得到什么是消费服务的利益取向，技术服务价值是服务提供的基本价值。

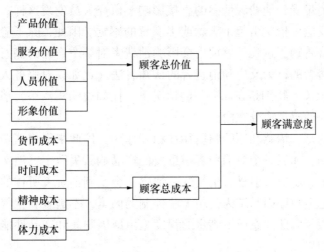

图 12-2　顾客满意度的效用分析

2. 职能服务价值

职能服务价值是指顾客在服务过程中如何得到技术服务的，企业为顾客提供职能服务的过程与顾客消费过程同时进行。随着人们生活观念、生活节奏、消费收入的变化，顾客在消费服务时，不再仅仅停留在对技术服务价值的变化进行选择决策上，而是对服务的顾客化程度（见后文）、可靠程度等职能服务价值给予越来越多的关注。

3. 员工价值

员工价值是指服务企业员工的就业理念、业务素养、工作效率、应变能力、态度亲和程度等所产生的价值。从企业决定顾客购买总价值大小的角度来看，员工价值属于技术服务的附加价值。员工价值的重要性在于：具有专业知识并热情服务；具有专注和忍受力等个性心理特征的员工会使顾客的整个消费过程轻松愉快，并使顾客产生希望再次交往的消费冲动。

4. 企业形象价值

对于企业来说，企业形象价值是宝贵的无形资产。对于顾客来说，企业形象价值是顾客购买到的满足感和荣誉感的支撑力量，是社会公众根据企业的理念、品牌、标志、技术、质量、包装、服务态度等对其形成的有形评价。

（二）顾客消费服务的总成本分析

当顾客购买的总成本不变时，企业可以通过增加上述四方面的价值提高顾客满意度。当顾客购买的总价值不变时，企业则可以通过降低顾客购买的成本提高顾客满意度。顾客消费服务的成本是顾客为了获得期望的消费服务总价值而投入的时间、金钱和各项努力的总合。

1. 货币成本

货币成本直接的表现是服务价格，这是构成顾客总成本大小的基本因素。只有当服务的货币成本低于或等于顾客所预期的货币成本时，顾客才会产生购买行为。传统的价格竞争由于以低价促销为基础的顾客忠诚度不稳固，以及企业绝对收益的下降等原因，正日渐被以顾客感知价值为基础的合理货币成本控制所取代。

2. 时间成本

时间成本是指顾客消费过程中所消耗的时间量，以及为获取服务赶到服务地点的时间量。一般来说，顾客消费服务的等待时间越长，时间成本越高。过长的等待时间会引起顾客消费总价值的损失，使顾客可能放弃消费该服务的意愿。由于时间成本是效率的函数，如果顾客的时间成本下降，就必须在保证顾客价值获得不变的前提下，提高企业的工作效率。

3. 信息成本

信息成本是指顾客为做购买决定，获取有关服务的性质、效用、风险性等信息时所付出的货币。企业应充分利用广告、产品说明书、员工介绍等沟通活动，主动降低顾客消费服务的信息成本，从而增加消费的净价值。

4. 精神成本和体力成本

这两者都是非经济性成本，是在以上各项经济性成本支出的同时伴随发生的精神和体力消耗。企业可通过有形展示的设计，改善经营现场的消费舒适性，以及通过渠道网点分布的设计等工作为顾客消费服务节省精力与体力，同时对顾客消费服务的净现值、顾客满意度产生良好的影响。

综上所述，引发顾客满意的不是服务本身，甚至也不是利益，而是顾客追求的价值。服务向顾客提供的净价值是顾客消费服务的全部意义所在。顾客是以自己的标准来衡量事物的价值的，如果想留住顾客，令顾客满意，企业就必须从顾客的角度来评价服务的价值收益和成本付出，以此来决定服务的营销和管理。

二、顾客满意度的心理分析

服务营销中的顾客满意是以构成顾客满意度的各个要素为评价基础的。通常，决定企业的顾客满意水平主要有三项影响因素，即顾客经历的服务质量、顾客预期的服务质量和顾客感知的服务价值，如图12-3所示。

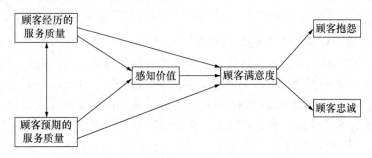

图12-3 顾客满意度的心理分析

（一）顾客经历的服务质量

顾客经历的服务质量是通过顾客对近期消费经验的评价来表示的，对服务中的顾客满意度具有直接的正面影响。通过顾客对所经历的服务评价来预测顾客满意度，其结果依赖于顾客的主观直觉。要使评价顾客经历的服务质量具有可操作性，必须对服务消费体验的两项重要构成进行标准描述。

1. 服务的顾客化程度

这是指企业向各类不同的顾客提供的个性化服务的程度。比如，美国花旗银行向全球不同地区、不同阶层的具有不同行为、不同习惯的顾客提供的服务中，仅存款一项就有上百种之多。丰富的服务组合给顾客提供了按个人特殊需求选择服务的充分自由，这本身就是高品质的服务的重要特征。

2. 顾客的可靠程度

这是指企业向顾客提供可靠的、标准化的和充足的服务的程度。顾客感知服务质量的各种属性中，可靠性对顾客的感知服务质量影响最大。

（二）顾客预期的服务质量

顾客预期的服务质量是通过顾客对以往企业服务的消费经验（其中包括通过广告和口头传播获得的非亲身经历的信息）的评价来表示的，代表了顾客对服务提供者未来的服务质量的预测。顾客对服务质量的期望既包容了以往的各时间段内的所有服务质量的经验和信息，是企业服务表现的累积评价，同时在某个时刻又能预测一个企业在未来的若干时期内满足其市场的能力。在服务表现一定的条件下，顾客预期服务质量的高低决定了顾客的满意程度。

（三）顾客的感知价值

顾客对服务的感知价值，是指顾客所感受到的相对于所付出价格的服务质量水平。这一概念的提出将服务的价格信息融入了评价体系，也使得相对于所付价格的服务质量水平在不同企业之间和不同价位之间也具有可比性。对于一定的顾客经历的服务质量而言，感知的价值增长与顾客满意度之间呈正相关。服务营销者必须在详细研究服务价值构成的基础上，寻找出各项价值的再增值点，投入开发已增加原有价格水平服务的质量水平。

三、实现顾客满意服务战略的有效策略

现代企业实施顾客满意的服务战略的根本目标，在于提高顾客对企业生产经营活动的满意度。而要真正做到这一点，就必须制定和实施切实可行的有效策略。

（一）塑造"以客为尊"的经营理念

"以客为尊"的企业服务经营理念是服务顾客最基本的动力，同时它又可以引导决策，联结公司所有的部门共同为顾客满意的目标而奋斗。比如，美国新港造船和码头公司的创办人杭亭顿之所以成为市场的大赢家，就是因为他亲身认识到一个重要的事实："以客为尊"才是一家公司欣欣向荣的基本要素。麦当劳成功的要素就是它始终重视顾客，千方百计地让顾客满意，它的整体价值观念是质量、服务、卫生和价值。

（二）开发令顾客满意的产品

顾客满意战略要求企业的全部经营活动都要以满足顾客需要为出发点，把顾客需求作为企业服务创新的源头。所以企业必须熟悉顾客，了解用户，即全面调查他现在和潜在的需求，深入分析他们购买的动机、行为、能力和水平，研究它们的消费传统、习惯、兴趣和爱好。只有这样，企业才能科学地顺应顾客的需求走向，确定服务开发方向。

（三）提供令顾客满意的服务

热情、真诚地为顾客着想的服务能提升顾客的满意度。所以企业要不断地完善服务系统，以便利顾客为原则，用一切为顾客着想的热忱服务去感动顾客。售后沟通是生产者接近消费者的直接途径。它比通过市场调查问卷来倾听消费者呼声的方法要有效得多。由此不难看出，今后企业的行为必须以"消费者满意"为出发点。

（四）科学地倾听顾客意见

现代企业实施顾客满意战略必须建立一套顾客满意分析处理系统，用科学的方法和手段检测顾客对企业服务的满意程度，及时反馈给企业管理层，为企业不断改进服务，及时、真正地满足顾客的需要服务。目前，很多国际著名企业都试图利用先进的传播系统与消费者进行沟通。

第三节 品牌忠诚的管理

一、顾客的品牌忠诚

品牌忠诚是指消费者对某产品或品牌感到十分满意而产生的情感上的认同，对该产品或品牌有一种强烈的偏爱。消费者在品牌忠诚上的表现形式通常为重复购买，在以后的购买决策时，只考虑该产品或品牌，而不再搜集相关信息。品牌忠诚度是消费者对品牌感情的度量，反映了消费者从一个品牌转向另一个品牌的可能程度。有人称品牌忠诚是营销学的最高境界，可见，品牌忠诚是许多企业所努力的目标。

从营销战略的观点看，品牌忠诚是个非常重要的概念，特别是在当今低增长、高竞争的市场条件下，保持住对品牌忠诚的客户是企业生存的关键，并且也常常是吸引新客户的更为有效的战略。据估计，一个普通公司吸引一个新客户，要比留住一个老客户多付出6倍的代价。这也是品牌忠诚之所以会成为营销战略中的重要概念的原因之一。在某种情况下，品牌忠诚可以被认为是顾客广泛认知活动和决策的结果。其中，顾客认知过程对深化和维持这种行为会产生强烈的影响。品牌忠诚既是顾客重复购买的意图，也会导致其直接的购买行为发生。

对于企业来讲，顾客满意不能等同于品牌忠诚。毫无疑问，满意的顾客更有可能成为忠诚顾客，忠诚顾客通常对产品也是极为满意的，并有可能会对产品的品牌乃至公司保持忠诚，从而给企业带来有形和无形的好处：① 满意顾客进行重复性购买的行为，会增加公司盈利；② 满意顾客的口头传播又可以扩大产品知名度，并提升企业形象。这里，企业追求的目标实际上是忠诚顾客的价值，而在无形之中，品牌忠诚等同于顾客满意。

顾客满意就一定能获得顾客的忠诚吗？让我们来看一组来自美国营销界的数据：美国贝思公司的调查显示，在声称对公司产品满意的顾客中，有65%～85%的人会转向其他产品；在汽车企业中，尽管有85%～95%的顾客对产品感到满意，但是只有30%～40%的人会再次购买相同厂家生产的产品或相同产品的同一型号。这些结论说明，顾客满意度只是品牌忠诚的必要条件而非充分条件。

二、形成品牌忠诚的原因

一般来说，消费者形成品牌忠诚的原因主要有：品牌忠诚是惯性作用的结果；品牌忠诚是一种心理整合感；品牌忠诚是营销策略所造成的结果。

（一）品牌忠诚是惯性作用的结果

我们知道，消费者在购买商品或接受服务的过程中，往往会遭遇风险，包括产品是否能够满足个人的需求，成本（如财务上、时间上、能量上、心理挫折）是否太高……消费者购买某一商品，选择某一品牌，是以放弃其他一些商品的购买和另外一些品牌的选择为代价的，在收入和需求条件的制约下，消费者面临着品牌选择的机会损失。消费者在进行品牌选择时，总是试图使这种机会损失尽可能的小。但由于受到外部条件的制约，消费者很难做出完全满意的选择，甚至做出错误的选择。因外部条件的制约和消费者本身知识的局限，而只可能在其知识和经验范围内部分地意识到这些风险，他们不可能意识和了解到可能遇到的全部风险。于是，就形成了品牌忠诚。所以说，品牌忠诚是惯性作用的结果。

（二）品牌忠诚是一种心理整合感

一般来说，当个人对品牌产生心理整合感时，个人就会形成品牌忠诚。

品牌代表利益认知、情感属性、文化传统和个性形象等价值观念。一个具有丰富文化内涵的品牌才具有持久的生命力。因此，品牌是服务产品形象和文化的象征。品牌文化包括两类要素：一类是展现在消费者面前，看得见摸得着的一些表层要素，如品牌名称、品牌标志等。品牌标志能引发品牌联想，是品牌文化的集中体现。品牌标志的动人形象使消费者产生喜爱的感觉，并进而萌发情感联系，使消费者成为品牌的忠诚使用者。另一类是在品牌要素中蕴涵的该品牌独特的内层要素，如品牌的利益认知、情感属性、文化传统和个性形象等。品牌文化通过利益认知，向消费者传递产品满足一定需求并在某方面具有较强满足能力的价值信息。消费者在对品牌的认知过程中，会将品牌的利益认知转化为一定的情感上的利益。消费者在购买产品的功能利益的同时，也在购买产品带来的情感属性。品牌具有一定的个性形象，品牌的个性形象越突出，消费者对品牌的认知越深。

心理整合感的产生，源于消费者把自己深深地投入产品里，因为产品能够使消费者进行自我肯定。例如，假使中下阶层的人都吃百乐冰淇淋，因为我是中上阶层的人，所以我不吃百乐冰淇淋，而吃其他品牌的冰淇淋。由此可见，消费者容易受到参考团体或家庭分子的影响，大家都这样，我就这样；此产品具有其他产品所不及的长处，值得我继续购买；此产品可以为我带来最大的满足。

此外，当个人处在购买情境时，容易产生认知失调的现象。为了避免这种失调现象所产生的焦虑感，个人会去寻找对自己有利的消息。久而久之，就形成了品牌忠诚。

（三）品牌忠诚是营销策略所造成的结果

许多调查显示，营销策略对品牌忠诚有很大的影响力。供选择的品牌总数、分配过程等，会影响消费者的品牌忠诚。另外，广告及售货地点的选择也和品牌忠诚有很大的关系。

最后，企业也可以通过合同的订立及信用卡等方式来建立消费者的品牌忠诚。所以品牌忠诚是营销策略所造成的结果。

三、顾客品牌忠诚的培养

发掘和提高顾客的品牌忠诚是一个长期的过程，需要企业不懈的努力，包括以下几个方面。

（一）明确市场定位，突出品牌个性

创立一种品牌，首先必须搞好市场定位。产品品牌的市场定位，就是为产品品牌确立一个企业实力能够达到的、与竞争品牌所不同的、对目标市场有吸引力的、能带来利润的卖点。企业在给产品定位时，是根据对市场的了解和对市场的调查分析之后才确定下来的。一个产品品牌如果与竞争品牌没有差异，就会失去存在的价值。对消费者来说，就失去了购买该种品牌产品的理由。

（二）加强品牌营销，树立社会形象

一些产品之所以会深入人心，而成为消费者心目中的名牌产品，很大程度上在于企业对其品牌的包装不断地宣传。只有通过良好的品牌营销、宣传推广，才能为消费者所认同。企业应主动宣传自身的产品，广泛设立分销渠道，降低潜在消费者的认知成本，加强口碑建设，强化质量管理，减小本企业产品的感知风险。同时，要加大广告宣传投入，积极参与社会公益活动，精心策划一些品牌造势活动，扩大社会影响，树立良好形象，使产品品牌通过社会媒介广泛深入地宣传和介绍，被人们所了解、认识和接受。

（三）加强沟通，建立档案

企业与主要消费者加强沟通，提供咨询，建立感情，是提高品牌忠诚度的有效手段。而建立消费者数据资料库是其中的一种重要手段。建立这种数据库的最主要咨询来源，是从日常营销活动中得到的信息。例如，优惠券背后的几个简单问题、保证卡、销售收据上的姓名、地址等。此外，网络的发展也为数据库的建立提供了更高效的工具和更广阔的数据来源。

（四）运用商标注册，保护产品品牌

企业应以商标为载体，用商标注册进行品牌保护，是产品品牌塑造的前提和必要手段。以前，我国的知名企业商标意识淡薄，商标被抢注的情况屡有发生，给企业造成了巨大的损失。随着我国改革开放的逐步深入，市场经济体制的逐步完善，这就要求企业必须吸取教训，逐步强化商标的运用与保护。

（五）广告推动，持之以恒

建立品牌忠诚的活动对企业资源及营销管理水平有着较高的要求，并且其效果有一定的时滞性。所以企业应从其资源情况出发，将品牌忠诚度活动纳入企业总的营销计划之中，进行合理的设计，并逐步实施。

产品竞争力乃至企业竞争力，在市场上集中表现为品牌竞争力。企业要提高品牌竞争力，关键在于提高顾客的品牌忠诚度。当企业经过努力使品牌忠诚度高于竞争对手时，那么就意味着有了稳定的源源不断的收益。

培养消费者的品牌忠诚,对企业具有重要意义。首先,消费者如果对某企业的产品形成偏好与忠诚,就会难以被其他企业的产品所打动,无形中可以减轻企业的竞争压力。尤其在品牌种程度很高时,有时会在市场上形成一道壁垒,阻止新的产品或竞争企业的进入。其次,消费者对某一产品形成品牌忠诚后,制造该产品的企业就可以以稍高于同类产品的价格销售该产品,从而可以在竞争中获利。

本章小结

消费者满意是消费者基于对产品、服务的认识而形成的主观评价与判断,是消费者对产品或服务的期望水平与实际认知水平之间的比较。消费者是否满意,直接关系到消费者的消费行为。影响消费者满意的因素有很多,如消费者对产品或商标的预期、对产品的认知、对交易的公平与否的感觉、对各种行为的因果关系进行的推理和解释等。消费者如果对产品或品牌比较满意,就有可能重复选择该产品。消费者对某一品牌形成偏好,就会形成品牌忠诚。品牌忠诚是建立在消费者满意的基础上的,提高品牌忠诚是一个长期的过程。品牌忠诚是企业营销的目标,也是企业保持竞争力的基础。

消费者如果对企业的产品或服务产生不满,可能会通过一定的方式表达这种不满情绪。常用的方式有:采取私下行动;直接提出抱怨,要求补偿;诉诸法律或要求第三方干预等。企业应采取有效措施提高消费者的满意度。

复习思考题

1. 简述影响消费者满意的主要因素。
2. 什么是品牌忠诚?培养消费者品牌忠诚有何意义?
3. 简述消费者不满情绪的表达方式。
4. 试述品牌忠诚的原因。
5. 消费者满意等于品牌忠诚吗?试述它们之间的区别。

案例分析

奔驰服务培养忠诚

德国奔驰公司是享誉世界的汽车制造商,它之所以能够屹立于世界汽车业界长盛不衰,除了它引进领导潮流的创新技术、推出新卖点之外,还与其无处不在的服务促销分不开。

1. 从生产车间开始的服务促销。一般的服务促销都是从售后开始的,而奔驰公司的服务促销从生产车间就开始了。生产车间内未完工的汽车上都挂有一块牌子,上面写着顾客的姓名、车辆型号、式样、色彩、规格和特殊要求等。不同色彩、不同规格乃至在汽车里安装什么样的收录机等千差万别的要求,奔驰公司都能一一满足。据统计,奔驰车共有3700种型号,极大地满足了顾客的需求。此外,奔驰公司十分重视潜在客户的开发。它的心理争夺战竟从娃娃开始做起。每个来取货的客户离去时,奔驰公司都会赠送一辆玩具奔驰车,作为孩子的玩具,使车主的下一代也能对奔驰车发生兴趣,争取下一代能成为奔驰的客户。这样,顾客买奔驰车首先买到了满意的质量和服务。

2. 售后服务无处不在。周到的售后服务,使奔驰用户没有烦恼。在德国本土,奔驰公司设有1700多个维修站,雇有5.6万人做保养和修理工作,在公路上平均不到25公里就可以找到一家奔驰车维修站。奔驰公司在国外的维修站点也很多。据统计,奔驰公司的轿车与商务用车在世界范围内共有5800个服务网点,提供包修、租赁和信用卡等服务。在世界范围内,奔驰公司搞服务工作的人数竟然与生产车间的职工人数大体相等。

奔驰车每行驶7500千米需要换机油一次,行驶1.5万千米需要检修一次,这些服务都可以在当天完成。从急送零件到以电子计算机开展的咨询业务,奔驰公司的服务效率令顾客满意、放心,并因此培养出大批忠诚的消费者。

问题:
1. 奔驰公司的服务促销从生产车间开始有何意义?
2. 奔驰公司开展售后服务的目的和意义何在?

参考文献

[1] 刘庆华. 消费心理学 [M]. 北京：机械工业出版社，2005.
[2] 陈文华. 消费心理与营销对策 [M]. 北京：中国广播电视出版社，2002.
[3] 方光罗. 消费心理学 [M]. 第2版. 北京：中国物资出版社，2001.
[4] 张理. 消费心理学 [M]. 北京：经济科学出版社，1995.
[5] 陈智勇. 消费心理学 [M]. 北京：北京工业大学出版社，1998.
[6] 陈思. 现代营销心理学 [M]. 广州：中山大学出版社，2001.
[7] 李丁. 消费心理学 [M]. 北京：中国人民大学出版社，2000.
[8] 徐萍. 消费心理学 [M]. 上海：上海财经大学出版社，2001.
[9] 冯云，孟繁荣. 营销心理学 [M]. 第2版. 北京：经济管理出版社，2001.
[10] 梁汝英. 消费者行为学 [M]. 重庆：重庆大学出版社，2004.
[11] 单凤儒. 营销心理学 [M]. 北京：高等教育出版社，2005.
[12] 王长征. 消费者行为学 [M]. 武汉：武汉大学出版社，2003.
[13] 聂志红. 消费者行为学教程 [M]. 北京：经济科学出版社，2005.
[14] 符国群. 消费者行为学 [M]. 第2版. 武汉：武汉大学出版社，2004.
[15] 江林. 消费者心理与行为 [M]. 第2版. 北京：中国人民大学出版社，2002.
[16] 汪青云. 营销心理与实务 [M]. 第2版. 广州：暨南大学出版社，2003.
[17] 任天飞. 市场营销案例评析 [M]. 长沙：国防科技大学出版社，2004.
[18] 戴亦. 消费者行为 [M]. 北京：朝华出版社，2004.
[19] 李培林，张翼. 阶级阶层的消费分层 [R/OL]. （2003-09-16）[2006-08-06]. http://www.sociology.cass.cn/shxs/xpxz/t 20030916_1044.htm
[20] 李霞. 女人的秘密——京、沪、穗万余名女性消费者心理调查 [R/OL]. （2004-03-17）[2006-08-06]. http://www.emkt.com.cn/article/147/14709.html